MAIXIANG XIANGCUN ZHENXING DE
FANPINKUN CHANGXIAO JIZHI
FAZHI BAOZHANG

迈向乡村振兴的
反贫困长效机制
法治保障

唐梅玲 ◎ 著

中国财经出版传媒集团

经济科学出版社
Economic Science Press

图书在版编目（CIP）数据

迈向乡村振兴的反贫困长效机制法治保障/唐梅玲著 . -- 北京：经济科学出版社，2022.3

ISBN 978 - 7 - 5218 - 3466 - 6

Ⅰ.①迈… Ⅱ.①唐… Ⅲ.①农村 - 社会主义建设 - 研究 - 中国②农村 - 扶贫 - 研究 - 中国 Ⅳ.①F320.3 ②F323.8

中国版本图书馆 CIP 数据核字（2022）第 039716 号

责任编辑：胡成洁
责任校对：杨 海
责任印制：范 艳

迈向乡村振兴的反贫困长效机制法治保障
唐梅玲 著

经济科学出版社出版、发行 新华书店经销
社址：北京市海淀区阜成路甲 28 号 邮编：100142
总编部电话：010 - 88191217 发行部电话：010 - 88191522
网址：www. esp. com. cn
电子邮箱：esp@ esp. com. cn
天猫网店：经济科学出版社旗舰店
网址：http://jjkxcbs. tmall. com
北京季蜂印刷有限公司印装
710×1000 16 开 13 印张 210000 字
2022 年 9 月第 1 版 2022 年 9 月第 1 次印刷
ISBN 978 - 7 - 5218 - 3466 - 6 定价：63. 00 元
（图书出现印装问题，本社负责调换。电话：010 - 88191510）
（版权所有 侵权必究 打击盗版 举报热线：010 - 88191661
QQ：2242791300 营销中心电话：010 - 88191537
电子邮箱：dbts@esp. com. cn）

本书所获基金项目

1. 国家社科基金重点项目"环境风险治理工具的行政法进路研究"（项目编号：17AAFX013）

2. 教育部青年项目"乡村振兴视野下积极社会救助的行政法保障研究"（项目编号：22YJC820034）

3. 湖北省社会科学一般项目"迈向乡村振兴的湖北反贫困长效机制的法治保障研究"（项目编号：2020133）

4. 湖北省教育厅一般项目"智慧社会安全风险治理法律制度体系研究"（项目编号：21Q095）

5. 武汉工程大学人文社科项目"整体论视野下突发公共卫生事件风险体制机制研究"（项目编号：007041）

6. 武汉工程大学科学研究基金项目"重大疫情预警体系法律问题研究"（项目编号：20QD71）

7. 武汉工程大学2022年研究生一流课程校级建设项目"法律职业伦理"（项目编号：2022GFC22）

8. 2022年武汉工程大学教学研究项目"乡村治理现代化背景下乡村振兴法治人才培养模式创新研究"

前　言

　　脱贫攻坚乃乡村振兴之前提及构成。习近平同志精辟地指出，人类社会发展的事实证明，依法治理是最可靠、最稳定的治理。2020 年脱贫之后，面对新冠肺炎疫情以及洪涝等灾害的影响，如何巩固脱贫攻坚成果，如何与乡村振兴战略有效衔接，如何在法治轨道上构建反贫困长效机制？本书以中国特定的社会历史文化传统为依托，力求突破传统的以民族和国家阶段性反贫困为基本视角的分析方法，在评析国外反贫困（社会救助）制度实践的基础之上，将贫困治理置于乡村振兴的时代背景下，与脱贫攻坚紧密衔接，构建反贫困长效机制的可行路径。所谓反贫困长效机制的法治保障，是指运用法治理念、原则、主体制度、方式制度、程序制度等，保障反贫困的规范化、制度化。本书在乡村振兴战略下，从反贫困法律依据、主体、方式、程序四要素入手，以反贫困长效机制的法治保障为研究对象，健全以农民权利保障为中心的反贫困基本法律体系，遵循"问题提出→传统反贫→转型必要→法理基础→法律困境→法治保障"的逻辑进路，从以下六部分构建研究框架。

　　绪论。从我国反贫困发展的背景入手，限定本书研究范围，简要分析我国反贫困长效机制法治保障的目的，提出研究反贫困长效机制法治保障的现实意义与理论意义。界定了中国"乡村振兴"与"反贫困长效机制"的语义，进而介绍了本书的研究方法与思路。

　　传统反贫困模式需转型。从法治视域审视传统反贫困机制，其主要面临以下困境：从纵向看，上下级扶贫主体之间协作性不强，地方政府自主性缺乏清晰的规定，各级政府尤其是地方政府在反贫困服务中的积极性和主动性不足，尚未充分明确和尊重地方自主权；从横向看，政府与市场、社会之间协作不强，传统扶贫主体间缺乏沟通和互动，无法解决权利贫困问题，缺乏宏观扶贫政策和行为的指引，协作不具有稳定性和长期性。

　　乡村振兴助力反贫困长效机制形成。首先，在乡村振兴战略背景下，反贫困长效机制兴起的背景在于：乡村振兴战略助力国家脱贫攻坚的转型，指引国家贫困治理体系现代化发展趋势。其次，阐释构建反贫困长效机制的必要性，即健全乡村振兴治理体系的内在要求、尊重和保障农民权利的实现，以及统筹城乡均衡发展。最后，预设反贫困长效机制的理想模式：扶贫目标的可持续性、扶贫主体的多元化、扶贫方式的激励性以及扶贫程序的规范性。

反贫困长效机制的合理性基础。为了全面实施乡村振兴战略，一方面，我们需明确反贫困长效机制须遵循的原则，即公益性原则、效率性原则、公众参与原则。另一方面，我们需梳理反贫困长效机制的理论支撑：反贫困理论（包括中国特色反贫困理论）、人权保障理论和给付行政理论等。

构建反贫困长效机制面临的法律困境。首先，反贫困政策和法律供给失衡，构建反贫困长效机制的法律依据不足。其次，扶贫行政机关与市场扶贫范围界限不明，扶贫行政机关与社会组织、贫困户扶贫范围界限模糊，社会组织参与扶贫不足，企业参与扶贫的作用未有效发挥；扶贫行政机关内部扶贫权责归属不明，各级政府扶贫职能定位不清、职权配置不规范、扶贫机构分散、区域协作不足等问题。再次，扶贫方式方面，扶贫方式未契合服务理念，传统的命令式、输血式的扶贫方式与激励型、造血型的扶贫方式冲突，不能满足贫困户的需求。最后，扶贫程序方面，存在扶贫信息公开程序不规范、未合理使用听证程序、扶贫教示程序缺失以及决策程序不健全的问题。

反贫困长效机制的法治保障。在乡村振兴战略下，法治保障反贫困长效机制需要重点因应这些问题：就反贫困法律依据而言，为从源头上确保反贫困行政的合法性，树立以权利保障为中心的反贫困法治理念，确保《中华人民共和国乡村振兴促进法》的实施，并对《中华人民共和国乡村振兴促进法》配套法律政策体系进行设计；就反贫困主体而言，通过厘清扶贫行政法主体职责，理顺扶贫行政机关之间的关系，重塑法律规范授权企业参与扶贫主体制度，健全法律规范授权社会组织参与扶贫主体制度，科学划定扶贫政府部门之间、政府与社会之间的范围，从而明确扶贫究竟"谁来扶"的问题；就反贫困方式而言，明晰运用行政法统合扶贫方式之思路，通过主体上赋权、程序上激励以及救济上激励的路径，引入激励型扶贫行政方式；通过规范行政指导，优化行政资助，完备行政奖励的路径，来完善既有扶贫方式。对反贫困方式的分析实质上回答了反贫困领域"怎样扶"的问题。就反贫困程序而言，具体通过健全反贫困信息公开程序，合理适用反贫困听证程序，优化反贫困教示程序，规范反贫困民主科学决策程序，来解决"如何监督扶贫行政主体"的问题。

目　　录

绪　　论

　　《管子·入国》指出，国家应行"九惠之教"即"老老""慈幼""恤孤""养疾""合独""问病""通穷""振困""接绝"。2014 年联合国发布《促进人类持续进行：降低脆弱性，增强抗逆力》报告，这里的"逆抗力"的核心是面对风险时，确保政府、社区和全球机构能够发挥作用，赋予民众权利，并向民众提供保护，而扶贫是保障公民权利的重要手段，是国家的义务和职责所在。

　　实施乡村振兴战略下，习近平同志多次强调要探索建立稳定脱贫长效机制。2018 年 1 月 2 日，中央一号文件即《中共中央国务院关于实施乡村振兴战略的意见》指出，"强化乡村振兴法治保障。抓紧研究制定乡村振兴法的有关工作，把行之有效的乡村振兴政策法定化，充分发挥立法在乡村振兴中的保障和推动作用，及时修改和废止不适应的法律法规。"2019 年的中央一号文件强调"做好脱贫攻坚与乡村振兴的衔接，对摘帽后的贫困县要通过实施乡村振兴战略巩固发展成果，接续推动经济社会发展和群众生活改善"。2020 年的中央一号文件要求"抓紧研究制定脱贫攻坚与实施乡村振兴战略有机衔接的意见"。2020 年 12 月 16 日《中共中央国务院关于实现巩固拓展脱贫攻坚成果同乡村振兴有效衔接的意见》指出，脱贫攻坚目标任务完成后，设立 5 年过渡期。2021 年 6 月 1 日《中华人民共和国乡村振兴促进法》（以下简称《乡村振兴促进法》）实施。2019 年湖北省出台《关于构建稳定脱贫长效机制的意见》（以下简称《意见》），结合湖北脱贫攻坚形势，聚焦深度贫困地区、特殊贫困群体，提倡构建稳定脱贫长效机制，全面提升脱贫质量，着力巩固脱贫成果。《意见》从推进基本产业发展、强化基础设施建设、完善基本公共服务、提升贫困户基本素质、加强基层组织建设五个方面，推进脱贫攻坚与乡村振兴战略有效衔接。2020 年 4 月 3 日，湖北省新型冠状病毒感染肺炎疫情防控指挥部印发《关于克服疫情影响决战决胜脱贫攻坚的若干政策措施》（以下简称《措施》）围绕全力支持贫困劳动力就业创业、积极开展消费扶贫、加快推进扶贫项目建设、持续巩固脱贫成果等 4 个方面，出台了 15 条政策措施，努力克服疫情影响，统筹推进疫情防控和脱贫攻坚。

2020 年以来的新冠肺炎疫情和洪涝等灾害对湖北、河南等地经济社会发展、脱贫攻坚进程的冲击无疑是严重的，尤其是农村地区的"疫后重振"面临着比其他省份更艰巨的困难和挑战。尤其是在扶贫实践中，个别地方政府官员致力于创建扶贫示范点，导致扶贫资源乱用、滥用，真正需要扶贫者无法得到扶持，也就无法脱贫，依然处在贫困线以下。[①] 更有甚者，某些地方政府领导将不是真正贫困者或者与自己具有利益关系的人作为扶贫对象，[②]大力进行政策支持，导致扶贫开发进展得不到实效。行政法学界应当充分参与到这场史无前例的行政改革中，用法学专业知识为扶贫贡献智慧。目前学界现有研究集中于扶贫精准化的界定、长效扶贫具体措施的展望，鲜有对"反贫困长效机制"的理论研究和学术探讨，更没有将其作为独立的、特定的主题展开深入探讨，这不利于指导长效反贫困的正确实施和顺利开展。因此，乡村振兴的背景下，笔者将致力于从法学学术层面剖析反贫困长效机制的概念、理论基础和实践来源，并在实地调研的基础上指出脱贫攻坚的工作重点，继而针对反贫困长效机制面临的具体困境，探索法律层面的完善对策。

一、研究背景与范围限定

（一）研究背景

本书的研究背景分为国际和国内两个层面，国际层面的研究背景包括两个方面。

第一，国际社会减贫运动推动。较早有亚洲基金会（1979 年）、国际鹤类基金会（1979 年）、香港明爱（1980 年）、艾伯特基金会（1980 年）等国际非政府组织的援助。近年来，国际组织在中国开展的扶贫项目有：世界银

---

① 顾了"面子"伤了"里子"，参见《焦点访谈》2018 年 5 月 26 日，载新闻联播文字版：http://www.xwlbo.com/15869.html.

② 肖秀洁：《精准扶贫机制实施的政策和实践困境》，载《改革与开放》2016 年第 5 期。夏梦凡：《精准扶贫：现状、问题与路径选择——基于黄冈大别山革命老区案例分析》，载《经济研究导刊》2016 年第 3 期。

行开展的综合扶贫开发项目、联合国开发计划署小额信贷项目、亚洲赠款贵州纳雍社区扶贫示范项目（1999~2003）、联合国开发计划署实施的少数民族地区综合扶贫示范项目等（包括汶川灾后援助）等。本书对这些项目的研究，有助于借鉴国际的减贫经验、理念和方法，探索出一条适合中国贫困地区的扶贫模式。

第二，国际社会反贫困立法、乡村振兴立法推动。本书对比研究了发达国家的立法情况，如美国的《农业法案》《土地法》《国家环境政策法》《农村电气化法》（1936）、《农业发展法》（1972）、《粮食、农业、保育和贸易法案》（1990）以及《住房法》《社会保障法》《美国法典》《公法》，英国的《济贫法》《养老金法》《社会保障管理法》《1992年社会保障管理法》《1992年社会保障缴费和福利法》《1995年求职者法》《1997年社会保障管理（欺诈）法》《1998年公共利益披露法》《2000年农村白皮书》《2001年社会保障欺诈法》《2004年养老金法》《福斯特教育法》《英格兰和威尔士乡村保护法》《城乡规划法》《国家公园和乡村土地使用法案》《绿化带建设法》，德国的《社会法典》《基本法》《德国联邦行政程序法》《联邦公务员权利框架法》《联邦德国空间规划》《自然保护法》《土地整理法》《建设法典》，日本的《生活保护法》《社会福利法》《儿童福利法》《介护保险法》《障碍者自立支援法》《身体障碍者福利法》《食品·农业·农村基本法》（2009年）、《综合休闲区发展法》和《乡村地区发展法》等一系列反贫困法律颁布和实施。

国内层面的研究背景包括三个方面。

第一，乡村振兴战略背景下，巩固脱贫攻坚成果的需要。党的十九届四中全会通过的《关于坚持和完善中国特色社会主义制度、推进国家治理体系和治理能力现代化若干重大问题的决定》（以下简称《决定》）指出：坚决打赢脱贫攻坚战，巩固脱贫攻坚成果，建立解决相对贫困的长效机制。2019年湖北出台《关于构建稳定脱贫长效机制的意见》，结合湖北脱贫攻坚形势，聚焦深度贫困地区、特殊贫困群体，构建稳定脱贫长效机制，全面提升脱贫质量，着力巩固脱贫成果。党的十九大报告指出，农业农村农民问题是关系国计民生的根本性问题，必须始终把解决好"三农"问题作为全党工作的重中之重，实施乡村振兴战略。2018年1月2日，党中央发布《中共中央国务院关于实施乡村振兴战略的意见》，指出"强化乡村振兴法治保障。抓紧研究制定乡村振兴法的有关工作，把行之有效的乡村振兴政策法定化，充分发挥立法在乡村振兴中的保障和推动作用。及时修改和废止不适应的法律法规。"2018 年 9 月，中共中央、国务院印发了《乡村振兴战略规划（2018～2022 年）》。习近平同志多次强调，脱贫既要看数量，更要看质量，要探索建立稳定脱贫长效机制。2021 年 3 月，中共中央、国务院发布了《关于实现巩固拓展脱贫攻坚成果同乡村振兴有效衔接的意见》，提出重点工作。不难看出，脱贫攻坚是乡村振兴的基础和前提，乡村振兴是脱贫攻坚的延续和提升。

以湖北省为例，乡村振兴战略下，聚焦"三农"问题，推动农业发展、促进农村进步、改善农民生活仍然是湖北省疫后重振、全面建成小康社会、走向乡村振兴的重要任务。湖北有大别山、武夷山、秦巴山、幕阜山 4 个连片特困区，贫困县 37 个、贫困村 4821 个，其中深度贫困县 9 个、深度贫困村 507 个，如图 0 - 1 所示。2013 年湖北省建档立卡贫困人口 191.5 万户、581 万人。[①] 截至 2019 年底，全省建档立卡贫困人员减少至 5.8 万人，4821 个贫困村全部出列，37 个贫困县全部"摘帽"，贫困率下降到 0.14%。贫困县"摘帽"的目标如期完成，[②] 如图 0 - 2 所示。

片区	贫困县	深度贫困县
大别山片区	红安县、麻城市、罗田县、英山县、蕲春县、团风县、大悟县、孝昌县	英山县
武陵山片区	恩施市、利川市、建始县、巴东县、宣恩县、咸丰县、来凤县、鹤峰县、秭归县、长阳县、五峰县	巴东县、五峰县
泰巴山片区	郧阳区、郧西县、竹山县、竹溪县、房县、丹江口市、张湾区、茅箭区、保康县、南漳县、谷城县、兴山县、远安县、神农架林区	房县、保康县、竹溪县、丹江口市、竹山县、郧西县
幕阜山片区	阳新县、通山县、通城县、崇阳县	—

图 0 - 1 湖北省的连片特困区

①② 《"脱贫攻坚网络展"地方实践：湖北篇》，载脱贫攻坚网络展：http://fpzg.cpad.gov.cn/429463/429470/429489/index.html，2021 年 7 月 1 日最后访问。

第二，全面建设小康社会的指引。打好精准脱贫攻坚战对全面建成小康社会具有决定性意义。中共中央办公厅、国务院办公厅于 2014 年出台的《关于创新机制扎实推进农村扶贫开发工作的意见》强调，将精准扶贫创新机制的建立作为各级政府工作重点，此举明确了精准扶贫是新时期我国农村扶贫开发的重大战略思想。于是，一场面向广大农村地区的行政改革运动就此进入正轨。这场改革的基本内容是：从全面建成小康社会和国家长治久安的高度将精准扶贫作为各级党委和政府在未来五年工作的一项重大政治任务。本次改革的宗旨则是到 2020 年实现《第十三个五年规划的建议》所确定的脱贫目标。

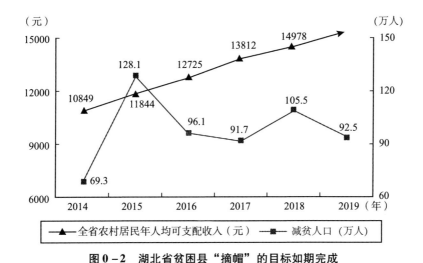

图 0 - 2 湖北省贫困县"摘帽"的目标如期完成

第三，国家顶层制度设计的推动。1992 年是一个不平凡的节点，中国社会主义市场经济拉开帷幕。2017 年是一个关键的节点，全面建成小康社会的"最后一公里"道路铺开。本章选取十四大到十九大的党中央报告，提取有关扶贫政策的相关内容，详见表 0 - 1、表 0 - 2、表 0 - 3，将"中国式扶贫"图景呈现出来。

表 0 - 1 　　　　　　　　　　党中央报告涉及的扶贫基本方略

文件	扶贫基本方略
党的十四大报告	贫困地区尽快脱贫致富,是实现第二步战略目标的重要组成部分。对少数民族地区以及革命老根据地、边疆地区和贫困地区,国家要采取有效政策加以扶持,经济比较发达地区要采取多种形式帮助他们加快发展
党的十五大报告	国家从多方面采取措施,加大扶贫攻坚力度,到20世纪末基本解决农村贫困人口的温饱问题
党的十六大报告	继续大力推进扶贫开发,巩固扶贫成果,尽快使尚未脱贫的农村人口解决温饱问题,并逐步过上小康生活
党的十七大报告	合理有序的收入分配格局基本形成,中等收入者占多数,绝对贫困现象基本消除
党的十八大报告	收入分配差距缩小,中等收入群体持续扩大,扶贫对象大幅减少。要多谋民生之利,多解民生之忧,解决好人民最关心最直接最现实的利益问题,在学有所教、劳有所得、病有所医、老有所养、住有所居上持续取得新进展,努力让人民过上更好生活
党的十九大报告	坚决打赢脱贫攻坚战。在幼有所育、学有所教、劳有所得、病有所医、老有所养、住有所居、弱有所扶上不断取得新进展,深入开展脱贫攻坚,保证全体人民在共建共享发展中有更多获得感,不断促进人的全面发展、全体人民共同富裕

资料来源:国家乡村振兴局(国家扶贫开发领导小组办公室)网站、新华网。

表 0 - 2 　　　　　　　　习近平同志关于扶贫的指示(不完全统计)

时间	场合	内容
2012年12月29～30日	在河北阜平看望慰问困难群众	各级党委和政府要把帮助困难群众特别是革命老区、贫困地区的困难群众脱贫致富摆在更加突出位置
2013年9月25日	在联合国"教育第一"全球倡议行动一周年纪念活动上发表视频贺词	努力让每个孩子享有受教育的机会,努力让13亿人民享有更好更公平的教育,获得发展自身、奉献社会、造福人民的能力
2013年11月3～5日	湖南考察调研	扶贫开发要同做好农业农村农民工作结合起来,同发展基本公共服务结合起来,同保护生态环境结合起来,向增强农业综合生产能力和整体素质要效益
2013年11月24～28日	在山东考察	欠发达地区和发达地区一样,都要努力转变发展方式,着力提高发展质量和效益

时间	场合	内容
2014年6月23~24日	全国职业教育工作会议	要加大对农村地区、民族地区、贫困地区职业教育支持力度，努力让每个人都有人生出彩的机会
2015年1月19日	在云南考察时强调	扶贫开发要增强紧迫感，真抓实干，不能光喊口号，决不能让困难地区和困难群众掉队
2015年2月13~16日	陕西考察	没有老区的全面小康，特别是没有老区贫困人口脱贫致富，那是不完整的……我们革命老区、贫困地区抓发展在根本上还是要把教育抓好，不要让孩子输在起跑线上
2015年3月8日	参加十二届全国人大三次会议广西代表团审议	要看真贫、扶真贫、真扶贫，少搞一些盆景，多搞一些惠及广大贫困人口的实事。
2015年6月18日	在贵州召开部分省区市党委主要负责同志座谈会	各级党委和政府必须增强紧迫感和主动性，在扶贫攻坚上进一步理清思路、强化责任，采取力度更大、针对性更强、作用更直接、效果更可持续的措施，特别要在精准扶贫、精准脱贫上下更大功夫
2015年9月9日	给"国培计划（2014）"北京师范大学贵州研修班参训教师的回信	扶贫必扶智。让贫困地区的孩子们接受良好教育，是扶贫开发的重要任务，也是阻断贫困代际传递的重要途径
2015年9月26日	习近平在纽约联合国总部出席联合国发展峰会	改革开放以来的30多年，中国走出了一条中国特色发展道路，基本实现了千年发展目标，贫困人口减少了4.39亿
2016年8月22~24日	青海考察	要通过改变生存环境、提高生活水平、提高生产能力实现脱贫，还要巩固脱贫的后续计划、措施、保障
2017年6月21~23日	山西考察调研	脱贫攻坚本来就是一场硬仗，深度贫困地区脱贫攻坚更是这场硬仗中的硬仗，必须给予更加集中的支持
2017年10月18日	党的十九大报告	要动员全党全国全社会力量，坚持精准扶贫，精准脱贫，确保到2020年我国现行标准下农村贫困人口实现脱贫
2018年2月12日	在打好精准脱贫攻坚战座谈会上的讲话	必须坚持发挥各级党委总揽全局、协调各方的作用，落实脱贫攻坚一把手负责制，省市县乡村五级书记一起抓，为脱贫攻坚提供坚强政治保证
2019年4月15~17日	在重庆考察，主持召开解决"两不愁三保障"突出问题座谈会	现在，脱贫攻坚战进入决胜的关键阶段……各地区各部门务必一鼓作气、顽强作战，不获全胜决不收兵
2020年3月6日	在决战决胜脱贫攻坚座谈会上的讲话	这是一场硬仗，越到最后越要紧绷这根弦，不能停顿、不能大意、不能放松。各省区市都签了军令状，承诺了就要兑现

资料来源：国家乡村振兴局（国家扶贫开发领导小组办公室）网站、新华网。

表 0 - 3　　　习近平同志关于"乡村振兴"的指示（不完全统计）

时间	场合	主要内容
2018 年 3 月 8 日	参加十三届全国人大一次会议山东代表团的审议	实施乡村振兴战略是一篇大文章
2018 年 7 月	对实施乡村振兴战略作出重要指示强调	把实施乡村振兴战略摆在优先位置 让乡村振兴成为全党全社会的共同行动
2018 年 9 月 21 日	十九届中央政治局第八次集体学习时的讲话	把乡村振兴战略作为新时代"三农"工作总抓手
2019 年 5 月 20～22 日	在江西考察，主持召开推动中部地区崛起工作座谈会并发表重要讲话	打造各具特色的现代版"富春山居图"
2019 年 8 月 4 日	习近平给福建省寿宁县下党乡的乡亲们回信	继续发扬滴水穿石的精神 努力走出一条具有闽东特色的乡村振兴之路
2019 年 10 月 21 日	对科技特派员制度推行 20 周年作出重要指示	坚持人才下沉科技下乡服务"三农" 用科技助力脱贫攻坚和乡村振兴
2020 年 9 月 24 日	对供销合作社工作作出重要指示	牢记为农服务根本宗旨 持续深化综合改革 努力为推进乡村振兴贡献力量
2021 年 4 月	对深化东西部协作和定点帮扶工作作出重要指示	适应形势任务变化 弘扬脱贫攻坚精神 加快推进农业农村现代化 全面推进乡村振兴

资料来源：国家乡村振兴局（国家扶贫开发领导小组办公室）网站、新华网、《人民日报》和《求是》杂志。

从以上三个表格可以看出：一是扶贫程度加深，更精细：从关注绝对贫困到相对贫困、从物质贫困到精神贫困过渡；二是扶贫对象或范围逐步缩小；三是从精准扶贫到乡村振兴可以看出，反贫困是一项民生工程，是一项基本方略，是一项长期的历史任务。

（二）研究范围限定

本书以"迈向乡村振兴的反贫困长效机制法治保障"为题，逻辑结构为"乡村振兴"+"反贫困长效机制"+"法治保障"。其中，"乡村振兴"为背景，推进脱贫攻坚与乡村振兴战略有效衔接，以乡村振兴巩固脱贫成果；

"法治保障"即分析工具主要是法律，"全面振兴乡村，法治是重要保障"①。
"反贫困长效机制"是研究反贫困的各个主体权限、方式、程序、责任等的
统一规定，有利于反贫困产业的协调发展和政府服务，并且在已有的立法中
也有例子。因此，本书将反贫困所涉及的治理目标、遵循的基本原则、各个
反贫困主体的职责（义务）与职权（权利）、反贫困主体构成、反贫困方式、
反贫困程序等统一纳入研究范围。

所谓"反贫困长效机制"，即能长期保证反贫困制度正常运行并发挥预
期功能的反贫困制度体系，具有规范性、稳定性和长期性，构建反贫困长效
机制主要涉及反贫困法律规范依据、反贫困的主体、反贫困方式、反贫困程
序和责任四个方面的内容。所谓反贫困长效机制的法治保障，是指运用法治
理念、原则、主体制度、方式制度、程序制度、责任制度等，保障反贫困的
规范化、制度化。

二、本书研究目的与研究意义

（一）研究目的

2020 年脱贫之后，如何将反贫困事业与乡村振兴战略紧密衔接，如何巩
固扶贫成果，如何在法治轨道上构建长效反贫困机制即是本书研究目的之所
在。具体而言，就是要为反贫困长效机制提供法理支撑及制度构建，为解决
扶贫领域面临的问题给出切合实际的解决方案。遵循扶贫行政主体扶贫行政
的基本逻辑，从法学的视角考察反贫困的主体制度，借由行政法律关系，探
讨扶贫机制法治保障的方式，评估扶贫方式、扶贫程序的法律依据，通过法
律授予行政机关在不同的扶贫环节中相应的职责和职权，配以相应的行政行
为或手段，让扶贫行政机关的扶贫行为具有合法性、有效性。此外，推进全
面脱贫与乡村振兴有效衔接，需要在体制机制、观念政策等方面进行全面、
深入、持久的探索。②

---

① 栗战书：《栗战书在乡村振兴促进法实施座谈会上强调　深入学习贯彻习近平总书记关于
"三农"工作的重要论述　推动乡村振兴促进法贯彻实施和宣传普及》，载中国人大网：http：//www.
npc. gov. cn/npc/kgfb/202105/4439dfe55c96473cb9f2979dffd814a7. shtml，2021 年 7 月 1 日最后访问。
② 李迎生：《构建一体化的反贫困制度体系》，载《贵州民族报》2020 年 7 月 23 日 B03 版。

因此，笔者主要研究如何构建反贫困主体制度，如何明确政府、市场、社会的边界来确定扶贫责任，优化扶贫方式，完善扶贫程序以及各主体的扶贫责任制度，提升扶贫实效，巩固脱贫成果，为反贫困事业与乡村振兴战略紧密衔接提供制度支撑。

（二）研究意义

《关于打赢脱贫攻坚战的决定》（以下简称"《决定》"）要求坚持在党的领导，坚持政府主导，增强社会合力的原则，凝聚全党全社会扶贫开发的强大合力加强贫困地区建设。2013 年习近平同志首次提出"精准扶贫"战略思想后，中共中央办公厅和国务院提出了系列针对性措施。习近平同志在 2015 年中央扶贫开发工作会议上就打赢脱贫攻坚战对各级党委和政府提出要求，当地党委和政府要把"脱贫攻坚战"作为"十三五"期间头等大事落实，促进经济社会整体持续发展。中共十九大对乡村振兴战略作出了重大决策部署。2021 年《中华人民共和国国民经济和社会发展第十四个五年规划和 2035 年远景目标纲要》第 26 章强调，"实现巩固拓展脱贫攻坚成果同乡村振兴有效衔接"。在这个背景下本书对反贫困长效机制的法治保障进行了系统研究。

1. 理论意义

第一，有助于丰富贫困群体权利理论。2020 年后的贫困治理重点关注贫困人口的可行能力发展。赋予农民权利，保障农民生存权、发展权、劳动权等实体权利，也需要赋予农民各类程序性保障权利，比如，知情权、申请权、评论权、获得通知权等权利。既可凸显农民的主体地位，又可激发农民参与扶贫实践，对政府行使批评、建议等监督权利，防止公权力滥用。

第二，有利于发展农村贫困治理理论。笔者提出构建政府、市场、社会多元扶贫主体反贫困长效机制，有利于形成持续、稳定、常规的农村反贫困制度，这些成果将大大丰富农村贫困治理理论。

第三，丰富了政府给付行政理论。精准扶贫乃乡村振兴之前提及构成。农村脱贫人口的极大脆弱性和兜底保障的有限性，脱贫农民和曾经的非贫困农民仍然有可能在疫情和洪涝期间等各种风险的影响下重新陷入贫困状态。因此，需突破给付行政的理论困境，通过采取灵活多样的给付行政方式，对贫困群体进行有效救助，创新基层治理资源与治理能力之间的有效转化，助力乡村振兴的发展。

2. 实践意义

第一，为反贫困制度完善提供路径，实现贫困治理能力现代化。贫困治理是一项系统性工作，受新冠肺炎疫情和暴雨洪涝等灾害影响新冠肺炎疫情和洪涝等灾害对湖北省、河南省经济社会发展、脱贫攻坚进程的冲击无疑是最严重的，湖北、河南等地区尤其是农村地区的"疫后重振""灾后重建"面临着更艰巨的困难和挑战。因此，需构建反贫困长效机制，提升贫困治理能力，实现贫困治理现代化。首先必须提升贫困群体权利主体意识和能力，充分调动贫困群众的积极性、主动性、创造性，不断释放贫困群众潜在能量，逐步构建起从"被动输血"向"主动造血"转变的脱贫攻坚长效机制。这是我国贫困治理能力提升的重要基础和鲜明标志。

第二，促进脱贫攻坚与乡村振兴衔接，为乡村社会发展提供智力支撑。党的十九大报告指出，中国进入新时代，我国社会主要矛盾已经发生了转变。然而，目前老少边穷地区的社会发展在整体上还较落后，而构建反贫困长效机制是带动整个区域社会发展的重要推手，有助于促进乡村的社会管理创新，为提升政府部门的管理能力提供决策依据。此外，法治视野下的反贫困意味着政府需要在创造公平正义的发展环境、提供完善的公共服务、建立和完善社会保障体系等方面进行创新，尤其需要围绕人的需要，以及个人的发展去实现脱贫和防止返贫，从而为乡村社会发展提供数据参考和制度保障。

第三，有助于构建反贫困长效机制，实现共同富裕。习近平同志精辟地指出，"人类社会发展的事实证明，依法治理是最可靠、最稳定的治理"。为我国完善反贫困和相关领域提供立法支持，反贫困要形成长效机制，必须予以法制化，能够有效回应新的反贫困立法需要，也能够更好地指导反贫困治理实践。在中央，2021 年 6 月 1 日《乡村振兴促进法》正式实施。在地方，《湖北省乡村振兴促进条例》《江西省乡村振兴促进条例》《山东省乡村振兴促进条例》《四川省乡村振兴促进条例》《河南省乡村振兴促进条例》的颁布和实施，都涉及"各级人民政府应当做好脱贫攻坚与乡村振兴的有机衔接，巩固脱贫攻坚成果，建立解决相对贫困、防止返贫的长效机制，持续推动经济社会协调发展和乡村居民增收致富"的相关条文，为构建长效反贫困机制提供了法律支撑。2020 年脱贫之后，还需防贫。乡村振兴视野下的反贫困长效机制，有助于巩固脱贫攻坚成果，有助于形成和发展中国特色反贫困理论，为促进经济发展、政治稳定、民族团结、边疆巩固、社会和谐发挥重要作用，既体现了反贫困长效机制的法治保障的内在需求，又有利于城乡融合发展，实现共同富裕，是一种可行的制度选择。

三、"乡村振兴"的语义

乡村振兴战略是习近平同志 2017 年 10 月 18 日在党的十九大报告中提出的战略，"农业农村农民问题是关系国计民生的根本性问题，必须始终把解决好'三农'问题作为全党工作的重中之重，实施乡村振兴战略"。要在 2020 年实现脱贫攻坚既定目标，在脱贫攻坚治理体系的基础上，构筑解决相对贫困问题的长效机制；及时巩固和转化脱贫攻坚期间乡村改革和乡村治理领域的成果与经验，夯实乡村振兴的制度体系。

根据《乡村振兴促进法》第 2 条第 2 款，"乡村"，是指城市建成区以外具有自然、社会、经济特征和生产、生活、生态、文化等多重功能的地域综合体，包括乡镇和村庄等。"振兴"，为大力发展，使兴旺起来。[1] 因此，本书中"振兴"一词理解为：使兴起、旺盛之意。

本书中所谓"乡村振兴"，就是使乡村兴起、旺盛起来的意思。确切地说，乡村振兴就是要让乡镇和村庄等特定的区划单位兴旺起来。乡村振兴的主体是农民，"振兴"着重激发农民和集体经济组织自身的内部活力，让其实现自我驱动自主发展，党委、政府、工商企业等在乡村振兴中都是起重要推动作用。[2] "乡村振兴"是从衰落走向复兴的战略选择，[3] 是新时代发展"三农"的新理念、新思维和新举措，以实现"产业振兴、人才振

---

① 中国社会科学院语言研究所词典编辑室编：《现代汉语词典》（第 7 版），商务印书馆 2016 年版，1666 页。

② 杨文：《法律如何助力乡村振兴》，载法制视野：https://baijiahao.baidu.com/s? id = 1700653166865087263&wfr = spider&for = pc，2021 年 7 月 1 日最后访问。

③ 张强、张怀超、刘占芳：《乡村振兴：从衰落走向复兴的战略选择》，载《经济与管理》2018 年第 1 期。

兴、文化振兴、生态振兴、组织振兴"，它是农村农业全方位、深层次的变革和创新。乡村振兴战略是党中央新时代"三农"工作的新战略、新部署、新要求，乡村振兴战略的核心是"战略"，关键是"振兴"，靶向是"乡村"。①

四、"反贫困长效机制"的语义

党的十九届四中全会明确要求："坚决打赢脱贫攻坚战，巩固脱贫攻坚成果，建立解决相对贫困的长效机制。"这是以 2020 年为时间节点，"建立解决相对贫困的长效机制"主要是指 2020 年以后的贫困治理方向，脱贫攻坚战胜利并不意味着反贫困的终结。有学者认为，在 2020 年实现脱贫攻坚目标之后，要通过乡村振兴战略的全面实施，不断完善体制机制、法律制度和政策体系，推动形成农民稳定增收和乡村全面振兴的长效机制。② 乡村振兴中精准扶贫的长效机制实质上也就是一套制度体系，能够为精准扶贫过程中不同环节的扶贫行动提供相应的规则引导与约束，同时又通过制度约束，确保有效的扶贫行动得以长期维持、延续下去。③ 反贫困是一个永恒的课题。笔者认为，理解"长效机制"，要从"长效"和"机制"两个关键词上来把握。反贫困机制，即在反贫困中各个主体之间相互作用的过程和方式，包括反贫困主体、反贫困方式、反贫困程序。

所谓"反贫困长效机制"，即能长期保证反贫困制度正常运行并发挥预期功能的反贫困制度体系，具有规范性、稳定性和长期性。构建反贫困长效机制要素包括反贫困的法律依据、主体、方式、程序四个方面的内容。反贫困长效机制各要素之间的关系可简要总结为：明确的反贫困公益性目的为长效扶贫指明方向；以贫困户权利为中心的反贫困法律体系为反贫困长效机制提供法治保障依据；多元的反贫困主体通过协商、互动，在互利基础上对各方主体资源进行整合，为脱贫目的的实现提供坚实的体制保障；反贫困方式的选择、程序的运行为反贫困提供程序保障。因此，反贫困长效机制的法治

---

① 廖彩荣、陈美球：《乡村振兴战略的理论逻辑、科学内涵与实现路径》，载《农林经济管理报》2017 年第 6 期。
② 参见魏后凯：《实现由脱贫攻坚到乡村振兴的转型》，中国经济网：http://views.ce.cn/view/ent/202007/20/t20200720_35357733.shtml? utm_source = UfqiNews，2021 年 7 月 1 日最后访问。
③ 陆益龙：《乡村振兴中精准扶贫的长效机制》，载《甘肃社会科学》2018 年第 4 期。

保障，是指运用法治理念、原则、主体制度、方式制度、程序制度、责任制度等，保障反贫困的规范化、制度化。

五、研究方法与思路

（一）研究方法

本书在法治的视野下对反贫困展开研究，目的是为在乡村振兴战略下构建反贫困长效机制提供理论基础。本书由于还要回应扶贫法规、政策分析中的公法权利理论问题，所以也需要运用公法权利和社会理论中的研究方法。反贫困长效机制的法治保障具有横跨经济学、管理学、社会学、政治学和法学多重领域的属性，本书更注重反贫困法律体系的完善，具体研究方法如下。

1. 跨学科研究方法

对反贫困的认识和保障是跨学科研究领域问题，在社会学、经济学、历史学、管理学、政治学、哲学等领域均产生了与反贫困及其保障有关的重要研究成果。因此，笔者在分析反贫困长效机制的法治保障的扶贫理论基础时，运用了经济学理论；在分析扶贫对象主体权利时运用了心理学理论；在分析民主科学决策程序时运用了社会学、行为决策学、社会心理学的知识和理论。有效整合了行为决策学、社会心理学、经济学、管理学、法学等其他学科与反贫困长效机制的法治保障，即基本理论和遵循的基本原则，以此为基础，本书运用法学特有分析方法——法教义学，来设计法学如何保障扶贫行政，从而使本书的研究结论更具有科学性与实用价值。

2. 比较分析方法

比较分析方法侧重于深入剖析事物的相异面。比较分析美国、英国、德国、日本规范反贫困（社会福利、社会救助）的法律制度经验，总结可供我国扶贫制度建设可借鉴的经验；比较分析中国反贫困与域外反贫困在立法、主体、方式、程序等方面的差异，为全国反贫困长效机制的法治保障提供借鉴依据。

3. 实证研究方法

实证研究的方法有文献整理、实地调研、座谈论证。

（1）文献整理。法治视野下的反贫困长效机制问题是一个系统工程，涉及方方面面。对扶贫领域进行法治保障也是一个复杂的过程，不仅涉及反贫困机构的职能职责、机构的设置，还涉及协调合作、公众参与、程序安排、责任追求以及救济的问题。本书梳理了目前美国、英国、日本、德国四国对反贫困（社会救助、社会保障）方面的法律、法规和政策以及相应的课题和著作，以及有关扶贫的经验、案例。相关学术文献分析为本书研究提供了较好的起点。

（2）实地调研。笔者和相关课题组成员曾到湖北恩施、四川凉山等地实施考察，深度访谈，调查如何助力疫后重振、灾后重建、脱贫攻坚，深入贫困地区和农户家中、村委会、社区以及帮扶单位、帮扶企业（比如恒大集团）中调研，对深度贫困地区高等教育及研究生教育实施"奖助贷勤补免"等"多元混合"的资助落实情况进行跟踪调查，对民族地区留守儿童、老人、妇女进行重点调研，为研究提供第一手脱贫资料。此外，着重对脱贫的县（市），进一步抽样跟踪调研，积极参与专项评估检查，广泛听取意见，强化问题核实，对调研资料进行深度分析，对返贫现象进行调研，为国家落实稳定脱贫政策提供数据支撑。

（3）座谈论证。举行研究报告论证会，对文献整理和调研结果进行深度分析，征求相关领域专家意见和建议，形成研究报告，为当地落实反贫困政策提供智力支撑。

（二）研究思路

本书以"问题提出→传统反贫困→转型必要性→法理基础→法律困境→法治保障"的逻辑思路和技术路线展开，基本思路详见图 0 - 3。

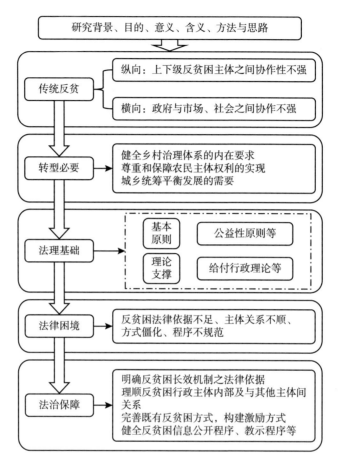

图 0-3　本书研究思路

第一章 传统反贫困机制亟须转型

随着扶贫任务的日趋专业化和复杂化，加之传统扶贫模式存在固有缺陷，2020 年绝对贫困消除以后，相对贫困仍然存在。在全面推进乡村振兴的新时代，传统政府扶贫模式亟待更新，以更好地适应新的反贫困任务。

第一节 传统反贫困机制概述

改革开放 40 多年来，我国的扶贫开发工作不断努力探索，尝试创新，经历了以下四个阶段：（1）贫困治理政策确立阶段（1980～1993 年），国家对困难群众大多采取的是在集体与群众生产自救的基础上提供必要救济；（2）"八七"扶贫攻坚阶段（1994～2000 年）国家重点扶持贫困县；（3）集中连片整村推进阶段（2001～2012 年）；（4）现在已经进入精准扶贫与精准脱贫阶段（2013 年以后）主要落实到户。[①] 笔者把前三个阶段的扶贫模式归为传统的扶贫模式，我国传统扶贫系统是从中央到基层的垂直系统，与新阶段扶贫在内涵、特点、模式和成效等方面进行对比，以期对 2020 年脱贫攻坚后提出有针对性的政策建议。

一、政府为单一反贫困主体

一般而言，传统意义上的单一政府扶贫是指为了解决基本的生存保障问题，政府机关作为实施扶贫的主体部门，依法享有制定扶贫政策、确定扶贫标准、规则的权力，从而实现对扶贫活动行为的约束以及控制。这种扶贫模

---

① 参见唐梅玲、曹旭：《我国贫困治理政策的回顾与展望》，载《学习与实践》2018 年第 3 期。

式虽具民主合法性与强制性特点，在公共管理职能方面存在一定的优势，但是，其存在的问题也不容忽视。主要表现为以下几个方面。

（1）传统扶贫主体单一。我国扶贫政策进行的四次调整中，扶贫主体都是以政府为主导，政府与其他扶贫主体之间是不对等的关系，政府对扶贫资源信息和政策进行控制和管理，其他主体处于被动地位。传统单向度的政府扶贫模式和开发式扶贫模式呈现边际效率递减、方式方法趋于穷尽的形势下，打破以传统扶贫模式为主的扶贫格局，引入新思维、新办法、新模式——合作扶贫，将为脱贫攻坚的决胜时期注入新的活力。

（2）扶贫职能过度集中。传统扶贫责任分担机制不完善，我国扶贫监管采取的是"政监合一"模式，该模式中政府管理部门与监管部门之间缺乏一个清晰的边界，容易产生责任归属难题。长期以来，在传统政府监管背景下，其一般不进行成本效益分析，大多具有命令控制特点，在很长的一段时间取得了良好的监管效果，但是由于信息不对称等原因，在实践中不可避免面临传统扶贫监督程序不健全的问题。

（3）扶贫企业、行业组织参与扶贫不足。由于扶贫项目、措施等问题较为复杂，政府对其进行监管需要克服专业上的难题。一是扶贫项目选择听证程序面临的问题。对我国天然气价格的听证程序进行考察后发现，听证中企业及民众的参与只是虚有其表，并没有真正意义上实现预期的"参与"。二是扶贫专家咨询程序论证规则缺失，致使专家的咨询论证制度运行不畅；三是设立扶贫项目影响分析程序主要是为了评价扶贫方式、工具或手段是否达到了实际效果，而成本收益分析的高度不确定性，重要的非经济价值容易被低估或忽略，使评估结果的社会接受度低，传统扶贫措施与扶贫目标偏离。等等。所以，在传统单一的扶贫管理模式下，单一的扶贫行政机关无法完成管理任务。

二、政府反贫困侧重于物质内容

传统的扶贫主要是为了解决贫困者的基本温饱问题，主要采取加大财政投入、加大自然资源投入等措施，着重改善贫困户的生活条件和提升贫困户的收入。因此，扶贫内容主要是生活救助、财政补贴和加强贫苦地区基础设施建设等直接的物质投入。

传统扶贫模式中，政府采用直接物质救助的方式，比如，提供食品、衣物或现金等。[①] 正如有的学者总结的，传统扶贫模式政府主要通过生活救济和财政补贴等方式进行扶贫，其指导思路有浓厚的计划体系色彩，加上地方政绩考核的不健全和个别地方缺乏监督，使资金利用没有实现最大化。[②] 当然，在遭遇重大的自然灾难或人为原因造成贫困时，及时的直接救援工作是必须而且有效的，直接的物质救助虽然可以直接解决贫困户的生存危机，但是，若贫困户一直处于普遍的被动接受状态，没有从根源上激发贫困的独立发展意识，独立能力欠缺，容易让贫困户养成福利依赖思想，自生发展动力不足，没有及时就业等，有可能造成"越扶越穷"的状况。

三、政府反贫困方式的短期化

传统扶贫模式是一种短期行为，在这种模式中，贫困对象有一种"等靠要"思想，处于普遍的被动接受状态，养成了一种惰性心理，形成了一种"贫困——扶贫——返贫"的恶性循环，即反复将政府扶持的财物一次性消耗掉后，又向政府伸手，被称为"输血式扶贫"方式；而现代脱贫模式是一种培养农户自我发展能力的组织体系，其最终目的是解放贫困农户的生产力，从根本上消除贫困、遏制返贫，实现贫困户的长期脱贫致富。[③] 这种方式是"造血式扶贫"，具有可持续性。《决定》指出，坚持因地制宜，创新扶贫开发模式，由偏重"输血"向注重"造血"转变。

输血式扶贫方式是指扶贫主体直接给予陷入生存困境的扶贫对象财物接济和生活扶助，以保障其最低生活需要，是一种"授人以鱼"的扶贫方式。

输血式扶贫方式主要包括以货币补偿为主的最低生活保障以及临时性救助，即通过捐钱捐物等物质性救助为主的慈善救助。其特征有二：其一，输血式扶贫方式是必要的，比如，低保、五保户。输血式扶贫帮困重点解决贫苦人口的温饱问题，是对一部分特殊人群的民生救济措施，是全面建成小康社会的必不可少的举措之一。其二，输血式扶贫方式具有临时性、不可持续

---

①　参见王蓉：《我国传统扶贫模式的缺陷与可持续扶贫的战略选择》，载《农村经济》2001年第2期。

②③　参见王亮、孙太清：《安徽传统扶贫模式与现代脱贫模式的比较》，载《安徽科技学院学报》2012年第4期。

性。扶贫行政机关直接向贫困户提供生产和生活所需要的物资或现金，是各级政府及相关部门用财物对贫困者直接进行救济，只能解决暂时的温饱，不具有可持续性，其本质是"一种社会救助"①，而且输血式扶贫方式忽视了人类发展与资源和环境保护问题，比如，为了短暂经济增长造成资源浪费。"输血式扶贫"还易导致"运动式扶贫"。相比常规治理方式，"运动式扶贫"在贫困村可以清除常规式扶贫所带来的积弊，明确扶贫资源的分配，巩固党组织的群众基础。但是，该模式同时也存在行政空转、治理规则模糊以及影响政治绩效等问题，出现行政指令"一刀切"现象。②

第二节　传统反贫困机制面临的困境

如上文所述，传统意义上的政府扶贫是指单一政府扶贫主体赋予扶贫机构制定、执行扶贫政策规则的职能，以命令控制扶贫活动的行为。这种扶贫模式虽然具有民主合法性与强制力保障执行的特点，在发挥扶贫职能方面也具有一定优势，然而，其存在的问题也不可回避。扶贫政策执行环节，执行机制不健全，导致政策的执行出现偏差；或者执行路径选择不当，导致政策的效果不如预期。具体而言，传统政府扶贫存在主体单一、扶贫范围模糊等问题，导致扶贫效果不佳，甚至会引发扶贫领域的治理危机。诸如识别的精准度低、帮扶项目与贫困对象需求错位、贫困女性脱贫难度大、贫困对象的内生力激发不足等问题，既表明在扶贫技术操作层面的不成熟，同时也反映了扶贫领域的深层体制问题，表现为以下两个方面。

一、纵向上：上下级反贫困行政主体之间协作性不强

中国是单一制国家，地方自治权力存在着先天性不足。这与中国的国情以及市场化的改革方向不太符合，不利于地方权力运行过程中积极性、创造

---

① 谭贤楚：《"输血"与"造血"的协同——中国农村扶贫模式的演进趋势》，载《甘肃社会科学》2011年第3期。
② 赵晓峰、马锐：《乡村治理的理论创新及其实践探索——"落实乡村振兴战略，推进乡村治理体制机制创新"研讨会综述》，载《中国农村经济》2019年第2期。

性的发挥,①而且会造成地方政府"唯上"不"唯下"的情况。突出表现为中国政府反贫困有关地方自治权力的具体法制不足和缺位,形成以下"双重不利于"的情况。

其一,不利于充分发挥地方政府的积极性、主动性和创造性。地方政府自主性缺乏清晰的规定,各级政府尤其是地方政府在反贫困服务中的积极性和主动性发挥不足,尚未充分明确和尊重地方自主权。自上而下的单向度扶贫依托行政压力型体制,采用减贫目标责任考核的方式,引导各级扶贫办、联建扶贫工作组在扶贫指标分派后寻找各种政治资源、"八仙过海"地完成数字化考核的扶贫责任状。②政府与贫困者的契约型合作能够较好地实现扶贫对象反贫困的积极责任。中央与地方权力关系运行形式比较单一,③对地方的帮助指导和协调不足,这也不利于反贫困服务中地方积极性的发挥。

其二,由于贫困地区基层民众与政府机构之间组织能力的不对称性以及外部社会监督的缺失,实践中,由政府"包办"的扶贫,出现了约束机制的失灵。例如,在项目的确定、范围的选择及配套资金上都缺乏严格的制度约束,项目分配主观性较大,在此情况下即使中央加大对地方的财政支持也未必能收到理想的效果。在扶贫效绩考核上,政府官员主要关心自己的晋升、工资、待遇等,为实现自身的利益最大化,政府官员为了出政绩,热衷于打造"面子工程、盆景农业"等项目,无法瞄准真正的贫困户;而给予真正需要贫困户以必要的发展机会,因为是"无形"的,不好量化,短时间无法出成绩,在扶贫工作中受到冷遇。④

二、横向上：政府与市场、社会之间反贫困协作不强

传统反贫困中,政府、企业和社会组织各自为战,社会扶贫力量处于一种松散的、非系统的状态,通常情况下,贫困户个人追求的目标与组织的目标不一致,社会扶贫协调性较差,扶贫合力未能得到最大限度的发挥,最终

---

① 王三秀等:《中国政府反贫困规范重构》,中国社会科学出版社 2013 年版,第 123 页。
② 见蔡科云:《政府与社会组织合作扶贫的权力模式与推进方式》,载《中国行政管理》2014年第 9 期。
③ 王三秀等:《中国政府反贫困规范重构》,中国社会科学出版社 2013 年版,第 124 页。
④ 参见陕立勤,KangShou Lu:《对我国政府主导型扶贫模式效率的思考》,载《开发研究》2019 年第 1 期。

导致资源的浪费。

一是扶贫主体间缺乏沟通和互动，不能解决扶贫对象权利贫困问题。政府单向度"独揽式"的扶贫方式中，政府是唯一能动的主体，而社会组织、企业等只是被动的、被支配的地位，扶贫对象只是被动接受经济物质方面的帮扶，没有充分听取贫困户的意见和建议，并没有解决农民贫困的关键——权利贫困①，比如，获得农产品自由流通的权利、社会保障和救济的权利、享受医疗保障的权利以及参与脱贫决策的权利等，尚未充分发挥扶贫项目、资金、人力资源的合力。因此，有学者建议"要消除经济贫困，根本的是解决权利贫困问题。"②

二是各合作扶贫主体缺乏宏观扶贫政策和行为的指引。如上文所述，由于政府扶贫决策追求个体利益，并未集中体现人民利益，实践中，各扶贫主体协作和分工不明，尚未取长补短、有机协调，未达到一种激励相容的状态，难以有效整合扶贫资源。

三是政府与社会组织、企业的协作不具有稳定性和长期性。由于各主体参与扶贫合作的基础较为薄弱，一些社会组织的独立性和灵活性不足，各主体的价值追求各异，比如，有些扶贫行政机关为了"政绩"，企业追求"利益"，社会组织为了实现其自身的目标和宗旨，导致各主体与贫困治理的长效发展目标相悖。这种封闭的"公权力体制内运作"，导致单向度政府扶贫活力不够，实际中出现了扶贫考核指标的区别性对待、软指标的选择性落实等问题。③ 由于上述困境，传统政府扶贫模式难以满足扶贫领域的发展与诉求，无疑会阻碍扶贫产业发展、经济社会的可持续发展。为全面推进乡村振兴，加快完善城乡融合发展的体制机制和政策体系，走中国特色社会主义乡村振兴道路，传统政府反贫困模式亟待变革。

---

① 参见蔡科云：《政府与社会组织合作扶贫的权力模式与推进方式》，载《中国行政管理》2014 年第 9 期。

② 义建龙：《权利贫困论》，安徽人民出版社 2010 年版，第 110 页。

③ 何绍辉：《目标管理责任制运作及其特征——对红村扶贫开发的个案研究》，载《中国农业大学学报（社会科学版）》2010 年第 4 期。

第二章 乡村振兴助力反贫困长效机制形成

第一节 反贫困长效机制的兴起背景

在扶贫开发治理体系与治理能力现代化建设的必然需求的推动下，实施乡村振兴战略，是满足人民日益增长的美好生活需要的现实要求，扶贫领域亟须构建反贫困长效机制。

一、乡村振兴推动国家脱贫攻坚的转型

由于传统扶贫模式未能有效回应扶贫实践，西方主要国家启动和完成了反贫困（社会救助）体系改革，发挥政府、市场主体、社会组织等多元主体的优势，建立了一种全新的扶贫机制。此机制采用政府赋权于民的思想，在政府的引导和帮助下，让贫困人口参与其中，充分调动其主动性和能动力，弥补传统扶贫机制存在的资金使用效率低、贫困人口不配合等造成的效率低下等问题。

2015年《决定》强调，"坚持政府主导，增强社会合力。强化政府责任，引领市场、社会协同发力，鼓励先富帮后富，构建专项扶贫、行业扶贫、社会扶贫互为补充的大扶贫格局""健全社会力量参与机制。鼓励支持民营企业、社会组织、个人参与扶贫开发，实现社会帮扶资源和精准扶贫有效对接""坚持群众主体，激发内生动力。继续推进开发式扶贫，处理好国家、社会帮扶和自身努力的关系""政府、市场、社会都是精准扶贫的参与主体"。《中共中央关于制定国民经济和社会发展第十三个五年规划的建议》提出，推进社会治理精细化，构建全民共建共享的社会治理格局。党的十九大

报告指出，坚持新发展理念，必须坚定不移贯彻"五大发展理念"，使市场在资源配置中起决定性作用和更好发挥政府作用，推动农业现代化同步发展。2021 年 2 月 25 日，国家乡村振兴局正式挂牌，标志着原国务院扶贫办的转型。

不难分析出，扶贫参与度呈明显提高趋势，扶贫参与主体从扶贫开发领导小组办公室到成立专门扶贫机构，从政府实施到政府主导下的发挥政府和社会两方面力量作用，从政府机构到国内社会力量再到国际组织，扶贫主体随着我国开放进程的深入推进而越来越多元化和专业化。① 在乡村振兴背景下，有效发挥政府、市场参与扶贫主体作用，创新扶贫治理模式，扶贫效果才更加明显。"决战脱贫攻坚取得全面胜利，5575 万农村贫困人口实现脱贫，困扰中华民族几千年的绝对贫困问题得到历史性解决，创造了人类减贫史上的奇迹。"② 2021 年《中华人民共和国国民经济和社会发展第十四个五年规划和 2035 年远景目标纲要》第 26 章提出"实现巩固拓展脱贫攻坚成果同乡村振兴有效衔接"，分两节强调"巩固提升脱贫攻坚成果"和"提升脱贫地区整体发展水平"。具体通过严格落实"摘帽不摘责任、摘帽不摘政策、摘帽不摘帮扶、摘帽不摘监管"要求，建立健全巩固拓展脱贫攻坚成果长效机制。

打赢脱贫攻坚战是乡村振兴的前提和基础，实施乡村振兴战略是脱贫攻坚的巩固和提升。③ 乡村振兴推动国家脱贫攻坚转型有两大内涵：一是脱贫攻坚是实现乡村振兴的前提和重要构成，在乡村振兴的具体实践过程中，也就需要确保脱贫攻坚顺利达到预期的战略目标，助力全面小康社会的实现；二是新时代农村发展要实现乡村振兴的战略目标。实施乡村振兴战略，坚持农业农村优先发展，坚持农民主体地位，坚持乡村全面振兴，坚持城乡融合发展，坚持人与自然和谐共生，坚持因地制宜、循序渐进。综上，脱贫攻坚成果巩固拓展，乡村振兴战略的全面推进，有助于为全体人民共同富裕迈出坚实步伐。

二、乡村振兴指引国家贫困治理体系现代化发展趋势

实施乡村振兴战略是关系全面建设社会主义现代化国家的全局性、历史

---

① 唐梅玲、曹暄：《我国贫困治理政策的回顾与展望》，载《学习与实践》2018 年第 3 期。
② 《中华人民共和国国民经济和社会发展第十四个五年规划和 2035 年远景目标纲要》2021 年 3 月 11 日第十三届全国人民代表大会第四次会议批准。
③ 张改平：《助力脱贫攻坚与乡村振兴有机衔接》，载《光明日报》2019 年 3 月 11 日，第 06 版。

性的任务。[①] 2013 年，党的十八届三中全会提出了国家治理体系和治理能力现代化的总体目标。这意味着国家治理体系现代化建设更加强调公共领域的多元共治，预示着以多元主体合作的反贫困因应了国家治理体系现代化的要求。

随着经济社会形势的变化，扶贫开发事业也在发展中被不断赋予新的历史定位。扶贫开发工作要主动适应时代变化，改革不适应实践发展要求的体制机制，不断构建新的内容，才能使扶贫各方面制度更加科学、更加完善，实现扶贫治理制度化、规范化、程序化，把扶贫的制度优势转化为国家治理的效能。[②]

新时代反贫困治理政策将更多借助创新反贫困模式提升反贫困开发的积极性和有效性，使反贫困成果能够更加公平地惠及人民群众，促进经济协调均衡发展，构建多元主体合作反贫困模式。一方面，注重充分调动不同主体，进行资源优势的有效整合，协调各主体间关系，推动社会治理的多元主体共同参与；另一方面，充分整合政府、市场、社会的力量，形成合力，政府通过营造环境、健全制度和提供政策支持等方式来保障多元主体治理。其他主体则根据自身职能特点分担相应的社会治理责任；企业要充分发挥其高效和市场化的优势；社会组织则发挥其专业性、灵活性优势，在产业扶贫、精神扶贫、智力扶贫等方面充分发挥作用；农村社区、村组为精准扶贫营造良好的环境，着力为社会参与精准扶贫提供机会和条件。社会各界积极调动自身资源和力量，参与新时代的贫困治理。[③]

第二节　构建反贫困长效机制的必要性

行政法的调整对象是研究行政法主体、主体间权利义务及其特点的基础，

① 习近平：《把乡村振兴战略作为新时代“三农”工作总抓手》，《习近平谈治国理政》（第 3 卷）2020 年版，第 255 页。

② 张琦、黄承伟等：《完善扶贫脱贫机制研究》，经济科学出版社 2015 年版，第 129 页。

③ 唐梅玲、曹晅：《我国贫困治理政策的回顾与展望》，载《学习与实践》2018 年第 3 期。

其中权利义务是法律规范的基本内容。① 学者认为行政法对权力与权利关系的调整应当追求一种最佳关系的"度"，那么，行政法调整扶贫领域公共行政权力与公民权利关系到何种状态才是最佳关系的"度"？② 具体来说，为各种关系维持一定的秩序状态，必须由行政法来确定政府与市场、政府与贫困户之间的权力（权利）边界，并且通过对扶贫各个环节制定相应的扶贫制度。扶贫行政机关对贫困户帮扶范围过于宽泛可能纵容贫困户"等靠要"的思想，而扶贫行政机关对贫困户帮扶范围过于狭窄，扶贫行政机关的扶贫功能和价值会受到影响。那么，如何找准扶贫行政机关与市场（主要是法律规范授权企业）以及扶贫行政机关与社会（主要是法律规范授权组织与贫困户）之间扶贫范围的平衡点？需探讨确定平衡点所遵循的基本规则（标准），来保证双方的职权（权利）与（职责）义务的实现。

一、健全乡村治理体系的内在要求

在扶贫实践中，已经显露出了一些问题。例如，2012～2014 年，湖北来凤县百福司镇挪用农村危房改造补助款 801 万元（共 1068 户），用来打造"酉水河流域土家第一镇"特色民居改造，而实际上需要改造的危房没有获得补助款，挪用资金比例达 75%。③ 少数官员一心打造面子工程，而真正的贫困户却无法及时获得救助，这种脱贫的质量根本无法保障。又如，一些地方政府领导为了完成脱贫考核而把条件较好的农户认定为扶贫对象，以避免扶贫效果不理想。④ 此外，在精准扶贫过程中，基层政府搞数字脱贫，⑤ 基层干部"跑扶贫""跑项目"⑥ 等现象的出现，大大削减了扶贫效果。

习近平同志在 2020 年召开的决战决胜脱贫攻坚座谈会上指出，"接续推

---

① 参见方世荣：《关于行政法对社会关系调整"度"的思考》，载于《法学评论》1996 第 5 期，第 23 页。

② 参见方世荣：《关于行政法对社会关系调整"度"的思考》，载于《法学评论》1996 年第 5 期，第 25 页。

③ 顾了"面子"伤了"里子"，参见《焦点访谈》2018 年 5 月 26 日，载新闻联播文字版：http://www.xwlbo.com/15869.html，2021 年 7 月 1 日最后访问。

④ 肖秀洁：《精准扶贫机制实施的政策和实践困境》，载《改革与开放》2016 年第 5 期。

⑤ 林亦辰：《勿让"精准填表"侵蚀扶贫成果》，载《中国纪检监察报》2017 年 6 月 4 日，第 2 版。

⑥ 意指前往省市两级争取扶贫项目。

进全面脱贫与乡村振兴有效衔接。脱贫摘帽不是终点，而是新生活、新奋斗的起点。要针对主要矛盾的变化，理清工作思路，推动减贫战略和工作体系平稳转型，统筹纳入乡村振兴战略，建立长短结合、标本兼治的体制机制。"[1] 为保障决胜脱贫攻坚之后"三农"问题及农村贫困问题解决的可持续，使农村贫困问题的解决可持续，需构建长效扶贫机制，从表面上看，扶贫的直接目的是解决贫困、失业以及老龄化等问题，在实施乡村振兴战略下，公民个人对公共服务的数量需求与质量保障有了更高期望，是否能够为公民提供有效、适切的公共服务已成为考验政府是否具备"善治"能力的标志[2]；从实质上看，构建长效扶贫机制是为了保障公民的生存权和发展权，实现乡村治理的自治、法治、德治。总之，构成长效扶贫机制，有助于将乡村自治、法治、德治"三治结合"，提升乡村治理效能，形成共建共治共享的局面，更大程度地激发农村发展活力，为乡村振兴助力。

二、尊重和保障农民权利的实现

我国《宪法》第 33 条确立了尊重和保障人权的原则，在行政视野下，精准扶贫需遵循这一原则。一方面，有助于扶贫行政主体尊重理解扶贫对象。这不仅要求扶贫行政主体及其工作人员遵守法律的明文规定，不对扶贫对象实施法律明文禁止的行为，不实施对扶贫对象的精神或者名誉上有损的行为，并且现代服务型政府要求政府在实施扶贫行为时应文明礼貌，改变命令强制型扶贫方式，不论是响应贫困户申请还是依行政职权为扶贫对象办事，能够实现精准扶贫对象与精准扶贫行政主体之间全方面的沟通和交流，比如精准扶贫对象对精准扶贫行政的了解权和请求权，从而确保从精准扶贫制度起始阶段精准扶贫对象就能知晓并参与进来，实现与精准扶贫行政主体之间直接的对话。这种对话能够增进相互之间的理解，改变扶贫行政机关传统的命令、指挥、控制型的扶贫方式，增加对扶贫对象的了解和理解，并根据扶贫对象的需求，向指导、协商等柔性扶贫方式转变，从而减少精准扶贫制度推行过

---

① 《习近平：在决战决胜脱贫攻坚座谈会上的讲话》，新华网：http://www.xinhuanet.com/politics/leaders/2020 – 03/06/c_1125674682.htm，2021 年 7 月 1 日最后访问。
② 孔令兵、王海立：《政府购买社会服务的行政法规制》，载《广东行政学院学报》2015 年第 4 期。

程中遇到的阻力。

另一方面，有助于扶贫行政主体保障扶贫对象各项权利。人权是人之为人而享有的权利，包括自然人和群体的权利。① 通常而言，人权最初是指弱势群体的人权，是一种"带有特权性质的人权保障"②。贫困户权利包括实体性权利和程序性权利。实体性权利主要是生存权和发展权，具体内容涵盖如下几种权利：劳动权、受教育权、社会保障权、安全权、就业权、获得奖励权等。精准扶贫相对人是"贫困"的亲身经历者。法律保障贫困户在国家扶贫政策措施制定、实施和监督过程中的一系列程序性权利，因此，贫困户还享有一系列程序性权利，比如，获得通知权、申请权、了解权、评议权、听证权、辩论权、扶贫项目的选择权、扶贫资金的监督权等。这些权利也有助于扶贫行政机关全面了解贫困户的实际需求，有助于扶贫行政机关识别出真正的扶贫对象，从贫困户的需求出发，制定和推行匹配的、可行的、操作性强的扶贫方案或措施。当然，贫困户行使权利有助于实现切身利益、满足自身需求。比如，贫困户行使通知权、了解权和评议权，可以了解国家关于扶贫的优惠政策和措施，从而调整自己从事的产业，从而激发自身摆脱贫困的内生动力。

三、推进城乡融合发展的需要

马克思认为，城乡融合是社会发展的必然趋势，是城乡发展的终极目标。③ 把乡村建设成为一个与城市共生共荣、各美其美的美好家园，是新时代全面建成小康社会和社会主义现代化建设的根本要求。④ 反贫困长效机制的法治保障为城乡发展提供了制度支撑，在干部优先配备、要素优先配置、资金优先投入、公共服务上优先安排，有助于加快推进乡村治理体系和治理能力现代化，缩小城乡差距，实现城乡平衡充分发展。

因此，研究如何保障反贫困政策、资金、人员、措施等的可持续，形成规范化、标准化的反贫困长效机制，可有效推动农业全面升级、农村全面进步、农民全面发展，建立健全城乡融合发展的体制机制和政策体系，有助于

---

①② 参见蓝宇：《民生法治视阈下的弱势群体民生权利保障》，载《求索》2009 年第 5 期。
③④ 湖南省中国特色社会主义理论体系研究中心：《实施乡村振兴战略 走城乡融合发展之路》，载《求是》2018 年第 6 期。

打破城乡不平衡，缩小城乡差距。同时，研究如何有效配置城乡扶贫资源，保障扶贫对象（农民）权利，实现社会公平正义，是反贫困长效机制法治保障的应有之义。

第三节　反贫困长效机制的理想模式

将反贫困事业与乡村振兴战略紧密衔接，实施乡村振兴战略对巩固脱贫攻坚成果，进而解决农村相对贫困问题至关重要。上文已经论及，反贫困长效机制具有最大限度整合扶贫资源的优势，具有成本低、社会接受程度高、灵活性强等优点，其制度预设主要包括以下几方面。

一、反贫困目标的可持续性

新时代通过反贫困实现全面发展的可持续性尤为重要。我国在反贫困过程中应把握三点：第一，确立扶贫机制的可持续性。扶贫机制的建立，可以弥补扶贫项目的不足，改变扶贫项目周期性、选择性的短板，而将扶贫成绩固定化、高效化。例如，日本《新生活保护法》第 1 条规定了在保障贫困者最低限度生活的同时，帮助其实现自立，也只有个人自立，贫困者的生计才能实现可持续。因此，我国为保证反贫困机制的可持续性，除了政策的可持续性，还要资金、人员、标准等方面制定可持续性的帮扶机制，从而形成规范化、标准化的扶贫机制。

第二，保障扶贫资源的可持续性。乡村振兴是全面振兴，扶贫资源是扶贫工作的关键和基础。保障扶贫资源到位，才能有效防止返贫。因此，结合本地实际，实施"脱贫不脱政策""脱贫不脱保"，应从多方面、多渠道聚集扶贫资源，同时建立相应的监督管理机制，让扶贫资源得到有效利用。

第三，全社会参与反贫困。扶贫应该是全社会共同的责任，帮助需要帮助的人不能只依靠政府的工作，从关注的人群，到关注的角度，扶贫的可持续性需要全社会的共同参与、协同合作。

二、反贫困主体的多元化

在反贫困长效机制中，扶贫职权不是由政府独自承担，而是由扶贫行政机关、企业、社会组织分担，并对扶贫活动的结果承担责任。可见，合作扶贫突破了传统扶贫理论认为政府是实施扶贫任务的唯一主体和权力行使者的认识。蔡定剑教授认为，公众参与要求公众与政府以及其他公共机构通过互动的方式决定公共事务，参与到公共治理过程中。① 《决定》强调坚持政府主导，引领市场、社会协同发力。《中共中央国务院关于打赢脱贫攻坚战三年行动的指导意见》（以下简称《指导意见》）重申，强化政府责任，引导市场、社会协同发力。从我国扶贫的一系列政策文件可以看出，公众参与主要涉及政府、市场和社会三个维度。

反贫困主体的多元化是指公众通过了解扶贫公共信息，参与扶贫政策的制定、执行与监督；在范畴上包括公主体与私主体，具体有政府、社会组织、企业、普通公众（包括扶贫对象）、慈善机构等。在扶贫领域引入多元主体具有两方面意义。一方面，确保公众扶贫参与权的实现。从应然层面讲，公众参与源于参与权，参与权是一项程序性权利，是行政相对人和相关人通过阐述事实问题、法律问题，公开表达自己的主张，进而参与到行政程序过程中，最终达到作出的行政决定有利于自身利益、维护自身合法权益的目的。参与权是在行政法领域实现法律面前人人平等的基本保障。② 从实践来看，公众参与原则尚未在精准扶贫中得到有效应用，各级政府和业务部门在精准扶贫中占有主体地位，农业大户、农村组织、贫困群众、社会团体、企业在精准扶贫中的定位并不明确，尤其是贫困户表达意见建议的机会非常有限，多数贫困户缺乏主动脱贫的思想，存在着"等靠要"的思想，是被动参与，而这些主体恰恰正是与精准扶贫最密切相关的。

另一方面，监督扶贫行政机关规范行使扶贫公共行政权力。在参与程序上公众参与原则并未得到有效体现，扶贫企业、社会组织、扶贫对象很少能够实质性地接触到制订方案、执行政策、检查监督等核心环节，使得社会组

---

① 参见蔡定剑：《中国公众参与的问题与前景》，载《民主与科学》2010 年第 5 期。

② 参见肖金明、李卫华：《行政程序性权利研究》，载《政法论丛》2007 年第 6 期。

织、企业、扶贫对象的参与层次较浅甚至流于形式，无法有效影响精准扶贫工作，无法对扶贫行政机关的行为起到监督作用，导致扶贫行政机关工作人员对扶贫资源截留、侵吞、挪用等现象的发生。此外，扶贫项目主要由政府部门组织安排，缺少身处贫困之中的扶贫对象的实质性参与，扶贫项目的论证、立项、选址、实施没有进行前提调研，导致扶贫供给与扶贫需求严重脱节。

三、反贫困方式的激励性

激励型扶贫方式是指扶贫行政主体做出的扶贫政策、行为、措施等，应充分尊重扶贫相对人意见和建议，调动其积极性，具有助成性、指导性，扶贫相对人没有必须服从的义务。精准扶贫方式以产业化为主导，充分尊重贫困户意见，提高贫困户主体意识，调动其积极性，同时需要扶贫对象处理好自身与外界环境的协调发展，注重扶贫对象自立能力的提高。精准扶贫是典型的激励型扶贫方式。

激励型扶贫方式是基于法律对个人行为的激励，使个人受到鼓励，作出法律所要求和期待的行为，取得预期效果，形成理想的法律秩序。从法的积极导向功能层面看，一方面，激励扶贫机制较好地诠释了现行扶贫方式的基本功效，可以调动贫困户的工作积极性，比如，对于产业发展典型、致富典型给予物质和发展机会奖励，设立"脱贫攻坚先进奖"给予精神激励，提高他们的自立意识。另一方面，通过"精准激励"政策充分保护和发挥扶贫干部在扶贫工作中的积极性、主动性。给予贫困户灵活机动的政策权限、建立责权相当的考核机制和容错机制，鼓励扶贫干部根据当地具体情况，实施更加有效的扶贫措施，"以实绩论英雄""奖优罚劣"等扶贫工作机制就是典型的激励型扶贫方式。例如，湖北省2020年《关于克服疫情影响决战决胜脱贫攻坚的若干政策措施》支持致富带头人留乡创业，对带动贫困人口10人以上且稳定就业1年以上的贫困村创业致富带头人，可提供不超过100万元贷款扶持，并按3%的利率给予贴息贷款，其他财政贴息政策不重复享受。

四、反贫困程序的规范性

对穷人的赋权意味着对现有不公平权力关系的清醒认识。不平等的权力关系使得穷人无法脱贫并且长期处在决策权的外围。① 基于当前扶贫行政具有极强的政策性和灵活性，地方扶贫行政主体在实施这些基本的程序制度时，需要在确保脱贫目标实现的同时，防止扶贫行政主体因拥有过于宽泛的裁量权而滥用，或者简单"套用"程序制度，出现不接地气的情况。每一类扶贫行政行为都需要遵循基本的正当程序制度，那么，如何从程序上保障扶贫精准制度的实施呢？需要通过法治保障程序实现，避免扶贫公共行政权力的滥用，因此，扶贫领域必须通过正当程序来协调不同扶贫部门之间、不同价值观之间的关系。

具体而言，应科学设计扶贫行政机关实施扶贫法规、政策的程序，以程序监督扶贫行政行为，完善扶贫信息公开程序、听证程序、教示程序、民主科学决策程序，以程序制约权力，保障扶贫相对人权利的实现，确保扶贫行政机关在程序规则下高效的运行，进而保证及时有效地实现脱贫目标。比如，2019 年湖北省《关于构建稳定脱贫长效机制的意见》第 12 条规定，建立防贫联防联控机制，整合发改、教育、民政、人社、农业农村、商务、卫健、住建、水利、医保等部门资源，统筹低保救助、特困救助、就业援助、医疗救助、临时救助等政策，切实解决救助政策碎片化问题，形成合力。

---

① 左常生：《国际减贫理论与前沿问题》中国农业出版社 2016 年版，第 93 页。

第三章 构建反贫困长效机制的法理基础

为了更好地对"为什么保障""谁来保障""如何保障"等问题进行系统研究，本章将结合乡村振兴战略的大背景，在法理与实践机理指导下，研究保障反贫困长效机制的理论问题，实现法治对反贫困实践问题的有效回应的目的。

第一节 反贫困长效机制遵循的原则

乡村振兴战略下，亟须对农民、农业和农村问题进行常规化、制度化的研究。其中脱贫是乡村振兴的前提和基础。在对反贫困长效机制法治保障的具体内容进行探讨之前，有必要设定反贫困长效机制法治保障所要遵循的原则，以便更好规范扶贫行为。反贫困长效机制法治保障的基本原则是指导和规范扶贫行政行为实施和行政争议处理的基础性规范，其贯穿于扶贫具体的规范之中，同时又高于扶贫方面的具体规范，体现法的基本价值理念。反贫困长效机制法治保障是在法调控扶贫行政主体扶贫权力和扶贫相对人基本权利的基础上形成的具有相当抽象性的规范。笔者认为，反贫困长效机制法治保障的基本原则主要包括公益性原则、效率原则、公众参与原则，其中，公益性原则明确了反贫困目的，效率原则确保了反贫困措施的有效性，公众参与原则解决了反贫困主体参与的范围和责任。

一、公益性原则

（一）公益性原则的基本理论

美国法学家庞德认为，某些法律制度只能通过承认某些利益（包括个人的、公共的、社会的利益），才能达到维护法律秩序的目的；划定界限范围，并在界线范围内通过法律承认上述各种利益并使之有效；同时还要在法律规定的界限内保障这些已经获得承认的利益。① 行政权力虽然是为了维护公共利益而产生的。但是，这并不代表行政权力可以凭借优先维护公共利益的理由忽视个人利益。因此，公共利益须以尊重和保护个人利益为基础。② 在具体判断公益的分量时，可以从量和质两个角度着眼，前者是指受益人的数量，即尽可能使最大多数人分享福利；后者是以对受益人生活需要的重要程度而定，也即与受益人生活关系越是紧密，则该公益的"质"越高。③

（二）公益性原则作为法治保障反贫困长效机制原则的依据

1. 反贫困长效机制法治保障的基本前提是遵循公共利益

公共利益或公共福祉是国家应积极追求的目标，也是行政法的核心概念之一。西方的公共利益概念起源于古希腊。哲学家亚里士多德将国家看作最高的社团，实现"最高的善"是其存在目的。④"最高的善"物化于现实社会当中即为公共利益，被全体社会成员视为共同的价值取向。公共管理学者莱斯利·雅各布在其所著的《民主视野》中认为，个人作为公共的社会成员所应当共同拥有的那些利益与公共利益相关联，如法律、秩序和政治稳定等。⑤公共利益作为行政法的基本概念，同时也是许多误解和悖论产生的根源。⑥李洪雷认为，在个案中对行政行为是否符合公益的应有客观标准，主要根据宪法和法律的规定以及在法规范中的价值判断。⑦ 陈晋胜认为，只有把公共利益置于市民社会与政治国家相互分离和互动的过程当中进行考察，才能够正确理解公共利益。⑧

公益性原则体现在扶贫领域主要是实现不同层次主体的公共利益需求；

---

① 参见［美］庞德：《通过法律的社会控制》，沈宗灵译，商务印书馆1984年版，第44页。
② 王麟：《利益关系的行政法意义》，载《法学》2004年第10期。
③ 陈新民：《公共利益的概念》，载《德国公法学基础理论（上）》，法律出版社2010年版，第256页。
④ ［古希腊］亚里士多德：《政治学》，吴寿彭译，商务印书馆1965年版，第132页。
⑤ ［美］莱斯利·雅各布：《民主视野》，吴增定等译，中国广播电视出版社2000年版，第93页。
⑥ 张千帆：《"公共利益"的构成——对行政法的目标以及"平衡"的意义之探讨》，载《比较法研究》2005年第5期。
⑦ 李洪雷：《行政法释义学：行政法学理的更新》，中国人民大学出版社2014年版，第106页。
⑧ 陈晋胜：《公共利益及其行政法规制》，载《理论探索》2008年第1期。

对市场中的投资者来说则是为了获得合理的回报；对扶贫对象来说，是直接获得经济性收益。扶贫行政法保障的主要目的是规范或控制扶贫公共行政权力，保障扶贫对象民生权利的实现，扶贫行政机关主要通过给付行政的方式，给予扶贫对象精准帮扶。因为给付行政的主要内容是公共道路、饮水、医疗、保险、就业培训、住房等，给付行政的基本前提是遵循公共利益，需要扶贫行政机关对这些公共产品进行公平公正的配置，避免扶贫工作人员为了个人私利而侵吞、挪用扶贫经费、物资等行为。

2. 反贫困长效机制法治保障的基本条件是满足公共利益

第一，从扶贫受益主体来看，公共利益不是个人利益的叠加，必须具有社会共享性或共益性。在精准扶贫的过程当中，为社会成员带来一定利益是必然的，如建设乡村公路，既可以方便出行，又可以带动沿线经济的发展，公共利益受损也会影响到社会非特定的多数人的利益，例如反贫困工业产业的过度开发和利用存在对贫困村原始自然环境和人文环境的破坏的威胁。比如，2020 年 4 月湖北省新冠肺炎疫情防控指挥部印发《关于克服疫情影响决战决胜脱贫攻坚的若干政策措施》对易返贫的脱贫监测户、易致贫的边缘户实行动态监测，加大对因疫情影响或其他原因收入骤减或支出骤增户的排查力度，及时纳入台账管理，防止因疫致贫、因疫返贫。其中，易返贫的脱贫监测户、易致贫的边缘户成为受益人员。

第二，从扶贫受益内容来看，因为公共产品所具备的非排他性和非竞争性导致市场配置公共产品的供给成为无效率，通常情况下应由政府来制定政策并提供公共产品，而公共利益的受益内容以及物质表现形式即为公共产品。比如，教育、社会保障、医疗、交通、社区绿化与环境、社区治安、社区基础设施等，都涉及公共产品，都需要政府对这些公共产品进行配置，充分利用市场机制扶贫作用，又要明确政府、市场之间的关系，有效监督企业追求不正当的利益。

第三，从扶贫供给主体看来，政府是最大的、有组织的供给主体。由于扶贫对象的利益需求的多层次性、多样性，其需求因为非政府组织、非营利性团体的出现得到了满足，通过政府购买非政府组织与非营利性团体服务的方式，既体现了自治、参与的民主精神，也能够有效降低政府扶贫管理成本，提高政府扶贫服务效率。

3. 反贫困长效机制法治保障以调整扶贫领域公共利益与私人利益的关系为基本内容

一方面，实现扶贫相对人的权利需要借助公共利益。为了保障扶贫相对人的权利，政府具备了为个人提供公共物品或利益的功能。由此，公共利益就变为个人权利实现所必需的条件。例如，一个人为实现有尊严地生活，其前提条件就是保障住房安全，除此之外，交通便利又和个人的生命权、身体健康权关系密切。另一方面，公共利益和私人利益也存在着冲突，二者并不完全一致。比如，在修建乡村公路时，可能存在对个人自留地的占用，需要进行一个利益衡量，不能一味强调公共利益而忽视个人合法权益。

（三）公益性原则在反贫困中的应用

具体到扶贫领域，衡量公共利益的是什么？怎样才能保障公共利益？规范保障公共利益必须制定行政法规，以下将对这两个方面进行基本说明来回应上述问题。

第一，公共利益的内容需要在行政法规中得以体现，长效的扶贫机制需要以立法的形式得以建立，防止公共利益被公权力以各种手段予以侵占。对公共利益的保障，有助于监督和控制公权力，为扶贫相对人的基本权利的实现提供基础。

第二，扶贫相对人的权利不但为个人利益的实现提供了必要条件，也为公共利益的实现提供了必要条件。实践证明，一个国家如果能够有效地保障和认真对待扶贫相对人的权利，它在公共利益方面也能够较好地实现。因此，应当公开制定有关扶贫的行政法规、扶贫政策，并且在法规、政策制定之前要做到广泛地征求、充分地听取相对人意见，具体到操作层面的扶贫工作指南、扶贫工作方案制订前多听取贫困户的意见和建议，对涉及村委会（社区）的重大事项的决定，必要时还应举行听证会等，将个人利益的表达上升为国家公共利益，通过法律、法规和政策来保障其实施。

第三，限制和规范扶贫行政机关的扶贫行为。由于公共利益的内容存在着不确定性，因此为扶贫行政机关保留一定的自由裁量空间是必要的。但如果行政机关无法在公共利益与公民权利间实现"双赢"，则应当遵循比例原则，在公共利益与公民权利之间作出有效权衡。若扶贫行政行为要实现的公共利益与其所要影响的扶贫相对人权利之间产生冲突，就必须在公共利益和个人利益之间谨慎选择。

二、效率原则

采取多元主体合作扶贫方式，而不是由单一政府采取命令控制的管理方式，主要原因是合作扶贫方式更有效率，也是合作扶贫治理存在的基础。

（一）效率原则的基本含义

"效率"本身是物理学上的概念，是指单位时间完成的工作量，经济学中的效率则是指投入成本和产出成果间的比例。人们追求效率是为了通过最少量投入获得最大量产出。将效率上升到哲学层面，可以将其理解为人的活动和他所实现的目的的比例。[①] 法学中的效率是指制定法律、实施法律所要付出的成本和它能够带来的结果间的比例，以及法律所能达到配置整个社会资源的效果。法律中的效率反映了法律调整社会关系之结果与其所追求的目的之间的关系，即通过法律配置社会资源，付出最小的法律成本收获最大法律目标。效率不仅仅是法律作用的目标之一，也是评价法律积极或消极作用的标准之一。[②] 关于行政法上的效率原则，翁岳生教授认为，效率系指国家行为之节约、合于经济计算。[③] 梳理效率定义，有助于进一步理解行政法上的效率原则。姜明安教授认为，效率原则是指行政程序中的各种行为、方式、步骤、时限、顺序的设置都必须有助于确保基本的行政效率，并在不损害行政相对人权益前提下，适当提高行政效率。[④] 王成栋认为，行政法的效率原则是指尽可能以最小的成本制定实施行政法，提高行政主体行政活动以及行政相对人行为的效率。[⑤] 也有学者坚持行政效能效率原则，即要求行政机关以尽可能少的行政成本获取最大限度的行政目标。行政效能效率原则的具体要求有：优化组织结构；提高行政人员素质；通过合理的程序设置，将新的

---

① 吴德勤：《经济哲学——历史与现实》，上海大学出版社2002年版，第232页。

② 徐显明、胡秋江：《法理学教程》，中国政法大学出版社1994年版，第344~346页。

③ 参见翁岳生：《行政法》，中国法制出版社2002年版，第83页。

④ 姜明安：《行政法与行政诉讼》，北京大学出版社、高等教育出版社2015年版，第335页。

⑤ 参见王成栋：《论行政法的效率原则》，载《行政法学研究》2006年第2期。

科技手段广泛应用到行政管理实践当中，建立规制影响分析制度等。①

以上学者的观点都是将效率原则作为行政法的基本原则之一，这些效率原则的定义角度类似，都是为了使行政主体提高其行政活动的效率，但是缺乏对提高行政相对人行为效率的研究。笔者认为，在反贫困领域，行政法的效率原则应当包括行政法对行政主体与行政相对人效率共同的促进，将行政主体与行政相对人统一起来，寻找其平衡点，从而实现两者的总体效率，即行政法效率上的最大化。因此，反贫困领域效率原则是指，扶贫主体（包括行政机关、社会组织、企业等）在进行扶贫治理的过程时，力争以尽可能快的时间、尽可能少的人员，尽可能低的经济消耗，取得最大的扶贫社会效益和经济效益。

（二）效率原则作为法治保障反贫困长效机制原则的依据

第一，效率原则作为法治保障反贫困长效机制的原则有助于实现扶贫信息资源的共享。习近平同志于 2017 年 6 月 23 日深度贫困地区脱贫攻坚座谈会中强调，在坚持精准识贫、精准扶贫的过程中要讲究科学、方法和效率，集中各方信息，建立信息库，从而实现信息资源的共享。

第二，效率原则作为法治保障反贫困长效机制的原则有助于扶贫资源的优化配置。《指导意见》强调提高资金使用效益。《国务院关于印发"十三五"脱贫攻坚规划的通知》强调充分发挥竞争机制对提高扶贫资金使用效率的作用；《中国证监会关于发挥资本市场作用服务国家脱贫攻坚战略的意见》提出要提高融资效率；《国务院办公厅关于全面放开养老服务市场 提升养老服务质量的若干意见》强调进一步提高审批效率；《审计署办公厅关于进一步加强扶贫审计促进精准扶贫精准脱贫政策落实的意见》注重提高审计效率；《中央财政专项扶贫资金管理办法》第 20 条提出要提高财政监管效率；中国人民银行、银监会、证监会、保监会《关于金融支持深度贫困地区脱贫攻坚的意见》强调提高深度贫困地区金融企业审批效率。

第三，扶贫领域中的效率主要是指扶贫机构和人员的效率。扶贫行政机关及时、准确地作出判断，并迅速采取较为合理的扶贫措施，对扶贫机构和

---

① 参见李洪雷：《行政法释义学：行政法学理的更新》，中国人民大学出版社 2014 年版，第 108～109 页。

人员的效率提出了更高的要求。在机构设置上，承担扶贫工作的部门必须精简，行使扶贫公共行政权力具有集中性与权威性、具有综合性与协调性。这种集中性与权威性包括的扶贫事项有：拟订、审定扶贫开发的法律法规、方针政策和规划；组织调查、考核、督促工作等。综合性和协调性包括的扶贫事项有：审定扶贫资金分配计划、协调解决扶贫中的重要问题、调查指导扶贫工作等。在人员方面，提高各级扶贫机构中专职人员比例，并配备一定数量的专业人员（如农业科学技术人员），在时间、工作精力、待遇等方面进行保障，加强上级扶贫机构对下级扶贫机构的监督和指导。

（三）效率原则在反贫困中的应用

1. 效率原则是衡量扶贫资源有效配置的重要标准

扶贫资源配置效率随着行政权力的介入而发生变化，决策参与者出于对利益的考量可能会使扶贫目标发生偏离或产生转化；政府与扶贫组织有着不同的出发点，前者将扶贫组织纳入自己的行动体系，并嵌入自己的经济意图和政治意图，而扶贫组织也因为要争取发展资源从而模仿政府行动，这使得两者的行动目标逐渐趋同。个人信息流通受到扶贫对象关系网络结构和与资源再分配者的关系的限制，最终会影响到公平摄取资源的问题，导致扶贫资源配置不均而呈现出复杂的结构形态。① 政府主导是我国农村扶贫开发的一贯做法，这种做法将扶贫开发纳入公共财政，多以封闭运行的方式投入到扶贫工程或直接作用在扶贫对象上。因为扶贫资源的分配过程与结果会受到道德标准（尽管与贫困无关，却会影响到个人获得资源的多少）和扶贫工程项目参与与否的影响，使得它不能一直体现出政府的意图。扶贫对象与资源分配主体的选择关系呈现逆向态势，由于资源分配决策缺乏扶贫对象的参与因而没有反映出扶贫对象的利益需求，本应由扶贫对象主动去寻求资源，现实却是资源分配的主体在寻找扶贫对象。

确保扶贫资源利用有效，除了指在一定意义上以最有效的手段使用资源以满足人们需要之外，还具体承载着该领域的特殊要求。在此，有效利用资源主要包括以下几重含义：（1）扶贫对象能否及时获得帮扶，比如扶贫资金

---

① 陈成文、吴军民：《从"内卷化"困境看精准扶贫资源配置的政策调整》，载《甘肃社会科学》2017 年第 2 期。

及时发放，扶贫款项及时拨付等；（2）扶贫对象能够足额获得帮扶，足额帮扶强调的是扶贫方式要与扶贫目的相契合，即必须满足扶贫对象的具体需求；（3）以最低社会成本达到扶贫实效。①

2. 扶贫的效率性应当以不得损害扶贫对象的合法权益为基础

政府要提高扶贫效率，具体而言，有如下措施。（1）提升扶贫管理的专业性。多元扶贫主体相对于传统的政府单一扶贫主体的优势在于其更加专业，有效整合社会组织、企业扶贫信息、技术等资源优势。（2）合理配置扶贫管理权力。有效配置扶贫机构制定、执行规则和裁决纠纷的权力，有效发挥这三种权力的合力，可以大大提升脱贫质量，保障扶贫效率。（3）扶贫程序设计科学。有必要设置合理的程序，在决策过程中增强其科学性、民主性，简化扶贫程序，提升扶贫效率。② 与此同时，扶贫主体需要在法定时限内，遵循法定的方式、步骤，全面履行其法定职责，保证扶贫管理能够及时有效实现扶贫的目标。

三、公众参与原则

（一）公众参与原则的基本含义

英国功利主义法学家边沁持"用最广泛公共性矫正个人利益"的观点，把公共性作为控制暴政的首要控制手段，纳入他所理想的宪制制度当中。英国哲学家约翰·斯图亚特·密尔在其著作《自由论》中认为，公众的审查是鉴别善恶与否的最好方法，无论何种条件都很有裨益。在密尔的另一本著作《代议制政府》当中，他对"公共性和讨论的自由"进行了进一步阐述，并强调公众普遍参与同样存在价值。俞可平教授认为，公众参与，包括公民参与制定公共政策和管理社会公共的一切活动。蔡定剑教授则认为，公众参与要求公众与政府以及其他公共机构通过互动的方式决定公共事务，参与到公共治理过程中。③ 美国有学者认为公众参与的形式多种多样乃至无穷，无论是投票还是对抗，向报刊编辑写信还是诉讼，都是公众参与的途径。《联邦

---

① 宋艳慧：《公法视野下的社会保障权研究》，中国民主法制出版社 2015 年版，第 204 页。
② 李洪雷：《行政法释义学：行政法学理的更新》，中国人民大学出版社 2014 年版，第 109 页。
③ 参见蔡定剑：《中国公众参与的问题与前景》，载《民主与科学》2010 年第 5 期。

宪法第一修正案》概括了公众参与的具体形式，包括投票、游行、请愿、游说，以及给报刊编辑写信、参加辩论、运动、参加听证会，甚至诉讼。个人并不仅仅是国家的客体，还是一个负责任的成熟公民。[①]

《决定》强调坚持政府主导，引领市场、社会协同发力。《指导意见》重申强化政府责任，引导市场、社会协同发力。从我国扶贫的一系列政策文件可以看出公众参与主要涉及政府、市场和社会三个维度。

扶贫领域公众参与是指公众通过了解扶贫公共信息，参与扶贫政策的制定、执行与监督；在范畴上包括公主体与私主体，具体有政府、社会组织、企业、普通公众（包括扶贫对象）、慈善机构等。

（二）在反贫困中引用公众参与原则的必要性

1. 确保公众扶贫参与权的实现

从应然层面讲，公众参与源于参与权，参与权是一项程序性权利，是行政相对人和相关人通过阐述事实问题、法律问题，公开表达自己的主张，进而参与到行政程序过程中，最终达到作出的行政决定有利于自身利益、维护自身合法权益的目的。参与权是在行政法领域实现法律面前人人平等的基本保障。[②]

从实践来看，公众参与原则尚未在扶贫中得到有效应用，各级政府和业务部门在扶贫中占有主体地位，相反，农业大户、农村组织、贫困群众、社会团体、企业在扶贫中的地位并不明确，尤其是贫困户表达意见建议的机会非常有限，多数贫困户缺乏主动脱贫的思想，存在着"等靠要"的思想，对脱贫被动参与，而这些主体恰恰正是与扶贫最密切相关的。

2. 监督扶贫行政机关规范行使公共行政权力

在参与程序上公众参与原则并未得到有效体现，扶贫企业、社会组织、扶贫对象很少能够实质性地接触到制订方案、执行政策、检查监督等核心环节，使得社会组织、企业、扶贫对象的参与层次较浅甚至流于形式，无法有效影响扶贫工作，无法对扶贫行政机关的行为起到监督作用，导致扶贫行政

---

① 参见［荷］勒内·J. G. H. 西尔登、弗里茨·斯特罗因克：《欧美比较行政法》，伏创宇等译，中国人民大学出版社2013年版，103页。

② 参见肖金明、李卫华：《行政程序性权利研究》，载《政法论丛》2007年第6期。

机关工作人员对扶贫资源截留、侵吞、挪用等现象的发生。此外，扶贫项目主要由政府部门组织安排，缺少身处贫困之中的扶贫对象的实质性参与，扶贫项目的论证、立项、选址、实施没有进行前提调研，导致扶贫供给与扶贫需求严重脱节，无法从根本上解决贫困问题。

（三）公众参与原则在反贫困中的应用

第一，建立"公众参与"的决策与准入机制。为了全方位了解贫困对象的具体情况，应要求相关人员必须成立工作组，深入到户调查。由于农村组织和村民缺乏话语权，公众参与的人员不具有代表性。因此，在识别贫困户以及选择贫困项目上应当建立公众参与的决策机制，从贫困户之中选举出代表参与决策，从而组建决策小组，小组成员包含政府与村委会、农业大户、贫困户、农村合作社等。

第二，整合"公众参与"的扶贫资源。缺乏组织领导的单一公众力量在面对庞大的扶贫开发工作时无法形成强大的影响力。因此，为提高公众参与的程度和参与的效果，将公众参与上升为组织行为或集体行为是一种有效参与的方式，也契合我国构建政府、市场、社会协同推进的大扶贫格局，有利于整合各扶贫主体资源，提高脱贫效率和质量。

第三，发挥"公众参与"扶贫的监督作用。扶贫管理要求通过信息技术支持，动态监测管理扶贫对象、事务、产业项目和资金等，在了解扶贫工作动态的同时也能够接受政府和公众的共同监督，让扶贫管理工作在阳光下进行。从扶贫工作监督主体来看，我国目前的监督主要分为内部政府监督和外部公众监督，其中内部政府监督包括纪委及政府内部自我监督；而外部公众监督主体主要涵盖企业、社会组织、贫困户等。为了防止扶贫行政机关既当运动员又当裁判员的情况发生，在考核当中应当引入第三方机构和贫困户对扶贫工作进行联合评估，从而确保考核的公正、准确和合理。对扶贫工作做得好的主体予以鼓励，相反则予以惩戒。例如，政府针对扶贫成绩突出的企业、社会团体、农业大户，可以制定相应的优惠政策鼓励其大力发展，并支持其扶贫产业。

第二节　构建反贫困长效机制的理论支撑

在乡村振兴战略下，精准扶贫之所以能够作为国家政策被广泛施行于全国各地，在于其拥有特定的国际逻辑、国内逻辑和现实逻辑。反贫困理论是以国内外学者对贫困问题的理论研究和减贫理念为基础逐渐发展起来的。所以，为更好地理解反贫困的要义，有必要对反贫困的理论渊源进行研究。

一、给付行政理论

伴随着市场经济的确立以及中国经济发展水平的提高，中国的给付行政已不再只是为实现"生存照顾"的工具而是朝向更普遍的公民福祉实现。[1] 反贫困不仅仅解决贫困户的基本生活问题，更应该帮助其"自立"，提高自身发展能力，增强公民的福祉。

（一）给付行政理论基本内容

最初对生存这个课题进行系统探讨的是德国学者福尔斯托霍夫，他提出了给付行政理论，他认为现代的给付行政概念属于行政法学上的概念。[2] 行政给付的制度安排可追溯到福斯多夫提出的政府负有向民众提供生存照顾的义务，如此才能解决复杂社会背景下公民生存发展之需。[3]"行政给付"有狭义与广义概念之分，狭义的行政给付仅着眼于满足公民物质方面的生存需要，是福利行政的实施方式。日本学者盐野宏认为，给付行政是行政机关等行政主体为了确保私人在生活和事业发展上的可能性，对私人提供精神或者物质的便利和利益的活动。[4] 杨建顺教授认为，给付行政是政府通过公共设施、公共企业等提供社会、经济、文化服务，通过社会保障、公共扶助等进行的社会保障，以及资金的交付、助成等。[5] 有些学者认为给付行政是国家作为

---

① 胡敏洁：《给付行政范畴的中国生成》，载《中国法学》2013 年第 2 期。

② 转引自杨建顺：《比较行政法：给付行政的法原理及实证性研究》，中国人民大学出版社 2008 年版，第 5～6 页。

③ 陈新民：《公法学札记》，中国政法大学出版社 2001 年版，第 55～78 页。

④ ［日］盐野宏：《行政法》，杨建顺译，法律出版社 1999 年版，第 9 页。

⑤ 参见杨建顺：《日本行政法通论》，中国法制出版社 1998 年版，第 329 页。

给付主体，通过提供资金、物资及劳务上的救济与服务，保障公民基本的生存、生活权利，或帮助促进公民获取经济利益，并且以维持增进社会的公共福利为直接目的的公共行政。[①] 有的学者认为给付行政是一种行政理念，与这一种理念所对应的具体行政行为便是众多的行政给付。[②] 表3-1归纳了精准扶贫主要提供的政策体系、财税支持、投资倾斜、金融服务、土地使用、生态建设、人才保障等，既包括物质方面的给付内容，又包括精神方面给付内容，既满足扶贫对象的生存性需要，又满足其发展性需要，最终目的都是保障扶贫对象的权利，提高公民的福祉。

表 3-1 　　　　　　　　　　　　精准扶贫部分给付内容

相关法律法规	给付内容
中共中央国务院关于打赢脱贫攻坚战的决定	实施精准扶贫方略（教育、医疗、社会保障等）、基础设施建设、政策保障、广泛动员全社会力量、大力营造良好氛围等
中共中央国务院引发《中国农村扶贫开发纲要（2011~2020年）》	政策体系、财税支持、投资倾斜、金融服务、土地使用、生态建设、人才保障等
湖南省农村扶贫开发条例	提供政策、资金、技术、人力等方面的支持，帮助扶贫对象发展生产，完善公共服务，发展教育，增强扶贫对象自我发展能力等
湖北省农村扶贫条例	各级人民政府通过资金、物资、教育、科技、文化、卫生、人才、社会保障等方面的支持，帮助农村贫困地区科学合理开发利用自然资源、人力资源，改善生存与发展环境等
贵州省扶贫条例	通过政策、资金、人才、技术等资源，全力、全面帮助本省贫困地区和贫困人口增强发展能力等

（二）给付行政理论对我国反贫困长效机制法治保障的意蕴

第一，行政机关的扶贫行为属于行政给付的范畴。基于民生保障是国家的法律义务，[③] 随着社会经济的发展，行政给付的对象实现了从个人到集体

---

① 参见郭润生、张小平：《论给付行政法》，载《行政法学研究》1994年第3期。
② 参见姚茜：《行政给付基本原则研究》，载《法制与社会》2006年第10期。
③ 龚向和：《论民生保障的国家义务》，载《法学论坛》2013年第3期。

的突破，其帮助方式也从单纯的物质扩展到物质、安全、环境、精神等方面。① 如《中国农村扶贫开发纲要（2011～2020年）》第34条规定，要加大贫困地区村级公路建设、土地整治、农村水电建设等投入和支持力度；《广西壮族自治区扶贫开发条例》第21条第1款规定，贫困户缴纳房产税、屠宰税、车船使用税等确有困难的，可向当地税务机关提出申请，依法给予减税或者免税照顾。这些条例恰恰验证了行政给付的本质为权利赋予或义务减免。扶贫政策和法规也多以权利赋予或义务减免的方式实施激励，如对扶贫人口实施医疗救助、临时救助、慈善救助等等即属于行政给付的范畴。

众所周知，基本权利囊括主观公权利与客观法义务两方面的属性。就前者而言，立足于公民的角度，一方面赋予公民享有免于干预的权利；另一方面允许公民行使请求权请求国家履行特定给付义务，例如，贫困户申请成为"五保户"。就后者而言，立足于国家角度，要求国家履行制度保障的功能，一方面，国家运用制度架构赋予公民权利并提供必要条件，例如，《四川省农村扶贫开发条例》第18条规定地方各级人民政府应帮助贫困地区建立健全商业网点，向扶贫对象提供信息服务。该条例第17条规定，县级以上地方人民政府应优先保障易地扶贫搬迁建设用地需求。另一方面，国家须通过特定的给付活动满足公民的权利需求。比如，《武陵山片区区域发展与扶贫攻坚规划（2011～2020年）》（以下简称《规划》）通过加强城乡体育健身场地和设施建设，选拔体育人才，创办体育节，增加群众性体育活动重点发展民族特色体育；以及滇桂黔石漠化片区区域、武陵山片区等扶贫区域的政府都有鼓励发展民族文化产业的义务。由此可见，主观公权利与客观法义务具有交织共生的关系，二者共同作用为公民编织完美的权利保护制度体系，确保法律上设置的行政给付义务能够从文字走向现实。②

第二，明确扶贫行为是一种授益性行政行为，保障扶贫对象的权利的实现。给付行政意味着行政主体采取照顾社会成员的生存机会与改善其生活的

---

① 胡敏洁：《给付行政范畴的中国生成》，载《中国法学》2013年第2期。

② 唐梅玲：《从国家义务到公民权利：精准扶贫对象民生权虚置化的成因与出路》，载《湖北大学学报（哲学与社会科学版）》2018年第1期。

行动，而通过给付行政给予之保障，直接有助于社会成员追寻其利益。[①] 给付行政是通过授予性活动，积极地提高、增进公民福利的公共行政活动。[②] 行政给付法律关系是通过行政主体的行政行为等单方面形成的，给付主体的职责，亦是受领人的权利。

第三，给付行政有助于提高社会生产效率，增加就业机会。行政给付通过扶持、支持等手段，可以增加就业机会，对社会而言，增加就业本身就是提高生产效率；对个人而言，国家通过行政给付保障其基本人权，维护了其社会尊严。[③] 给付行政的目的应从生存照顾转向福祉提高。笔者梳理了部分扶贫条例和扶贫政策，从表3-1可以看出，精准扶贫给付内容包括政策、资金、技术、人才等方面的支持，有助于提高个人能力，增加就业机会。因此，笔者认为，精准扶贫是行政主体向行政相对人给付金钱、实物或者其他利益的行为，也是一种授益性行政行为。通过精准扶贫扶持、支持等手段，可以增加就业机会。对社会而言，增加就业本身就是提高生产效率；行政给付在资源配置上的意义从政府方向来看主要体现在：国家和政府在公共资源市场化配置的基础上，合理使用行政给付手段能消除社会不公，起到提高社会整体效率的作用。

二、反贫困理论

（一）反贫困理论基本内容

1. 权利贫困理论与包容型增长减贫理念

诺贝尔经济学奖的获得者阿玛蒂亚·森提出了权利贫困的概念。他认为正是享受权利的不平等，即权利与分配之间存在矛盾，导致了贫困的发生。他认为人如果没有办法确定支配足够食物的权利，则只能面对饥荒。[④] 阿玛蒂亚·森认为解决饥荒需要从解决不平等入手，与此同时还要给予贫困人口基本权利，使其在事物的生产、交换、流通环节都能与他人一样机会平等。

[①] ［德］施密特·阿斯曼：《秩序理念下的行政法体系建构》，林明锵译，北京大学出版社2012年版，第158页。

[②] 杨建顺：《日本行政法通论》，中国法制出版社1998年版，第329页。

[③] 司雪侠：《资源配置视角下的行政给付法治化研究》，载《理论探讨》2012年第4期。

[④] ［印］让·德雷兹、阿玛蒂亚·森：《饥饿与公共行为》，苏雷译，社会科学文献出版社2006年版，第112~118页。

根据这一理论指导，亚洲开发银行于 2007 年提出了"机会均等""公平共享"的减贫理念，或称共享型增长减贫理念。为实现减贫，该理论要求借助经济增长收益和公平分配的方式，这种理论也许是"人人机会平等、人人分享成果"的有效减贫模式。[①] 但是该理论没有探讨集中力量帮扶穷人，它只为穷人脱贫提供了平等的机会。

学者详细论述了赋权在减贫和发展中的作用，通过总结非洲和孟加拉国减贫项目的实施，实现赋权与减贫在经济（市场环境有利于穷人、体面的工作、对生产性资产的控制）、政治（代议性、集体行动）和社会（个人能力、批判意识）3 个方面、7 个领域中的相互作用，并重点介绍了在这些方面如何实现赋权。通过强调市场准入和市场价格调整机制，妇女社会地位提升，得到平等工作机会。通过经济手段实现男女同工同酬、城乡经济联动的经济赋权目的。通过强调代议性，提升在集体行动中穷人参与的能力。通过政治手段实现直接或间接的利益表达的政治赋权目的。通过强调个人能力的提升和对问题的批评性见地的培养，提高穷人权力的能力，从而实现每个人都有用权意识的社会赋权目的。[②]

2. 参与式扶贫理念与合作型反贫困理论

参与式扶贫理论主张将"参与"和"赋权"的思想付诸扶贫工作，它源于参与式发展理论。其中，参与式扶贫理论中的"参与"是指贫困人口参与到扶贫工作的各项环节之中，包括决策、资金资源投放、产业选择，以及决定、管理、监督、评估扶贫项目，分享项目利益等。[③] 同时，为实现"参与"，关键是要"赋权"，将贫困农民纳入扶贫项目领域之中，为其进入扶贫项目扫清障碍，建立相关机制体制，从而保障其参与需求。参与式扶贫理论的优点在于为贫困农户考虑，从制度机制构建层面为他们提供参与扶贫工作的权利，拓宽他们表达意见需求的渠道。但是这一理论由于无法应对现实工作中复杂的情况，加之贫困群体虽渴望参与其中却力不从心，使得这一理论无法切实落到实处。

第一，参与式扶贫理论。"参与式"这一概念由美国康奈尔大学的普霍

---

① 谭诗斌：《现代贫困学导论》，湖北人民出版社 2012 年版，第 275 页。
② 左常生：《国际减贫理论与前沿问题》，中国农业出版社 2016 年版，第 77~78 页。
③ 许源源：《中国农村扶贫：对象、过程与变革》，中南大学出版社 2007 年版，第 118 页。

夫教授于 20 世纪 40 年代最早提出。他认为发展对象需要以发展主体和受益方两个身份参与到监测与评价当中。[①] 参与式扶贫理论受到亚洲开发银行和世界银行的大力推广，这一理论根植于国际合作项目，被广泛实践和应用于中国农村的扶贫项目。20 世纪末，这一理论以世界银行西南扶贫项目为试点开始为农民参与搭建平台、建立机制。这一举措不仅增强了农民的自信，也强化了农村的基层民主建设。当前，保障贫困户对扶贫项目的知情权、批评建议权、决策权和监督权等已成为扶贫工作的基本原则，由此衍生的"参与式村级规划"的思路和方法，已广泛适用。[②]

第二，合作型反贫困理论。这一理论认为，反贫困需要的是政府、贫困群体和社区间达成有效合作，搭建合作平台，而非单一主体的投入。[③] 政府与贫困群体在扶贫工作中应处于平等地位，同为反贫困实践主体理应通力合作。由此应建立起官民合作、贫困户经济合作、社区与农户间合作、政府部门间合作的机制，并称四大合作机制。政府与贫困群体相合作的扶贫方式作为扶贫联动帮扶的重要理论依据，能够解决政府力量有限、资源难以整合的问题，也能调动起贫困群体自主脱贫的积极性。

第三，多部门综合扶贫。综合性是多部门综合扶贫的重要特点，包括机构建设和土地与农户开发等多个方面，分项目多达 9 个。这一模式利用了综合规划和协同实施的做法，能够解决扶贫过程中部门不协调的问题，目前已被我国扶贫开发战略所采纳。

3. 中国特色反贫困理论

2021 年 2 月 25 日，在全国脱贫攻坚总结表彰大会上，习近平同志首次提出"中国特色反贫困理论"这一重要论断，阐述了中国特色减贫道路、中国特色反贫困理论，即"7 个坚持"：坚持党的领导，是脱贫攻坚的政治和组织保证；坚持以人民为中心的发展思想，是脱贫攻坚的价值目标；坚持人民主体地位，将共享发展理念落到实处，也是减贫脱贫取得成功的强大根基；坚持发挥我国社会主义制度集中力量办大事的政治优势，是脱贫攻坚的制度

---

① 汪力斌、周源熙：《参与式扶贫干预下的瞄准与偏离》，载《农村经济》2010 年第 7 期。
② 何玲：《中国政府与国际社会在扶贫开发领域合作问题研究》，吉林大学 2015 年博士论文。
③ 林万龙、钟玲、陆汉文：《合作型反贫困理论与仪陇的实践》，载《农业经济问题》2008 年第 11 期。

保障；坚持精准扶贫方略，是脱贫攻坚的基本方法；坚持弘扬和衷共济、团结互助美德，是脱贫攻坚的社会环境；坚持求真务实、较真碰硬，是脱贫攻坚的工作准则。[①] 这些重要经验和认识，是我国脱贫攻坚的理论结晶，是马克思主义反贫困理论中国化最新成果，必须长期坚持并不断发展。[②] 中国特色反贫困理论是对中国特色减贫道路的规律性认识和理论结晶，习近平同志关于扶贫脱贫的重要论述不断丰富、发展和深入，在反贫困的制度框架、政策体系、策略方法等方面形成了系统的理论体系，在实践中得到检验，又在指导实践中进一步升华，为中国全面消除绝对贫困提供了科学指南和行动纲领，也为新发展阶段乡村振兴的路径选择奠定了理论基础。[③] 全面实施乡村振兴战略，其深度、广度、难度都不亚于脱贫攻坚。在这场新的战役中，中国特色反贫困理论仍然是制胜法宝。

（二）反贫困理论对我国反贫困长效机制法治保障的意蕴

1. 参与式扶贫理念与合作型反贫困理论有助于构建激励型扶贫方式

参与式扶贫理念与合作型反贫困理论改变了传统的单一的扶贫方式，使其向灵活多维的方式转变，比如政府购买公共服务，有助于提高扶贫对象的主体意识，节约扶贫成本，提高扶贫效率。早期受传统发展主义理念影响，扶贫主要以"输血式"扶贫和"造血式"扶贫为主，主张救济与开发；后引入参与式扶贫理念，这充分表明，我国正在向开发经济与社会保护相融合、扶贫更精细更完善的方向努力。

2. 赋权扶贫理论有助于扶贫对象权利的实现

赋权扶贫理论有助于确定精准扶贫对象扶贫主体地位，不再使其仅仅处于客体地位，可以激发扶贫对象（贫困户）的内生动力，抛弃"等靠要"的扶贫思想，确保扶贫对象生命权、健康权、财产权、受教育权、就业权等实体性权利得到保障。与此同时，也可确保扶贫对象申请权、通知权、知情权、申诉权、控告权、听证权等程序性权利得到保障。同时，扶贫对象权利的实

---

① 《习近平阐述中国特色减贫道路、中国特色反贫困理论》，新华网：http：//www. xinhuanet. com/politics/2021－02/25/c_1127138044. htm，2021 年 7 月 1 日最后访问。

② 习近平：《在全国脱贫攻坚总结表彰大会上的讲话》，载《中华人民共和国国务院公报》2021 年第 7 期。

③ 刘志铭：《中国特色反贫困理论的核心要义及世界意义》，新华网：http：//www. xinhuanet. com/politics/2021－04/12/c_1127319187. htm，2021 年 7 月 1 日最后访问。

现也需要政府履行相应的义务来保障。"参与式发展"扶贫模式为运用赋权理论解决贫困问题提供了良好的实现途径。以负责科技推广扶贫项目的贵州省农科院为例，他们运用赋权扶贫的理念，通过赋予农民权利的方式，达到激发其自己做主、自我发展主动性的目的，这种做法在实际工作中产生了较好的效果。[①]

3. 中国特色反贫困理论有助于构建合作反贫困治理体制

梳理国外参与式扶贫理论、合作型反贫困理论、多部门综合扶贫的理论，以及中国特色反贫困理论，有利于合作反贫困理念的构建，从而指导我国建设政府、市场、社会合作反贫困治理体制，有效利用各方主体的资源、技术等优势，明晰各方主体的权力（权利）边界，确定政府扶贫职能、职责，协调各个扶贫部门关系，实现扶贫主体与扶贫资源等方面的有效整合和配置。总之，中国特色反贫困理论，对于乡村振兴战略下长效反贫困制度构建、政策体系、策略实施等方面都具有重要的参考价值。

三、人权保障理论

我国《宪法》尊重保障人权的规定宣示了公民的生存权和发展权。为我国现阶段的扶贫立法提供了宪法性指引。[②]

（一）人权保障理论内容

人权是人无论作为自然人个体还是群体都应当享有的权利。[③] 人权从某种意义而言首先特指弱势群体的人权，因为其权利主体特定且权利范畴局限，弱势群体的人权是"带有特权性质的人权保障"。通过考察人权的主体范围，扶贫对象作为"弱势群体"，保障他们的权利理应被纳入人权保障当中且应获得优先保障。

我国学者在论述反贫困的法理基础以及论证反贫困的必要性时大部分都是从人权保障、基本权利、公平正义这些角度出发，很少提升到人的尊严的高度。在立法层面，如我国《社会救助法（征求意见稿）》也没有从保障人

---

① 何玲：《中国政府与国际社会在扶贫开发领域合作问题研究》，吉林大学 2015 年博士论文。
② 何平：《我国精准扶贫战略实施的法治保障研究》，载《法学杂志》2017 年第 1 期。
③ 蓝宇：《民生法治视阈下的弱势群体民生权利保障》，载《求索》2009 年第 5 期。

的尊严角度确立最低生活保障标准，规定的保障内容也没有满足受助者精神文化层面的基本需要。但是人权正是为了让所有人都得到普遍的尊重和保障，人的尊严也成为统领所有宪法权利的核心价值。并且 2010 年我国政府就已经明确承诺要"保障人民活得更有尊严"。因此，社会救助的理论及制度的建构中也应充分体现、弘扬和保障人的尊严。①

精准扶贫是保护人权、推进社会协调发展和现代社会成功转型的必然要求。② 人权指人的基本权利，这一概念的提出与发展体现了现代文明社会的重大进步，也是人类社会发展到较高阶段的必然产物。个人的生存和发展存在着低级和高级两层逻辑，分别为生存权和发展权。③ 即人在陷入贫困时，其维持生存的权利要求从国家和社会当中获得帮助。现代工业化社会当中，生存与发展面临的问题不断增多，贫困、失业、工伤以及人口老龄化等问题已成为一种普遍性的社会风险，为充分保障生存权和发展权等权利的实现，国家和社会必须采取医疗保险、福利、社会救助等系列措施，为所有社会成员提供生活服务等保障。

生存权从保障贫困户基本人权的角度出发，包括生命权和基本生活保障权两方面。前者作为生存权的自然形式，它是最低限度的人权，除了有食物、住房、衣着等条件外，体面生存的尊严也是必不可少的。后者通过国家行为制定保障公民就业、医疗、养老以及社会救助、福利和优抚等制度来保障生存权。

发展权作为一项不能被剥夺的人权，赋予每个人及所有国家的国民以参与、促进、享受经济、政治、社会、文化发展的权利，从而实现人权与基本自由。发展权制约着个人生存权的保障，但生存权同时又是发展权得以存在的前提。发展权包括受教育权、劳动获取报酬权以及平等发展的机会。前者为众人所平等享有，是个人发展的主要途径；通过劳动获取报酬既保障了公民获得生存权，也能提高公民的生活质量；国家为弱势群体提供公平、均等

---

① 喻文光：《德国社会救助法律制度及其启示》，载《行政法学研究》2013 年第 1 期。
② 李志强：《精准扶贫的法理正义与路径选择》，载《西北大学学报（哲学社会科学版）》2017 年第 4 期。
③ 钱锦宇：《法治视野中的现代国家治理：目标定位与智识资源》，载《西北大学学报（哲学社会科学版）》2016 年第 6 期。

的发展机会，让他们不受到歧视，这是国家的义务。阿玛蒂亚·森认为，贫困正是由于贫困人口缺乏创收能力与机会，缺少获得享受正常生活的能力而贫穷的。他认为，贫困的含义除了指个人处于贫困的状态，还指因为个人环境和社会环境限制致使机会缺失，从而丧失了自由选择的权利。生存权和发展权作为人权的基本要素，是个体之人行使经济、政治、文化和社会权利的必要前提。此外，学者从应然层面分析认为，作为精准扶贫行政法律关系一方主体的精准扶贫对象享有了解权、申请权、评论权、获得通知权，以及陈述和申辩等程序权利。①

（二）人权保障理论对我国反贫困法治保障的意蕴

法治政府一方面不得以其行为侵犯公民人权，损害相对人的合法权益，另一方面还应尊重保障人权，维护行政相对人的合法权益。② 根据德国基本法第一条，基本法的价值在于保障个人的尊严。③ 德国为了让贫困者享受到合乎人的尊严的基本生活保障而实施了社会救助。④ 同样，我国在宪法、法理和根本价值追求中也体现了维护人的尊严的理念。维护人尊严的理念也决定了反贫困的内容，满足人类尊严的基本生活，不仅在物质层面要满足人的需求，还要在精神文化层面满足受助者的需要。我国精准扶贫的突出特点是政府主导扶贫开发事业，有效提高了中国人权保障水平，精准扶贫开辟了中国人权保障的新途径。⑤

第一，增强扶贫对象的尊严和自信。对扶贫对象的人格尊严应予以充分的尊重。精准扶贫实质上就是一种行政给付，对个人而言，国家通过给付保障其基本人权，维护了其社会尊严。该理论要求在反贫困过程中，各级政府及其职能部门应该尊重和保障人权，当不得不侵犯公民个人的利益来保护国家利益和公共利益时，应当选择对公民利益侵犯最小的手段，即要从保障人的尊严的高度开展扶贫工作，比如，不公开扶贫对象的隐私。与此同时，还

---

① 戚建刚、唐梅玲：《精准扶贫对象的程序权利之行政法建构》，载《行政法学研究》2017 年第 6 期。

② 姜明安：《行政法与行政诉讼》，北京大学出版社，高等教育出版社 2015 年版，第 69 页。

③ ［荷］勒内·J. G. H. 西尔登、弗里茨·斯特罗因克：《欧美比较行政法》，伏创宇等译，中国人民大学出版社 2013 年版，第 103 页。

④ 喻文光：《德国社会救助法律制度及其启示》，载《行政法学研究》2013 年第 1 期。

⑤ 李云龙：《人权保障视野下的中国农村扶贫进程》，载《东北财经大学学报》2016 年第 4 期。

要求扶贫行政机关以及工作人员实施扶贫行政，必须文明礼貌地对待扶贫对象，对扶贫对象的咨询、询问等要给予及时的解释和答复，特别是对一些扶贫的政策和法规要给予讲解、宣传。通过构建法律制度来引领反贫困工作，从而满足贫困群体生存、发展权的现实需要，促进依法治贫理论的深入发展。

第二，有助于提高扶贫对象对扶贫行政的认同感。扶贫行政机关和工作人员必须要保障好扶贫对象的包括人身自由、言论自由、信仰自由以及出版、集会、结社等在内的基本自由。如果不是出于特别情况，需要保护国家及公共利益，不能对公民的自由进行限制，即使有需要，也不能够超出必要的限度。权利弱小的人的竞争能力必然会因为其基本权利遭到剥夺、市场失灵、信息垄断与信息不对称而遭受损害，放到市场失灵的背景下，能力被剥夺意味着公共物品的缺失，从而导致贫困。正因如此，只有通过法律的形式赋予贫困户权利，培养其运用法律、法律体制、法律服务的能力，并发掘其实施经济行为的潜力，才能提高扶贫对象对行政行为的理解，有效减少扶贫资源的浪费。

第三，有助于预防和纠正扶贫行政权力的违法和滥用。扶贫行政主体应当积极履行其扶贫职责和义务，切实保障扶贫对象的各项基本权利。扶贫行政主体除了自己不能侵犯扶贫对象的权利外，还必须依法采取措施保护扶贫对象的权利免遭侵犯。特别强调的是，扶贫行政主体应注重保护扶贫对象的财产权，包括财产的所有权、使用权和继承权，比如，在实施土地征用等行政行为时，不得侵犯扶贫对象的财产权，如果其行政行为违法越权，侵犯了贫困户的合法权益的，应予以赔偿。①

---

① 何平：《我国精准扶贫战略实施的法治保障研究》，载《法学杂志》2017 年第 1 期。

第四章 乡村振兴背景下反贫困长效机制面临的法律困境

依照制度预设，完备的法律体系、健全的市场机制将是开展反贫困的外部条件，以及各反贫困主体地位相对平等并建立相互信任的关系等内部现实条件。将反贫困事业与乡村振兴战略紧密衔接，构建反贫困长效机制，需要明确的法律依据、体制和保障机制。但是，在当前扶贫领域，法治环境、市场条件与内在制度构造尚难以为反贫困长效机制提供良好运行条件。

第一节 构建反贫困长效机制的法律依据不足

一、反贫困法律规范滞后

关于"长效扶贫""长效脱贫"的规范性文件，如表4-1所示。

表4-1 相关规范性文件

实施时间	文件标题	发文机关	条文内容
2017年7月14日	农业部对十二届全国人大五次会议第1790号建议的答复	农业部	12月组织苏宁、京东等电商平台以及线下经销商赴贵州剑河对接，及时解决土鸡滞销卖难问题，同时帮助当地政府建立特色产业长效扶贫机制

实施时间	文件标题	发文机关	条文内容
2017 年 9 月 22 日	工业和信息化部办公厅、国家开发银行办公厅关于开发性金融支持特色产业精准扶贫项目试点和推进矿物功能材料产业示范基地建设的通知	工业和信息化部办公厅、国家开发银行办公厅	同时，建立完善土地租赁、矿产收益、务工投劳等长效扶贫机制，强化与贫困户的利益连接，提高产业扶贫实效，实现部分建档立卡贫困人口精准脱贫
2018 年 8 月 17 日	农业农村部关于政协十三届全国委员会第一次会议第 1426 号（农业水利类 148 号）提案答复的函	农业农村部	积极探索农业电子商务新模式，组织开展苹果电商销售月行动和贵州土鸡电商专项促销行动，帮助地方政府建立特色产业长效扶贫机制
2018 年 11 月 19 日	民政部社会组织管理局关于上海市民政局引导和动员社会组织参与脱贫攻坚有关工作情况的通报	民政部社会组织管理局	上海市民政局在引导和动员社会组织参与脱贫攻坚工作中，强化部门配合，注重优势发挥，坚持底线思维，推动长效脱贫，阶段性成效明显
2019 年 1 月 3 日	中共中央、国务院关于坚持农业农村优先发展做好"三农"工作的若干意见	中共中央、国务院	注重发展长效扶贫产业，着力解决产销脱节、风险保障不足等问题，提高贫困人口参与度和直接受益水平
2019 年 1 月 21 日	中央农村工作领导小组办公室、农业农村部关于做好 2019 年农业农村工作的实施意见	中央农村工作领导小组办公室、农业农村部	"三区三州"等深度贫困地区和特殊贫困群体，牵头抓好产业扶贫，帮助做大做强长效扶贫产业
2019 年 2 月 10 日	农业农村部办公厅关于印发《2019 年种植业工作要点》的通知	农业农村部办公厅	聚焦"三区三州"等深度贫困地区和定点扶贫地区……发展长效扶贫产业
2019 年 8 月 23 日	国家知识产权局办公室关于印发《地理标志运用促进工程实施方案》并组织推荐 2019 年项目申报的通知	国家知识产权局办公室	注重运用地理标志发展长效扶贫产业，提高贫困人口参与度和直接受益水平
2019 年 9 月 10 日	国家发展改革委办公厅、中央网信办秘书局、农业农村部办公厅、中国农业发展银行关于支持推进网络扶贫项目的通知	国家发展改革委办公厅、中央网信办秘书局、农业农村部办公厅、中国农业发展银行	支持因地制宜发展数字农业、智慧农业、绿色农业等长效扶贫产业，激发贫困地区和贫困群众自我发展的内生动力
2020 年 2 月 6 日	农业农村部办公厅关于印发《2020 年种植业工作要点》的通知	农业农村部办公厅	聚焦"三区三州"等深度贫困地区，立足资源优势，加大对特色扶贫产业支持力度，加快推进长效扶贫产业发展
2020 年 2 月 21 日	农业农村部办公厅关于印发《2020 年推进现代种业发展工作要点》的通知	农业农村部办公厅	带动种业系统坚决赢打赢脱贫攻坚战，发挥种业管理部门、种业基金、行业协会及企业在支持贫困地区产业发展中的作用，探索种业长效扶贫模式

纵观我国反贫困立法实践，国家和地方层面制定了大量的促进和保障贫困

人口、贫困地区的政策法规文件，但全国统一的扶贫法律法规较少。1984年以来，党中央、国务院先后发布了《国家八七扶贫攻坚计划》《中国农村扶贫开发纲要（2011~2020年)》《决定》《指导意见》等9个重要政策文件，但由于是政策文件，法律约束力不强。2017年8月29日，全面深化改革领导小组第三十八次会议审议通过了《关于脱贫攻坚责任制实施办法落实情况的督察报告》。此后，宁夏等14个省（自治区、直辖市）制定了扶贫开发条例。

2021年6月1日，国家层面的反贫困立法《乡村振兴促进法》实施，成为乡村振兴切实可行的指导，然而，有一些省份尚无相应的乡村振兴促进条例指导实践，形成了以反贫困政策指导实践的思维定式，法治思维和法治方式未能很好地融入乡村振兴之中，地方性法规成为扶贫政策的缩影。政策不仅存在相当的不稳定性和主观性，而且在反贫困过程中缺乏一定的预防性和前瞻性，反映出贫困问题具有长期性和复杂性的特征。就反贫困立法本身而言，必须合理配置政府主体责任与民众权利义务关系，必须尊重贫困客观规律，坚持科学立法、民主立法。① 目前我国反贫困立法面临以下难题：一是我国虽有《乡村振兴促进法》一部反贫困专门法律，但是其他法律规范如何有效衔接不足，比如如何与社会救助法规范、财政法等衔接，而且地方政策法律呈碎片化、短期化，缺乏专业性、系统性；二是农村扶贫开发和贫困人口权益保障的规定零散；三是地方立法行政色彩浓、特色不足，尚未实现扶贫顶层制度设计与地方政策法律的配套。

二、反贫困法律规范操作性不强

自精准脱贫方略实施以来，地方扶贫立法相继出台，过半数的地方性条例，一些省和自治区还对《扶贫开发条例》进行修改。然而，从内容上看，各地的扶贫条例内容上趋同性强，地方特色体现不足。如表4-1所示大多涉及"长效扶贫产业"。法律政策文本主要围绕权利和义务去协调各主体的法律关系，脱贫内容主要聚焦于长效扶贫产业、长效扶贫机制、长效扶贫模式；而地方性法规多是规定各级人民政府的职责，很少涉及公民具体的生活请求权和政府的特别给付义务，比如针对农村失独老人的养老医疗心理健康服务

---

① 参见何平：《我国精准扶贫战略实施的法治保障研究》，载《法学杂志》2017年第1期。

等问题。比如，虽然我国《乡村振兴促进法》于 2021 年 6 月 1 日开始实施，但目前相应的配套制度不完整，而且地方情况各异，各地实施的效果有待进一步完善。从立法结构安排上来看，主要以宣誓性的内容为主，政府扶贫义务的原则性规定和扶贫对象权利条款分散，可操作性不强。由此可见，粗放化的权利规定和空泛化的国家义务是导致扶贫对象权利虚置的根源之一。

结合反贫困实践来看，面临的困境表现如下：第一，基于政府与社会主体以磋商、沟通、互动的形式，对合作扶贫的行为依据达成了一致，但对不同情况如何适用，扶贫主体面临挑战。第二，协商形成合作扶贫行为都是以自愿、合作的形式来达成的"柔性"扶贫规范，没有强制执行力，如何与"硬"的法律规范衔接，各规范的效力等级不明。第三，扶贫规范依据的多样性以及扶贫职责（义务）的范围（标准）不明，给需要救济的当事人造成困扰。

第二节　反贫困主体制度面临的困境

目前党中央和国务院以文件方式让几乎所有国家机关都承担精准扶贫职责，使以政府为主导的精准扶贫管理体制面临困境，上下级政府之间职能交叉，扶贫法治作用被弱化，贫困治理呈现"贫困结构化、治理复杂化"[1]"碎片化"[2]"内卷化"[3] 等特征。基于此，要全面提升反贫困实效必须厘清扶贫

---

[1]　马洁华：《农村贫困转型与精准扶贫实践路径探索》，载《西南大学学报（社会科学版）》2017 年第 5 期。

[2]　段忠贤：《社会扶贫"碎片化"如何治理》，载《光明日报》2016 年 5 月 30 日。一文指出"碎片化"现象包括政策、管理、资金、项目、队伍、对象、宣传等分散，亟须综合治理。关于精准扶贫"碎片化"的文章另可参见李耀锋：《连片特困地区的"项目进村"碎片化与精准扶贫：研究进展及理论构想》，载《学术论坛》2016 年第 11 期。何植民、陈齐铭：《精准扶贫的"碎片化"及其整合：整体性治理的视角》，载《中国行政管理》2017 年第 10 期。陈成文、王祖霖：《"碎片化"困境与社会力量扶贫的机制创新》，载《中州学刊》2017 年第 4 期。童翎、洪业应：《从"碎片化"困境看农村医疗救助扶贫的政策调整》，载《山东社会科学》2017 年第 9 期。

[3]　参见方劲：《中国农村扶贫工作"内卷化"困境及其治理》，载《社会建设》2014 年第 2 期。关于精准扶贫"内卷化"的文章参见：陈成文、于瑞燊：《扶贫资源配置的"内卷化"问题研究：回顾、评价与展望》，载《社会建设》2017 年第 6 期。刘磊：《精准扶贫的运行过程与"内卷化"困境——以湖北省 W 村的扶贫工作为例》，载《云南行政学院学报》2016 年第 4 期。陈成文：《从"内卷化"看精准扶贫资源配置的矫正机制设计》，载《贵州师范大学学报（社会科学版）》2017 年第 1 期。

主体，本书对反贫困主体制度的探讨主要从政府、市场、社会三个维度，具体探讨扶贫行政机关、法律法规授权的社会组织和企业，如何行使扶贫权力（权利）以及履行扶贫职责（义务），以完善反贫困主体制度。

一、反贫困行政主体与其他主体之间范围不明

在政府主导下充分发挥市场、社会扶贫作用可以提高扶贫的效率。比如，湖北省进行精准扶贫以来，扶贫参与主体包括：湖北省各级政府、17家中央单位和412家省级单位、杭州市（对口恩施州对口帮扶）、6571家社会组织、6680家民营企业（签约帮扶3479个贫困村）、21575个驻村工作队、中国社会扶贫网（注册用户897.6万人接受社会帮扶368.6万次），具体如图4-1所示。那么如何在2020年脱贫攻坚以后，有效统筹各方扶贫主体、扶贫资源，构建稳定的扶贫机制，是本书将解决的问题。由于缺乏理论研究和顶层制度设计，在扶贫实践中，出现了行政机关过度介入或控制市场、社会，扶贫公共行政权力被滥用、误用的现象。比如，让贫困户强买牛羊的"坑爹扶贫"。[①] 同时，扶贫实践中，也出现扶贫行政机构对企业、社会组织、贫困户保障不足的现象，比如，有的省份出现了"逼捐扶贫"[②] 以及"强制摊派社会组织参与脱贫"。[③]

基于此，本书分析反贫困面临的扶贫行政机关与市场、扶贫行政机关与社会之间扶贫范围边界不明的困境，探讨如何划分行政机关与市场、社会扶贫范围，明确划分扶贫行政机关扶贫范围与市场、社会（主要社会组织、贫困户）扶贫范围所遵循的规则（标准）。因此，本书主张以法治保障反贫困范围的目的是：一方面，确保扶贫公共行政权力不能过分干预市场，在确保脱贫上要给企业、社会组织、贫困户一定的空间和选择余地；另一方面，防止扶贫公共行政权力干预范围过于狭窄，对应该干预的范围和对象却没有干预。

---

① 王艳明：《强卖牛羊的"扶贫"》，载《共产党员》2012年第11期。
② 何浩民：《"逼捐"扶贫不如多些"授渔"行动》，载中国领导干部资料库：http://cpc.people.com.cn/pinglun/n/2015/1019/c241220-27715050.html，2021年7月1日最后访问。
③ 王俊：《民政部：整改强制摊派社会组织参与脱贫攻坚》，新京报：http://www.bjnews.com.cn/news/2017/12/22/469735.html，2021年7月1日最后访问。

注册用户达897.6万人
接受社会帮扶306.8万次

杭州市对口帮扶恩施州
三年共落实帮扶资金7.06亿元
省内36个经济强市县
帮扶37个贫困县
投入帮扶资金20.6亿元

6571家社会组织参与脱贫攻坚
共捐赠资金4.58亿元

扶贫协作

中国社会扶贫网

社会组织参与扶贫

定点扶贫

17家中央单位
4年投入帮扶资金27.26亿元
412家省级单位
对贫困县开展集团式帮扶
投入帮扶资金21.5亿元

驻村帮扶

干企帮干村

选派21575个工作队
78746名干部开展驻村帮扶

组织6680家民营企业
签约帮扶6099个行政村
其中贫困村3479个

图4-1 湖北省精准扶贫的参与主体

资料来源：《"脱贫攻坚网络展"地方实践：湖北篇》，载脱贫攻坚网络展：http：//fpzg. cpad. gov. cn/429463/429470/429489/index. html，2021年7月1日最后访问。

（一）扶贫行政机关与市场扶贫范围界限不明

根据行政法的基础理论，政府进行资源配置仅限于"市场失灵"，为社会提供市场不能有效提供的公共产品和服务，包括制定公平的规则，加强监管，确保市场竞争的有效性。[1] 易言之，扶贫行政机关只能成为市场规则的制定者、裁判者，而不能成为参赛者。市场有能力调节的事务和纯私人领域的事务，行政的"疆域"就会不适当地扩张。[2] 笔者汇总了扶贫政策法规的主要政策和法规，见表4-2，梳理了扶贫行政机关与企业、社会组织、贫困户（包括扶贫对象）之间的主要职权（职责）。

---

[1] 参见石佑启、杨治坤、黄新波：《论行政体制改革与行政法治》，北京大学出版社2009年版，第161页。

[2] 姜明安：《行政的"疆域"与政府职能定位》，中欧政府管理高层2006年论坛，第569~574页。

表 4 – 2 扶贫主体职权与职责

涉及的行政法律关系	职权与职责实例
县级以上人民政府与扶贫单位和个人的奖励关系；扶贫贷款优惠关系；县级以上人民政府与企业间的培育关系；县级以上人民政府与企业间的激励关系	县级以上人民政府应当对农村扶贫工作中做出突出成绩的单位和个人，予以表彰和奖励（《湖北省农村扶贫条例》第16条）；县级以上人民政府应当培育龙头企业（《湖北省农村扶贫条例》第17条）；县级以上人民政府鼓励农民专业合作社和企业通过土地经营权流转等方式，带动贫困户增加经济收入（《湖北省农村扶贫条例》第19条）；扶贫贴息贷款重点用于扶贫龙头企业、农民专业合作组织和农户发展扶贫产业（《湖北省农村扶贫条例》第38条第2款）
地方各级人民政府与扶贫对象驻村帮扶关系、培育关系、信息服务关系；医疗救助、帮助教育、帮助就业、帮助创业关系，环境综合治理关系	地方各级人民政府及其有关部门应当组织开展定点扶贫和跨区域对口帮扶工作，选派干部到贫困村驻村帮扶（《四川省农村扶贫开发条例》第16条）；地方各级人民政府应当帮助扶贫对象培养成立农民专业合作社、农业龙头企业等新型经营主体，发展乡村旅游业等新型业态；帮助贫困地区建立健全商业网点，向扶贫对象提供新型服务（《四川省农村扶贫开发条例》第18条）；环境综合治理（《四川省农村扶贫开发条例》第19~20条）
支持培育农业企业；鼓励公民、法人和其他组织和贫困地区投资兴业、培训技能、吸纳就业、定点帮忙等关系	采取措施支持培育农业企业、家庭农林场等新型生产经营主体发展，带动村级集体经济发展和农民增收（《贵州大扶贫条例》第21条第1款）；支持发展农村电子商务扶贫网店创业，鼓励电子商务企业开展特色产品网上销售（《贵州大扶贫条例》第21条第2款）；建立健全驻村帮扶工作制度（《贵州大扶贫条例》第37条）；鼓励公民、法人和其他组织到贫困地区投资兴业、培训技能、吸纳就业、捐资助贫。鼓励有条件的企业依法设立扶贫公益基金和开展扶贫公益信托（《贵州大扶贫条例》第38条）

从中国目前扶贫法规政策分析可以看出：扶贫法规政策对各个扶贫主体之间的范围界定得比较笼统、模糊，部分甚至尚未界定。扶贫行政机关与企业、社会组织和个人之间哪些事情由扶贫行政机关实施，哪些事情由企业、社会组织、个人来承担，目前扶贫条例和扶贫政策只是进行了简单的列举，难免存在重复、交叉和真空地带，扶贫行政机关、企业、社会组织、贫困户各自履行或承担的扶贫职责（义务）的范围规定得比较粗糙，没有形成一个比较完整的体系，只是某些条款中进行了宣示性的、原则性的规定。明确扶贫行政机关与市场、社会扶贫范围的标准之所以重要，是因为它涉及精准扶贫工作的有效性、公民基本权利的保障和防止扶贫公权力滥用等问题。与此同时，还应涉及公民和社会组织的权利与义务的变化，以及行政机关职权与职责的增加或减少。扶贫公共行政权力的行使需要有一个合适的"度"，这

个合适的"度"就是我们要讨论的扶贫范围问题。因此，亟须明确界定扶贫主体各自承担扶贫职责（义务）的范围（标准）。

在反贫困实践中，由于贫困地区交通、医疗卫生、网络、文化娱乐、排水供气等公共基础设施的相对薄弱，自然条件相对较差，贫困地区的经济发展尚未建立相应的市场对接机制，市场在扶贫中的作用尚未规范化、制度化。

1. 行政机关僭越了市场机制扶贫范围

应由市场调节解决的、扶贫对象自行解决的或者应由社会组织自律解决的事项，不宜由扶贫行政机关直接取代市场经济主体参与。

（1）一般来说，企业根据市场规律自主经营，实现自身经济效益，扶贫行政机关起到非强制性的引导作用，并非命令者、实际操控者。实践中，扶贫行政机关直接参与市场竞争，不利于扶贫产业持续发展。比如，山西省古县政府在对桃源核桃生物有限公司进行指导时，为了达成自己的指标，下达行政命令之前并没有进行深入的市场调研，并没有充分征询公司负责人意见。这种"政府包办"扶贫方式缺乏长期规划，致使产业化产品过剩进而该厂破产，最终也损害了贫困户切身利益。[①]

（2）经济的健康发展需要市场资源配置与政府干预有机并存；政府与市场的和谐互动更加不可或缺。[②] 一般情况下，扶贫资金与扶贫项目捆绑，具体项目经常由上级部门确定后划拨，上级部门制定了比较详细的扶贫资金使用规则和严格的考核验收标准，对大型公共基础设施项目的建设来说，这种规定有一定的合理性，有利于保障大型扶贫项目的资金，起到一定的监督作用。但是，此项规定缺乏足够的适用性与灵活性，实践中扶贫项目推进比较缓慢，扶贫资金大量停滞，处于"冬眠"状态。因为，除了多样化的产业发展和创收方面的需求外，小型基础设施、住房、就业、养老、培训、教育、医疗服务等方面需求很大，落实到户的扶贫项目如果完全由上级部门确定，可能存在以下弊端：上级没有足够的精力进行入户调查，导致扶贫供给与贫困户实际需求脱离，贫困户急需的小型基础性项目无法获得扶贫资金支持，

---

① 参见陈荣：《山西省百企千村扶贫工作中的政府行为分析——以临汾市古县为例》，载《时代金融》2015 年第 27 期。

② 张占江：《政府与市场和谐互动关系之经济法构建研究》，载《法律科学》2007 年第 3 期。

而不需要的大型项目资金又来源广泛。① 导致实践中扶贫资金"睡大觉"②、扶贫资金"冬眠"③ 等现象,也出现了利用假项目、假工程套取国家扶贫资金的事件。比如,原黑龙江某风景区管委会扶贫办主任张××、副主任陶××超越职权乱作为,将风景区内的一个违规室外游泳池项目作为扶贫项目进行申报,致使71万元扶贫资金损失。④

上文论述中提到的扶贫行政机关超越职权,对扶贫资源分配不合理,扶贫行政机关利用行政权力过度干预扶贫产业的发展,其中深层次的原因在于扶贫行政机关对市场扶贫信息掌握不充分,扶贫信息"失真"。然而,实质上精准扶贫"六个精准"与"五个一批"的有效实施是建立在掌握大量客观真实的扶贫信息基础之上的,扶贫行政机关的扶贫措施应与贫困户的需求相匹配,同时由农业专家等对扶贫市场进行有效的风险评估和成本收益分析,否则,扶贫行政机关制定的扶贫政策和措施容易偏离贫困户的需求,对扶贫资源未进行合理利用,扶贫效率更无法保障。

2. 扶贫行政机关对市场机制扶贫范围保障不足

扶贫行政机关对市场机制扶贫范围保障不足集中体现为扶贫行政机关的"缺位"。"缺位"是指政府对自己的本源责任的履行不充分,⑤ 即扶贫行政机关没有充分履行法定扶贫职责。

(1)扶贫行政机关未有效履行行政指导职责。主要表现为:一方面,扶贫指导企业过程信息公开不够,政府扶贫指导内容不具体,针对性不强。因受扶贫政策方针的宏观性和报道的不完整、不平衡、不客观等局限性的影响,⑥ 加上扶贫对象的基本资料、帮扶情况没有及时准确录入系统,扶贫信息的真实性大打折扣,也很难保证政府扶贫指导的正确性。另一方面,扶贫指导企业参与不够,导致政府统筹指导条理不够清晰,重点不够明确。能否

---

① 参见汪三贵、郭子豪:《论中国的精准扶贫》,载《贵州社会科学》2015年第5期。

② 袁锋:《扶贫资金可别"睡大觉"》,载《海南日报》2016年4月5日第A03版。

③ 参见张雯:《近亿扶贫资金"悄悄冬眠"个别基层政府越位主导反致款项沉睡》,载《每日经济新闻》2016年8月4日第4版。

④ 滕嘉娣:《黑龙江治理"不作为、乱作为":歪嘴和尚念歪经,要真抓真管》,中国共产党新闻网:http://fanfu.people.com.cn/n1/2018/0529/c64371-30021114.html,2021年7月1日最后访问。

⑤ 谢晓琳:《越位与缺位:社会保障法律制度中政府的责任主体定位》,载《兰州学刊》2008年第10期。

⑥ 参见李毅:《精准扶贫研究综述》,载《昆明理工大学学报(社会科学版)》2016年第4期。

精准指导则取决于政策宣传、政策分解、政策实验、物质准备、政策监控等各项具体性政策实施活动的精准程度，而这每一个过程单靠扶贫行政机关的力量远远不够，传统政府扶贫方式单一、僵化，没有有效发挥企业信息、资金、技术等方面的优势，不能有效统筹企业参与扶贫过程，不能进行有效的成本收益分析，扶贫行政机关的指导行为也不可能真正从扶贫对象的需求出发，扶贫行政指导效果很难保证。比如，某县规划在6万亩盐碱地上养殖南美白对虾、金鳟鱼等高档水产品，作为当地扶贫产业，贫困户认为高档水产品投入大、成长慢、成活低，市场的购买力不足，因而不支持。县农业局相关负责人坦言当初进行项目论证时，主要邀请渔业专家进行技术考察，但没有进行专业市场调查。① 忽视市场规则，没有掌握有效的市场信息，也没有尊重贫困户的建议和意见，在市场整体供大于求的情况下，最后损害了贫困户的个人权益。

（2）扶贫行政机关未有效履行扶贫监督责任。当扶贫的选择项目、资金的支配等权力皆由扶贫行政机关把控时，严重剥夺市场对私人领域的扶贫资源的配置作用，一些地方政府为追求政绩，利用有限的扶贫资源，着力打造精准扶贫工作示范点。据报道，一些乡镇被评为"国家级贫困户"，有资金违规修建楼堂管所，而不解决基础设施配套资金问题，让国家资助的项目相对应的配套资金投入最终成为摆设。② 比如，2012年到2014年，湖北来凤县百福司镇挪用农村危房改造补助款801万元（共1068户），用来打造"酉水河流域土家第一镇"特色民居改造，需要改造的危房没有获得补助款，不是危房的房屋却被列入危房，套取国家危房补助款，用来打造面子工程，挪用资金比例达75%。③ 据专家论证，若全方位多渠道的扶贫物资"涌入"，但缺乏有效、精确资源配置，扶贫物资"超额供给"或"过度供给"会引发"负溢出效应"。④ 探讨这些事件出现的一个关键性的原因在于扶贫行政机关对扶贫资金、扶贫项目的监督管理不到位，资金监管和绩效评估机制虚置。

---

① 参见周嵘：《产业扶贫不能"拍脑袋决策"》，载《农村经营管理》2017年第1期。
② 参见朱永华：《扶贫，地方政府不要角色错位》，全国民生新闻联播平台：http://www. zgx-cfx. com/sannonglunjian/201509/73618.html，2021年7月1日最后访问。
③ 顾了"面子"伤了"里子"，参见《焦点座谈》2018年5月26日，载新闻联播文字版：http://www. xwlbo. com/15869.html，2021年7月1日最后访问。
④ 参见王巍：《浅析乡村扶贫物质资源供给负溢出效应》，载《中国经贸导刊》2017年第29期。

（3）合作扶贫多元主体之间缺乏直观清晰的责任标准。合作扶贫多元主体之间缺乏直观清晰的责任标准，极易出现互推诿的现象。在扶贫领域，扶贫行政机关、扶贫企业、社会组织等都应当承担相应的责任，但是，由于三者一起承担监管责任，因而责任划分必定会被冲淡，使得扶贫责任在具体归属时不明确，无疑会增加扶贫主体相互推诿责任的可能性。

（二）扶贫行政机关与社会组织、贫困户扶贫范围的界限模糊

1. 社会组织、贫困户权利受到限制

以往在省级政府的指导下，结对帮扶首先由县级政府明确帮扶方案，统筹安排扶贫资源，以"一对一"结对帮扶贫困户的方式，为识别出来的贫困户和贫困村落实帮扶单位或责任人。[①] 从结对帮扶的内涵，并且结合扶贫实践来看，结对帮扶单位和责任人是在帮扶关系确定后，才第一次进村入户对贫困村和贫困户的生产、生活基本情况进行了解，也就是说，贫困户、贫困村、贫困县并非由帮扶单位和责任人识别出来。比如，仅仅以县为单位先设定贫困户名额的方式，对于贫困户来说是不公平的，有贫困程度差不多的贫困户可能因为 A 县没有名额，B 县有多余的名额，导致贫困状态差不多的两个人（分别为 A 县村民和 B 县村民）中只有一个成为扶贫对象。根据指标来确定贫困户的做法，从逻辑上来说，是本末倒置。因为精准施策的主要判断依据是致贫原因，致贫原因的差异性导致脱贫措施多样性。精准施策旨在通过挖掘贫困者的真实需求，有针对性地按需差异化帮扶。[②] 倘若未找准致贫症结，对脱贫需求未进行有效甄别的情况下，单靠人为分配名额，利用行政手段主观事先设定帮扶关系，若乡镇政府工作人员、村两委责任心不强，受家族关系与血缘网络的影响，部分驻村干部更关心脱贫考核，加上贫困户的贫困程度难以鉴定，实际中往往导致贫困户识别不准，设定帮扶关系更是一种扶贫资源的浪费，这必然会造成扶贫资源的错配或遗漏，导致扶贫资源供给与贫困户需求低效匹配或失衡。

从各省的扶贫条例、《决定》《中共中央国务院关于打赢脱贫攻坚战三年

---

① 参见范和生、唐惠敏：《农村贫困治理与精准扶贫的政策改进》，载《中国特色社会主义研究》2017 年第 1 期。

② 参见刘辉武：《精准扶贫实施中的问题、经验与策略选择——基于贵州省铜仁市的调查》，载《农村经济》2016 年第 5 期。

行动的指导意见》（以下简称《指导意见》）进行分析，一个比较明显的特征是扶贫行政机关政府主导扶贫政策的制定和执行，部分条例中规定了公众参与决策的主要事项，比如，村民大会或者村民代表会议就是村民参与决策的集中体现：农户申请为贫困户的（《广东省农村扶贫开发条例》第9条）；对本村扶贫资金使用情况及资金使用效益进行民主决策（《湖北省农村扶贫条例》第45条）；扶贫项目的立项、设计、实施，应当征求扶持对象的意见（《湖北省农村扶贫条例》第33条）。这些规定公众参与决策的条款都相当原则，条文内容规定了应当征求扶贫对象的意见，但实际上，贫困户作为参与主体的意见只是作为扶贫行政机关最后决策的参考，最终的决策主体仍然是扶贫行政机关。由于农村扶贫工作开展阻力因素众多，某些人情因素影响扶贫资源的分配。

若仅仅依靠国家行政机关来对各类扶贫对象进行识别、管理和帮扶，忽视或不重视社会组织、贫困户在扶贫中的作用的权力配置方式，实际上是计划经济条件下全能政府思想的体现。因此，由扶贫行政机关独揽扶贫政策的制定和实施工作，扶贫效率令人担忧。其一，由扶贫行政机关单独处理扶贫事务，就只有一个扶贫主体提供公共物品，然而，扶贫行政机关编制、人员有限，精力也有限。其二，扶贫决策的科学化程度不足。由扶贫行政机关单一主体来承担，就是对行政机关理性和能力的不切实际的预期。在复杂的扶贫事务中，行政机关的能力和人员、技术、信息等资源更是有限，若不充分发挥企业、社会组织的平台、技术、信息等资源，扶贫决策可行性、操作性和执行效果令人担忧。

2. 扶贫行政机关对社会组织及贫困户权力（权利）保障不足

笔者通过分析我国扶贫方面的法律、法规和规章，相当中肯地得出这样一个基本结论：现行立法偏重于授予扶贫行政机关的职权与职责，却粗略地规定法律规范授权组织和贫困户的扶贫权利。由于法律规范层面对授权社会组织在扶贫过程中的功能定位比较模糊，致使其在实践中本应积极参与，却往往缺位或失语。主要体现为以下几个方面。

（1）未充分尊重贫困户"自立"权利。"自立"，指贫困户自己有能力解决贫困。社会组织的自治规则是经过国家承认或许可的自治。① 社会组织扶贫权利（权力）基本上来源于法律、规范的授权，如《社会团体登记管理条例》《中华人民共和国慈善法》《民办非企业单位登记管理暂行条例》等，在国家法制层面架构起管理社会组织的具体规则；或者来自社会组织自发制定的自治规则。譬如，根据《村民委员会组织法》第 24 条，村民从村集体经济所得收益的使用、公益事业的兴办和筹资筹劳方案、建设承包方案、宅基地的使用方案、立项、承包方案等实行自治。只要不与宪法、法律、法规和国家的政策相抵触，不得有侵犯贫困户的人身权利、民主权利和合法财产权利的内容，即，扶贫行政机关不能任意干预。

在扶贫实践中，有的贫困县利用扶贫项目发展养殖合作社、茶叶合作社的扶贫措施出发点很好，但规定贫困户必须缴纳足够的配套资金，提供足够连片面积的茶叶地，如果贫困户无法达到项目资金和土地的入门要求，最后只能选择放弃，实际上，这些项目与贫困户的减贫需求脱节，贫困户也无法真正得到实惠。② 此种扶贫方式并非贫困户急需获得帮扶和乐于接受的。此外，政府对贫困户、贫困村、贫困县补贴过度，很多贫困县以戴上贫困户"帽子"为荣，助长了"等靠要"的思想，导致其缺乏降低成本提高效益的内生动力，加剧了贫困户的依赖心理。

（2）扶贫行政机关对社会组织、贫困户扶贫激励促进机制缺失。2017 年 12 月，国务院扶贫开发领导小组印发了《关于广泛动员和引导社会组织参与脱贫攻坚的通知》，各省扶贫条例也作出了相关规定，激励社会组织参与扶贫开发。具体来说，扶贫行政机关应切实从社会需求出发，加强制度、规划引导，加快帮扶项目与贫困地区信息对接机制，优化环境、提高扶贫效能，落实所得税税前扣除政策，提供公共服务等激励型措施，支持和帮助社会组织承担定点扶贫任务。

然而，实际上扶贫行政机关对扶贫社会组织进行的多是外部性、形式性监督，非内部性、实质性监督、引导和激励，社会组织参与扶贫工作面临以下难题。第一，扶贫行政机关对社会组织的专业性和能动性的引导不足。不

---

① 周佑勇：《法治视野下政府与市场、社会的关系定位——以"市场在资源配置中起决定性作用"为中心的考察》，载《吉林大学社会科学学报》2016 年第 2 期。
② 参见邓维杰：《精准扶贫的难点、对策与路径选择》，载《农村经济》2014 年第 6 期。

仅社会组织参与脱贫的资格登记审查程序单一，而且针对不同脱贫项目的提供主体设立相同的等级审查程序，例如我国《慈善法》第9条对慈善组织的设立条件规定较为单一，无法满足多元化扶贫需求，不能满足对于脱贫工作急需的个性化脱贫项目的社会组织的需求。第二，法律法规授权的扶贫社会组织的内部治理规范不明确。在相应的脱贫法规政策中社会组织的内部治理规范欠缺、太过简略、不清晰，扶贫治理的能力不足，尤其是对于社会性脱贫救助组织的意思表示机关、内部监督机关及其财务人事等机关，未进行兜底性规范，保证其服务质量及效益控制等内部体制，不符合反贫困的总体目标。第三，社会组织、贫困户参与脱贫的主动性不够。扶贫行政机关作为主导力量对绝大多数社会资源具有支配效力，而社会性脱贫力量无论在资金能力还是专业程度上都显得力量不足。[①] 社会组织、贫困户参与贫困治理的创新动力不足。

（3）未充分发挥社会组织专业技术作用。中国银行间市场交易商协会、中国水利工程协会、中国优质农产品开发服务协会、中国房地产业协会、中国石油和化学工业联合会、中国农村专业技术协会、中国证券投资基金业协会、全球能源互联网发展合作组织、中国扶贫基金会、中国教育发展基金会、中国癌症基金会、中国红十字基金会、阿里巴巴公益基金会、中国文联文艺志愿服务中心、红十字扶贫开发服务中心等是全国性社会组织。在金融、水利、农产品开发服务、房地产、能源、教育、癌症预防、慈善捐赠、公益活动等方面具有专业技术支持和丰富的经验，有助于对贫困户进行"扶智"与"扶志"。然而，实践中，社会组织资源供给和扶贫需求仍未进行有效对接，很多社会组织被动地参与扶贫过程，主要原因在于社会组织参与脱贫攻坚的信息服务机制不健全，导致社会组织的技术资源供给未契合"三区三州"等贫困地区需求。

综上，笔者认为，扶贫行政机关对社会组织、贫困户自主权利（权力）扶贫范围边界不明的原因在于：扶贫行政机关对社会组织、贫困户的信息掌握不充分，未有效发挥社会组织"自治"与贫困户"自立"的作用，未进行有效的扶贫资源配置，未充分利用社会组织在扶贫过程中的专业技术优势，

---

① 蒋悟真：《政府主导精准脱贫责任的法律解释》，载《政治与法律》2017年第7期。

未发挥出社会组织独立第三方的评估、考核作用。因此，扶贫行政机关需要有效激发贫困户扶贫过程中的主体作用，利用社会组织的专业技术优势，履行扶贫行政机关安全公共责任等职责，推动扶贫管理机制更加高效、扶贫开发法制建设取得实质性突破。

3. 社会组织参与扶贫不足

社会组织以法律法规授权组织的身份参与扶贫工作，其目的是给民众提供一个利益诉求的平台，有助于贫困户参与扶贫产业的决策、扶贫项目的选择，双方进行有效沟通，提供适合贫困户需要的产品、服务等帮助，有利于扶贫措施达成共识，以及扶贫项目的推进。然而，从行政法角度而言，当前，扶贫部门多从管理者的身份，如何提高扶贫效率，完成扶贫考核目标，并未充分考虑社会组织的利益诉求，现实中，我国社会组织扶贫效用尚未充分发挥。

（1）在规范层面，社会组织参与扶贫没有制度化。从现行的行政法规和规范性文件可以看出，社会组织参与已经成为扶贫工作的一项原则。《中国农村扶贫开发纲要2010~2020年》《国务院扶贫开发领导小组关于广泛引导和动员社会组织参与脱贫攻坚的通知》都提出要广泛动员全社会力量共同参与扶贫开发。比如，《阿坝藏族羌族自治州农村扶贫开发条例》第4条规定，构建政府主导、社会参与、市场运作和群众自力更生相结合的机制。《河北省农村扶贫开发条例》第3条也有类似规定。

现行的政策法规对社会组织"参与"的具体内涵是什么，到底包括哪些权利和义务，则语焉不详，对社会组织参与方式、范围、角色地位等规定仍处于空白或者过于笼统。比如，《河北省农村扶贫开发条例》第4条第5款规定，村民委员会应协助做好贫困户识别、退出等工作（《湖南省农村扶贫开发条例》第6条也有类似的规定）。《甘肃省农村扶贫开发条例》第8条规定，企业事业单位、社会团体和其他组织应结合自身优势开展扶贫活动。然而，具体哪些事项该协助、参与、配合，配合到什么程度等，目前的法规、政策等文件规定比较笼统。就仅有的调整社会组织登记管理的行政法规分析，例如《社会团体登记管理条例》（2016年）在立法中强调了社会组织成立条件和成立后的监督管理以及退出等程序规则的设置，但现有关于社会组织的立法层次偏低、分散，法律规范之间衔接度不高，社会组织权利规定与职能运行很难形成保障合力。①

由此可见，上述扶贫法规、政策对社会组织在扶贫中地位、职能范围、参与方式、自治机制等规定过于笼统、模糊，尤其是对社会组织、企业等扶贫主体在贫困治理体系中参与扶贫的事项范围，发生纠纷以后责任如何划分、如何救济等问题，缺乏统一和清晰的规定。而且，目前我国缺少统一的社会组织法来对社会组织法律地位、内容以及资源配置进行规范。因此，当前社会组织参与扶贫的法律身份仍然模糊、法律地位不明、制度保障缺位。

（2）在实证层面，社会组织参与扶贫范围和程度有限。我们从广度和深度两个层面来探讨社会组织参与扶贫实践样态。第一，社会组织参与扶贫决策的渠道单一、参与内容有限。社会组织的独立主体地位不足，政府拥有极大的自由裁量权，社会组织发挥作用有限。例如，国务院扶贫领导小组办公室官方网站上设有"建议提案"的专门栏目，从访问中可以发现，所征求意见更为注重对行政机关、政协、全国人大代表的建议与看法，而并未将社会组织的意见放在显著位置，甚至有的政府网站没有公开征求对社会组织意见的栏目。社会组织可通过向公共媒体写信、投稿等形式反映自己的诉求，但总的来看，目前社会组织参与扶贫政策形成的程度有限，比如，以湖北省扶贫办网站民意征集栏目为例，2014年9月30日到2018年6月26日，3年多时间只有6条扶贫民意征集信息。以"在易地扶贫搬迁工作中，您最关注的是什么？"民意征集为例，只有15票。②"关于贵州省革命老区建设的调查"，只有21票。③"关于扶贫监督信访工作的调查"，共63票。"在实施劳动力转移培训的雨露计划工作中，在哪方面需要进一步加强？"共44票。"你认为雨露计划转移培训今后的侧重点应放在哪些方面？"共37票。"您购物时使用环保袋吗？""您觉得公共场所禁烟的效果如何？"分别只有4票和3票。由此可见，对于扶贫相关事项社会组织参与明显不足，并未参与到政策制定、项目选择、帮扶措施等核心事项，而且参与人数较少。根据此原理笔者进行了进一步的资料的梳理。通过组织相关的问卷（见表4-3），可以看出，除

① 参见蔡科云：《论政府与社会组织的合作扶贫及法律治理》，载《国家行政学院学报》2013年第2期。

②③ 数据来源：湖北省乡村振兴局民意征集栏目。

了商品环保健康调查参与人数过百，其他 9 项主题的参与人数较少，有的投票率甚至为 0。① 此外，社会组织对国家"电商扶贫"等扶贫政策的了解程度较低，国家对该政策的普及程度有待加强，社会组织从扶贫政策获得益处不明显，社会组织很难有效参与扶贫政策制定、扶贫方案实施、考核监督检查等核心环节，难以对精准扶贫成效产生实质性影响。

从调研主题与扶贫的相关程度来看，除了"电商扶贫调查问卷"和"2016 年全国脱贫攻坚奖候选人公示和投票公告"与扶贫主题直接相关，其他的内容（占 81.81%）都没有突出脱贫特色，社会组织很少对该政策提出意见和建议，更不用说参与政策、方案与计划的制订，从社会组织参与扶贫人数、参与内容扶贫来看，目前仍处于较低程度。具体情况如表4 - 3 所示。

表 4 - 3   调研主题与扶贫的相关程度

序号	调查主题	时间	发布机构	调查状态	结果
1	电商扶贫调查问卷（共 9 个问题）	开始时间：2018 - 01 - 17 08：00 结束时间：2018 - 03 - 31 08：00	贵州省扶贫办	已结束	投票总数：显示 0 票
2	低碳生活方式网上调查（共 5 个问题）	开始时间：2017 - 08 - 04 08：00 结束时间：2017 - 10 - 04 08：00	贵州省扶贫办	已结束	投票总数：11 ~ 49 票
3	商品环保健康调查	开始时间：2017 - 05 - 03 08：00 结束时间：2017 - 08 - 03 08：00	贵州省扶贫办	已结束	投票总数：329 ~ 490 票
4	关于包装浪费问卷调查（共 8 个问题）	开始时间：2017 - 01 - 02 08：00 结束时间：2017 - 03 - 31 08：00	贵州省扶贫办	已结束	投票总数：显示 0 票
5	2016 年全国脱贫攻坚奖候选人公示和投票公告	开始时间 2016 年 9 月 22 日，公示和投票截止时间为 2016 年 9 月 27 日上午 11：00	新华网	已结束	—
6	您觉得公共场所禁烟的效果如何	开始时间：2016 - 04 - 04 08：00 结束时间：2016 - 05 - 31 08：00	贵州省扶贫办	已结束	投票总数：4 票

---

① 资料来源：贵州省乡村振兴局官网互动交流栏目，http：//fpb. guizhou. gov. cn/gzcy/. 最后访问时间 2021 年 7 月 1 日。

序号	调查主题	时间	发布机构	调查状态	结果
7	您购物时用环保袋吗	开始时间：2015－10－09 08：00 结束时间：2015－11－30 08：00	贵州省扶贫办	已结束	投票总数：3 票 经常使用 3 票
8	您认为贵阳市交通拥堵的主要原因是	开始时间：2015－07－11 08：00 结束时间：2015－08－31 08：00	贵州省扶贫办	已结束	投票总数：14 票。交通管理手段落后13 票。交通设施建设滞后1 票
9	关于全面放开"二孩"政策生育意愿调查问卷（您是否愿意生育"二孩"）	开始时间：2015－04－11 08：00 结束时间：2015－05－21 08：00	贵州省扶贫办	已结束	投票总数：4 票。意愿 0 票。不愿意 4 票
10	网站设计公众满意度调查	开始时间：2015－01－12 08：00 结束时间：2015－02－26 08：00	贵州省扶贫办	已结束	投票总数：2 票

第二，村民自治组织参与扶贫的程度取决于政府。《中华人民共和国村民委员会组织法》（以下简称《村民委员会组织法》）第5条规定，基层人民政府对村民委员会工作进行指导、支持和帮助。《村民委员会组织法》第8、第9、第10条规定了村民委员会的职责是"承担本村生产的服务和协调工作"。因此，村委会有协助政府开展扶贫工作的义务。基于我国农村实行村民（居民）自治制度，上级政府与村民（居民）委员会并未构成直接领导关系，二者之间只是指导与被指导关系。但事实上，扶贫过程的任何一个环节都离不开村委会的支持和帮助，随着一系列惠民政策的实施，上级政府为完成选择扶贫项目和分配、监管资金等事务，会安排更多的行政任务到村级，"协助""参与"变成了承担主要义务，增加了村民（居民）委员会和村干部的负担。为让本村获取更多的扶贫资源，村民（居民）委员会需完成扶贫行政检查、评估以及被指派的其他义务。例如，湖北龙马村的几名村干部不仅要完成全村的日常工作，面临复杂的社会环境和突发事件，仍需随时接待上级对试点扶贫工作的考察和调研，这在一定程度上增加了工作负担。[1]

① 李鹍、叶兴建：《农村精准扶贫：理论基础与实践情势探析——兼论复合型扶贫治理体系的建构》，载《福建行政学院学报》2015 年第 2 期。

第三，社会组织参与扶贫的结果由政府主导。政府主导、公众参与的结果是社会主体参与我国扶贫措施选择的程度很低，应有效利用一些共识会议、听证会等形式来扩大社会组织的参与度。与扶贫开发关联度高的项目论证、立项、选址和实施等环节，大多由政府部门（扶贫行政机关）安排，社会组织尚未实质性参与这些环节的讨论和论证，有些扶贫项目缺乏前期调研，扶贫项目脱离实际，导致项目与贫困户的实际需求脱节。此外，扶贫参与监督程序不规范。一方面，政府扶贫行政行为缺乏社会权力的有效制约，大量扶贫违规违纪行为在组织内部消化；另一方面，我国致力于扶贫开发、规模较大的社会组织设置、活动方式上的科层氛围较为浓厚，更缺乏社会组织应有的透明性。[1] 因此，欠缺良好的回应和有机配合，加大了扶贫成本，政府与贫困户、社会组织之间未进行有效的沟通，贫困户、社会组织对扶贫决策的参与不足，政府对扶贫措施的科学性、合理性与可行性未进行有效论证，贫困户和社会组织对政府扶贫政策、措施没有真正理解、认可，只能被动接受和完成任务。在现实中，社会组织难以作为独立、中立、客观的第三方帮助政府完成脱贫任务。社会贫困治理主体的参与明显不足，导致政府与市场在扶贫济困中的运行缺陷。[2]

4. 未有效发挥企业参与扶贫的作用

（1）扶贫行政机关市场法治理念不健全。在我国扶贫运行过程中，政策是主要依据，政府与市场的关系具有明显的政策性，法律的权威性不足。受传统政府对市场进行"直接管制"[3]的影响，政府与市场之间是命令服从的模式。例如，古县政府在没有进行市场调研的情况下，对桃源核桃生物有限公司进行行政干预，没有进行市场调研，命令贫困户种植核桃，导致核桃滞销。[4] 而现代服务型政府要求政府对市场的发展起到指引、服务的作用，应推进政府从"直接管制"向"有限型政府""服务型政府"转变。新型的政

---

① 参见蔡科云：《政府与社会组织合作扶贫的权力模式与推进方式》，载《中国行政管理》2014年第9期。
② 参见黄建：《论精准扶贫中的社会组织参与》，载《学术界》2017年第8期。
③ 参见张素红、孔繁斌：《新常态下政府职能改革再思考》，载《江苏行政学院学报》2017年第4期。
④ 陈荣：《山西省百企千村扶贫工作中的政府行为分析——以临汾市古县为例》，载《时代金融》2015年第27期。

商关系应该是政府为企业服务，扶贫过程中，政府给予企业一定的优惠政策，由企业投资产业，但实际上，大部分市场资源仍必须经过行政审批，企业才能发展产业，这个过程就可能产生寻租。① 受传统的"直接管制""政企合一"的观念影响，市场法治理念不强。政府主导的扶贫工作，利用所特有的公权力，以行政命令方式分配扶贫资金、项目，而不是以市场契约的方式推进扶贫工作，即使偶尔以市场契约的方式，契约也往往可以被轻易改变，迫使市场主体按照政府的意愿完成扶贫任务。因此，政府必须摈弃市场活动中具体行动者的身份，更应该以指导者、监督者的身份参与扶贫活动。

（2）企业参与扶贫规范依据不足。第一，扶贫市场交易准则缺失。所谓扶贫市场交易准则是指，各类市场主体在扶贫市场（尤其在产业扶贫）中进行交易活动所必须遵守的规范。扶贫市场交易规则应公开、公平、自由。市场准则和其他法律一样，是国家制定或认可的，并以国家的名义颁布施行。它具有国家意志的属性，因而具有普遍的约束力，参加市场交易活动的所有市场主体都必须以此来约束和规范自己的行为。在维护市场规范的规则制度中，法律具有其他正式制度和非正式制度所不可替代的作用。在产业扶贫（如能源产业扶贫）过程中，尚未形成促进产业扶贫的市场秩序，主要是由于法律依据不足，进而导致扶贫的市场机制作用难以发挥。在能源产业扶贫中，需要充分发挥市场的作用，让能源企业参与扶贫，但是能源企业市场交易规则的缺失，则导致能源产业扶贫达不到扶贫实效。

第二，企业参与扶贫的激励性规则不足。虽然《决定》《指导意见》等扶贫政策的相关内容都鼓励企业在脱贫攻坚中发挥应有作用，但对于企业的激励规则只是原则性的进行规定比较笼统。比如，《决定》第24条规定，吸纳农村贫困人口就业的企业，按规定享受税收优惠。《广东省农村扶贫开发条例》第20条规定，给予从事工商业经营的贫困户税费等优惠。《江苏省农村扶贫开发条例》第19条规定，金融机构向低收入农户发放扶贫小额贷款，可获得贴息和风险补偿。可见，目前关于扶贫的激励性规则主要是通过地方性法规和政策进行规定，涉及税费优惠、职业培训补贴、贴息和风险补偿、

73

---

① 参见保育钧：《政商关系重构严重滞后》，载《北大商业评论》2015年第6期。

租金优惠、税收减免、贷款贴息、农业保险保费补贴、公益扶贫捐赠所得税税前扣除等优惠政策。然而，这些规定只是原则性地规定开展扶贫企业享有的一系列政策性的优惠，目前，对扶贫企业的登记审查程序、获得政府政策性补偿后双方责任划分、扶贫企业的救济方式等的规定还处于空白状态。一些企业为了获得优惠，必须通过政府和第三方评估机构的考核和验收，间接地要受到政府等考核监督行为的制约。虽然有利于扶贫企业提供扶贫服务，但也不可避免受政府的命令和指导，不利于充分发挥市场对资源的优化作用，反而挫伤了企业参与扶贫的积极性。

（3）企业参与扶贫法律保障措施不健全。政府在实施其职能的过程中，可能在保障某些主体利益的同时，存在对其他主体的侵害。实践中，应积极探索如何充分发挥政府在资金和制度两方面的调控职能，更好地激励企业参与扶贫效用，完善社会主义市场经济的相关法律法规，从而保护公平竞争，保障充分竞争。如，2016年9月9日，证监会发布《关于发挥资本市场作用服务国家脱贫攻坚战略的意见》提出，全国贫困县企业 IPO 将适用"即报即审、审过即过"的政策。专家认为"IPO 扶贫"在加大贫困地区企业融资支持的同时，有扰乱我国资本市场的"三公"原则的嫌疑，更有可能滋长出新型的扶贫式套利。[①] 显然，"即报即审、审过即过"的政策，有利于位于贫困县的企业，但肯定会损害其他未处于贫困地区的企业的利益，对其他企业形成不公平竞争。证监会推出"IPO 扶贫"，初衷显然是值得肯定的，但证监会（以及相关部门和相关单位）应尽快出台具备"堵漏防水"功效的可操作性实施细则，[②] 将配套的市场秩序法律保障措施加以细化，以营造公平公开的市场竞争环境。

二、反贫困行政机关内部扶贫权责归属不明

从法理上而言，扶贫实质上属于一种行政管理活动，体现了国家行政权力的运用。从《宪法》和《中华人民共和国国务院组织法》以及《中华人民共和国地方各级人民代表大会和地方各级人民委员会组织法》规定的国家机

[①②] 杨国英：《IPO 扶贫须谨防套利冲动》，中国社会科学院金融研究所：http://ifb.cass.cn/wzxd/201609/t20160912_3197590.shtml，2021 年 7 月 1 日最后访问。

关之间职权分工来看，扶贫的职能应当由国家行政机关来履行。从行政法治的授权原理来分析，通过国家法律、法规和规章等形式，国家也可以将扶贫的行政管理职能授予除国家行政机关以外的组织，国家行政机关可以依法将扶贫职能委托给其他公共组织或私人组织来行使。当前政府为主导的扶贫管理体制面临困境，上下级政府之间职能交叉，扶贫法治作用被弱化，贫困治理呈现"贫困结构化、治理复杂化"[1]"碎片化"[2]"内卷化"[3] 等特征。基于此，要全面提升精准扶贫实效必须厘清扶贫主体，本书中反贫困主体制度主要从政府、市场、社会三个维度，具体探讨扶贫行政机关、法律法规授权的社会组织和法律法规授权的企业，如何行使扶贫权力（权利）以及履行扶贫职责（义务），以完善精准扶贫主体制度。

扶贫行政机关内部扶贫权责归属不明主要表现为扶贫行政机关间关系尚未理顺。扶贫行政机关之间的关系尚未理顺主要是指中央与地方各级政府之间，以及各级政府各部门间在扶贫治理中职能交叉、权力配置不合理、机构设置不明，笔者主要从以下三个维度进行分析。

（一）各级政府扶贫职能定位不清

所谓定位不清，是指法律法规对扶贫行政机关本身具有的功能或作用等内容规定不明确。众所周知，中国现行的行政组织系统不能适应市场经济的需要，行政机构林立，设置不尽合理。[4] 中国科层式的行政体制下，各层级扶贫行政机关扶贫职能雷同，职责权限不明确，难以有效发挥扶贫合力。

---

[1] 马洁华：《农村贫困转型与精准扶贫实践路径探索》，载《西南大学学报（社会科学版）》2017 年第 5 期。

[2] 段忠贤：《社会扶贫"碎片化"如何治理》，载《光明日报》2016 年 5 月 30 日第 11 版。该文章指出"碎片化"现象包括政策、管理、资金、项目、队伍、对象、宣传等分散，亟须综合治理。关于精准扶贫"碎片化"的文章另可参见李耀锋：《连片特困地区的"项目进村"碎片化与精准扶贫：研究进展及理论构想》，载《学术论坛》2016 年第 11 期。何植民、陈齐铭：《精准扶贫的"碎片化"及其整合：整体性治理的视角》，载《中国行政管理》2017 年第 10 期。陈成文、王祖霖：《"碎片化"困境与社会力量扶贫的机制创新》，载《中州学刊》2017 年第 4 期。童翎、洪业应：《从"碎片化"困境看农村医疗救助扶贫的政策调整》，载《山东社会科学》2017 年第 9 期。

[3] 参见方劲：《中国农村扶贫工作"内卷化"困境及其治理》，载《社会建设》2014 年第 2 期。关于精准扶贫"内卷化"的文章可参见：陈成文、于瑞淼：《扶贫资源配置的"内卷化"问题研究：回顾、评价与展望》，载《社会建设》2017 年第 6 期。刘磊：《精准扶贫的运行过程与"内卷化"困境——以湖北省 W 村的扶贫工作为例》，载《云南行政学院学报》2016 年第 4 期。陈成文：《从"内卷化"看精准扶贫资源配置的矫正机制设计》，载《贵州师范大学学报（社会科学版）》2017 年第 1 期。

[4] 参见薛刚凌：《行政主体之再思考》，载《中国法学》2001 年第 2 期。

1. 扶贫部门职能分散

分散，是指扶贫管理职能有不同的部门来完成，综合协调能力不强。在扶贫实践中，出现权力交叉问题的时候，牵头部门实际上没有综合调解纠纷的权力，处理纠纷时，扶贫领导小组成员可能会偏向各自利益部门。如果由扶贫办来处理，也存在扶贫办的级别可能低于涉及纠纷的部门而没有权力的问题。《决定》和中办、国办发布的一系列的文件没有规定统一协调单位，或者规定了列在首位的单位为牵头单位，其他单位按职责分工负责各自的事项。比如，中办、国办印发《关于创新机制扎实推进农村扶贫开发工作的意见》，在"改进贫困县考核机制"第一项明确规定，"列在首位的为牵头单位，其他单位按职责分工负责，下同"，在实践中，对于一些交叉事项有几个部门成为牵头单位，而且对于牵头单位的具体职责范围，如何对争议事项进行协调以及协调条件、权限、法律责任、程序等，都没有明确的规定。此外，从我国现行的社会保障管理体制来讲，管理分散、机构重叠的现象比较明显。比如，社会福利的人事权、社会保险由人力资源和社会保障部门负责，社会福利资金由财政部门负责，社会优抚、助残等由民政部门负责，各自必须建立一套独立的管理机构、管理系统，配置相应的人员和设施，各个社会保障事项的行政和流程基本相同，从而造成了社会保障机构重叠。[①] 由此可见，扶贫管理职能分散于多个不同部门，不仅种类类似的扶贫事项设置不同的经办机构，而且相同的社会扶贫事项也设置不同的经办机构，在实践操作过程中，各部门之间权力边界不明，综合协调能力不强，造成许多管理上的重复，导致扶贫效率低下等问题。

2. 对行政机关行使扶贫权力的程序规定不明确

《决定》虽然规定了各级党委和政府数量繁多的扶贫公共行政权力，但对于党委和政府行使这些权力的权限范围、顺序、方式、时限、步骤等问题，却没有作出明确清晰的规定。比如，《决定》第5条提出，地方党委和政府要履行诸如建设一批特色农业基地、实施乡村旅游扶贫工程、设立贫困地区产业投资基金等发展特色产业扶贫的职责。但就发展特色产业扶贫这一职责而言，没有细化到履行职责的具体顺序、时限、方式、步骤等方面，相关部

---

① 参见周沛、李静、梁德友：《现代社会福利》，中国劳动社会保障出版社2014年版，第117页。

门在执行过程中对扶贫措施适用条件、行使的程序、相关部门的职责和义务没有明晰。又如，央视曝光甘肃投资 16 亿元"扶贫路"——折达公路（位于甘肃省临夏回族自治州的东乡县，属于国家级贫困县），被举报的折达公路上的考勒隧道"双层钢筋"变"单层钢筋"，路基多处有裂缝，变成存在严重安全隐患的"危险路"，此公路被举报、调查之后，相关部门层层下发文件，在没有封闭交通的情况下，仅仅刷一层涂料就算整改完了。存在重大的问题的扶贫路，却通过了层层监管、完成验收，扶贫行政机关（本案中主要是省公路局、省交通厅）在公路施工整改过程中存在责任层层下放，互相推诿，从项目立项、建设、管理、检测评估、验收、监督、问责等程序严重不规范问题。① 这个案例说明缺乏正当的决策、整修程序，法律对甘肃省公路局、省交通厅行使扶贫公共行政权力的目的、条件、权限、程序、时间、原则、范围、种类、违法后果及如何救济等规定细化。

3. 扶贫监督职能不明

扶贫监管职能是指扶贫行政机关按照法律法规和政策标准，引导、监督扶贫资金、项目等在各个环节的使用。由于扶贫管理部门横向权力配置越多，纳入的职能部门相对也越多，扶贫机构分工越细、越分散，这种扶贫部门的分散性与扶贫治理的整体性产生冲突，特别是区域连片扶贫的过程中，欠缺各个部门的配合互助、协同合作，未充分考虑扶贫公共责任、公民需求及信息共享，是导致扶贫项目资金落实困难、项目实施进展缓慢的主要原因，也不可避免地与相关部门的扶贫监督职能产生掣肘，无法进行有效的监督。比如，地方扶贫领导小组的成员是由政府各个部门成员所组成，当各个部门利益有所冲突时，成员为了部门利益而放弃公共利益很难避免。当政府和社会主体合作时，他们有时会被权力共享和责任共担所蒙蔽，根据具体情况调整各方的权力和责任，致使扶贫监管目标难以顺利实现，推卸责任的事件也时有发生。

①《投资 16 亿扶贫路刷层涂料就算"整改" 记者调查四处碰壁》，央视新闻客户端：http：//m. news. cctv. com/2018/04/01/ARTI6llwewj6lWCEpfBxbRdY180401. shtml，2021 年 7 月 1 日最后访问。

（二）各级政府扶贫职权配置不规范

1. 扶贫公共行政权力依据不足

第一，以党中央和国务院文件来设定扶贫公共行政权力。例如，规范扶贫行政的主要文件是《决定》，该《决定》由中共中央和国务院于2015年11月29日发布，共分为8个部分，33个条文，全面规定了精准扶贫中的公共行政权力的来源。该《决定》还规定了精准领域通过层层签订脱贫攻坚责任书的方式分配公共行政权力，具体流程如下：首先，由扶贫开发任务重点省（自治区、直辖市）党政主要领导向中央签署脱贫责任书；其次，省（自治区、直辖市）党委和政府向市（地）、县（市）、乡镇提出脱贫要求；最后，市（地）、县（市）、乡镇层层落实脱贫责任。

第二，扶贫公共行政权力以扶贫"军令状"为分配依据。从精准扶贫的实践来分析，不少地方以精准扶贫"军令状"作为扶贫公共行政权力配置的依据，比如，2015年8月12日，湖北省宜昌市举行扶贫攻坚誓师大会，会上宜都、枝江等10个县分别与宜昌市政府立下精准扶贫"军令状"。① 同理，在镇、村两级扶贫实践中，亦是用扶贫"军令状"配置扶贫公共行政权力。由此，从中央到地方构建了以扶贫"军令状"为依据层层配置扶贫公共行政权力的格局。显然，精准扶贫"军令状"属于《决定》所规定的脱贫责任书的一种形式。如，根据《决定》第29条规定，作为扶贫第一责任人的书记、县长要履行项目落地、资金使用、人力调配等职责，至于他们究竟以何种方式、步骤、程序等来落实这些职责，该《决定》并未明确规定。

2. 扶贫公共行政权力配置不科学

（1）纵向扶贫公共行政权力配置同质化，导致各级政府扶贫资源支配失衡。同质化是指扶贫职责同构，即各级政府实施相同扶贫权力，承担相同的扶贫义务。根据《决定》第29条规定，扶贫工作"实行中央统筹、省（自治区、直辖市）负总责、市（地）县抓落实的工作机制"，我国扶贫行政采用"五级管理""四级机构"管理体制。根据现代行政体制改革的主要内容，法律是公共行政权力配置和行政机构设置的主要来源和依据，我国《宪法》

---

① 《宜昌十个县市区立下精准扶贫军令状》，荆楚乡村振兴网：http://hbfp.cnhubei.com/2015/0813/250984.shtml，2021年7月1日最后访问。

第89条和《中华人民共和国国务院组织法》第3条以及《中华人民共和国地方各级人民代表大会和地方各级人民委员会组织法》第59条赋予各级政府相同的管理权力,这就形成了上下职责同构的"网状行政体制"。[1] 这种扶贫管理体制可能存在以下几个方面的弊端。

第一,各级政府扶贫事权划分不够清晰。各级政府实施相同扶贫权力,由于宏观和微观上的行政组织层级过多,[2] 各层级扶贫部门事权不一致,越到基层扶贫事务越繁杂,责任越重,基层拥有的扶贫权力却并未相应增加,这样导致基层政府扶贫权责不对等。比如,在多层级的"权力支配"和考核体系下,地方政府为了突破脱贫财政的硬性制约,将大量脱贫工作摊派给村民(居民)委员会。[3] 据报道,基层扶贫干部"5+2""白+黑",面临严峻的扶贫考核压力。[4] 这反而不利于调动下级政府扶贫积极性,限制了基层政府扶贫自主性与灵活性。

第二,各级政府扶贫财权分配不均衡。在面临扶贫项目选择、资金分配使用等重大扶贫事项决策时,熟悉本地情况的乡镇政府反而未有效参与;遇到突发事件或其他困难时,层层请示、层层批复,延误甚至阻碍扶贫项目和资金向合理的方向调整。省级政府虽然名义上承担全部责任,但是实际上人手却非常有限;扶贫资金分部门层层下发,各部门的扶贫任务彼此独立、存在交叉,尽管省级扶贫开发领导小组办公室作为专门的协调机构,承担扶贫组织协调职能,但又不能对全省的扶贫开发任务承担责任,财政、扶贫部门现实中面临人手不够、项目监督不足的问题。[5] 这就出现明显的权责不匹配现象。有学者指出,相当部分的扶贫资源并没有直接由基层组织进行支配,而是在资源提供之初,帮扶者就指明了具体的使用条件和要求,这在客观上

---

① 参见徐继敏:《地方行政体制变革与服务型政府建设》,载《中共浙江省委党校学报》2009年第2期。

② 参见石佑启、杨治坤、黄新波:《论行政体制改革与行政法治》,北京大学出版社2009年版,第199页。

③ 参见蒋悟真:《政府主导精准脱贫责任的法律解释》,载《政治与法律》2017年第7期。

④ 南都社论:《明确权责是对基层扶贫干部的最大厚爱》,载《南方都市报》2018年8月10日,第AA02版。

⑤ 参见凤凰国际智库课题组:《宣战2020——中国扶贫报告》,凤凰国际智库:https://pit.if-eng.com/report/special/zgfpbg/index.shtml,2021年7月1日最后访问。

限制了扶贫整体效用的发挥。[①]

（2）横向扶贫公共行政权力配置分散或交叉。由于不同的扶贫行政机关负责不同扶贫事项，这就容易导致扶贫资源管理普遍呈分散状态，扶贫行政机关之间的扶贫资源流动缓慢乃至停滞，表现为其下两个方面。其一，我国扶贫的各个子系统被分别划分到多个管理部门，形成多头管理、各自为政的局面。以政府各个部门负责精准扶贫事项为例：社会优抚、社会救助以及助残等事务由民政部门负责；扶贫的资金属于财政部门管理，社会保险由人力资源和社会保障部门负责，而涉及扶贫的人事权由人力资源和社会保障部门负责。而同一级别的扶贫机构作为开展扶贫工作的主要部门，需要统筹和整合各种资源与社会关系，但就扶贫机构目前的行政级别以及可支配的人力、资金、技术等资源而言，无法与其他职能部门相比，扶贫机构对多个管理部门之间的冲突并不能有效及时地予以协商解决。其二，各部门之间权责不明，协同性不强。一种情况是，我国现行扶贫管理体制下，行政管理部门与基金管理部门合一、政策执行机构与监督机构合一，使得各个部门在工作协调上不能顺利进行，容易产生互相推诿和扯皮现象。另一种情况是同级政府各个职能部门在实施扶贫中属于平行部门，缺乏统一的扶贫指挥协调机构，若管理和监督体系不完备，可能为了各自的部门利益，扶贫行政机关之间出现扶贫资源利益争夺的现象，反而易侵害公共利益。

（三）扶贫机构分散、区域协作不足

在国家组织系统内部，区域协作治理是一个组织法问题。根据《决定》以及系列扶贫政策法规规定，国务院扶贫开发领导小组、教育部、国家发展和改革委员会、国家民政部门、财政部、国家民族事务委员会等基本上是各自负责本部门的事务，我国当前反贫困机构的设置呈现出明显分散状态，这样至少会带来以下问题，进而影响扶贫效率。

1. 扶贫部门之间缺乏有效的沟通与协调

扶贫的整体性决定了贫困问题不能用分散的机构来解决，扶贫部门"议事协调"职能决定了其可以与其他部门合作扶贫；同样，涉及特困连片区的

---

① 参见许源源、彭馨瑶：《基于系统思维的精准脱贫实施机制：一个分析框架》，载《行政论坛》2016 年第 3 期。

区域规划、区域政策、区域产业、区域项目、区域文化、区域公共服务等相关联的管理体系，需要各地方政府之间配合协调与互助。然而，目前条块分割的扶贫管理体制和部门利益的存在，各职能部门、地方政府间沟通与协调机制匮乏，扶贫政策难免政出多门，甚至相互冲突。[①] 一方面，纳入扶贫中的扶贫管理部门越来越多，扶贫机构设置缺乏专门性、协调性。反贫困事业需要统筹规划，扶贫机构既要有一定的协调性，又必须具有一定的专业性。然而，我国扶贫行政部门众多，包括农业农村部、民政部、自然资源部、财政部、科学技术部、人力资源和社会保障部、文化和旅游部、人民银行、交通运输部、教育部等政府部门和工会、妇联、残联等机构，既牵涉"条条"，又涉及"块块"，这种扶贫体制造成的后果是扶贫规划缺乏全局性、科学性。另一方面，这种扶贫的整体性与部门的分散性相冲突，与其他部门扶贫监督职能产生掣肘，难以发挥扶贫合力。比如，省扶贫开发领导小组办公室作为整个省扶贫治理政策决定者和部署者，要面对 2 千多个贫困村，有的省可能还管理更多的贫困县，在编制人员有限的情况下，要全面监督整个省范围内的扶贫治理的过程与结果，人手明显不足，扶贫效率也无法保障。

2. 扶贫机构的编制设置不规范

就编制方面讲，目前扶贫政策法规规定粗疏、笼统、不明，欠缺有关机构人员的数量、各种机构与各类人员之间的比例关系的规定。比如，《乡村振兴促进法》第 43 条规定，国家建立健全农业农村工作干部队伍的培养、配备、使用、管理机制……落实农村基层干部相关待遇保障，建设懂农业、爱农村、爱农民的农业农村工作干部队伍。《河北省农村扶贫开发条例》第 27 条规定贫困县（区）应确保扶贫机构人员编制满足扶贫开发工作需要。《云南省农村扶贫开发条例》第 6 条也有类似的规定。这些条例只是笼统规定人员、编制和工作条件，对于不同扶贫机构之间的关系，扶贫专职人员的编制类型、人数、待遇、各类扶贫人员的比例关系等问题没有作出具体规定，特别是缺乏行政机构和行政人员的内部监督和控制机制。

---

① 何植民、陈齐铭：《精准扶贫的"碎片化"及其整合：整体性治理的视角》，载《中国行政管理》2017 年第 10 期。

第三节　反贫困方式面临的困境

所谓反贫困方式，是指扶贫行政主体在扶贫领域行使扶贫职权，作出的能够产生行政法律效果的行为。扶贫方式中包括行政指导、行政奖励、行政处罚等类型化的扶贫行政行为，也包括非类型化的扶贫行政行为。目前我国以扶贫政策法规为依据，由各领域的专门机构担负各自的扶贫职责，这种分领域的分散式的扶贫方式可以体现专业性，但同时也偏离扶贫行政任务，带来了扶贫行政方式与目标不协调。这种不协调、不匹配表现为扶贫行政方式实施过程和效果的不理想状态。从过程上看，分散的部门实施既有扶贫方式，各部门间难免存在着抵牾与牵制，难以进行有效沟通与协调；从效果上看，扶贫主体难以根据其（贫困户的）贫困程度对扶贫方式进行有序排列，因而从整体上影响到扶贫方式的实施效果。

因此，扶贫战略的国家化和扶贫政策的阶段化削弱了扶贫方式的权威性、可持续性与稳定性，传统扶贫方式与现代扶贫方式冲突主要表现在以下三个方面。

一、政府单一扶贫方式与合作扶贫方式的冲突

政府单一扶贫方式，是指政府既是扶贫政策制定主体、扶贫投资主体、决策负责主体，又是扶贫考核验收等监督主体，扶贫方式简单僵化，灵活性不强，社会组织、企业、贫困户扶贫参与不足。合作扶贫方式，是指政府、市场和社会通过沟通、协商、洽谈、激励、引导等柔性扶贫方式，依靠市场进行资源配置，利用社会组织专业技术等优势，充分发挥三维主体扶贫合力，完成脱贫目标。二者的冲突表现在以下方面。

从扶贫主体来看，政府单一扶贫对合作扶贫方式中市场和社会参与扶贫决策执行过程产生消极作用。两种扶贫方式在扶贫实践中同时存在，合作扶贫方式强调多方主体参与扶贫决策，参与扶贫政策的执行，单一扶贫方式中政府拥有扶贫公共行政权力，要独自确保扶贫政策的制定和执行等，缺乏其他主体对扶贫决策、管理、考核等过程的参与，不利于贫困户、社会组织、

企业的意愿的表达，政府单一扶贫主体作出的扶贫决策可能偏离扶贫目的，扶贫措施不能契合贫困户的需求，不仅损害了一些贫困户的合法权利，也妨碍脱贫任务的实现。

从扶贫的效果来看，政府单一扶贫方式是对激励、协商、指导等多种方式参与扶贫的掣肘和妨碍。扶贫行政机关、企业、社会组织与贫困户等多方主体合作扶贫，其本质"是政府与公民对公共生活的合作管理，是一种'官民共治'"① 这种合作扶贫方式与传统政府单一扶贫方式在扶贫主体作用范围内产生冲突。实践中，受传统全能型政府的影响，扶贫行政机关过度控制市场与社会参与扶贫事项，使得扶贫行政机关僭越市场扶贫范围，不利于扶贫资源的优化配置；也可能产生扶贫行政机关过度限制社会组织、贫困户等参与扶贫的空间，不利于发挥社会组织的专业技术优势，亦不利于提高贫困户"自立"能力，影响脱贫效果的可持续性。

二、命令型扶贫方式与激励型扶贫方式的冲突

命令型扶贫方式是指扶贫行政主体作出的扶贫政策、行为、措施等，具有强制力，扶贫相对人具有必须服从的义务。命令型扶贫方式具有如下特点：一是命令型扶贫方式的扶贫理念带有浓厚的计划体系色彩，具有一定的权威性和执行力，主要通过生活救济和财政补贴等物质救助方式进行扶贫，扶贫行政主体对扶贫工作干预太多，不利于培养贫困户的自立能力，也不利于贫困户个人权益的实现。比如，甘肃某镇的村干部强行让低保户用低保金购买800元一只的羊羔，3600元一头的小牛犊。② 这个案例就是典型的命令服从式扶贫方式。二是命令服从式扶贫作用机制存有明显的消极被动性，因为从人的自利性出发，单纯的补给型救助会使贫困户产生"等靠要"思想，甚至不顾贫困户的个人意愿强行推行，贫困户无法获得自主脱贫的相关精神和技术支持，容易逐渐丧失自主脱贫的主观能动性，甚至丧失自助生存能力，不利于贫困户自立。

---

① 俞可平：《权力与权威：新的解释》，载《社会科学文摘》2016年第3期。
② 王艳明，黄文新. 网曝甘肃陇西"坑爹扶贫"低保户被强行摊派买"天价"羊，民主与法治网：http://www.mzyfz.com/cms/wangminreyi/shehuizatan/wangyoutuijian/html/918/2012 - 04 - 18/content - 349190. html，2021年7月1日最后访问。

激励型扶贫方式是指，扶贫行政主体作出的扶贫政策、行为、措施等，充分尊重扶贫相对人意见和建议，调动其积极性，具有助成性、指导性，扶贫相对人没有必须服从的义务。扶贫方式以产业化为主导，充分尊重贫困户意见，提高贫困户主体意识，调动其积极性，同时需要扶贫对象处理好自身与外界环境的协调发展，注重扶贫对象"自立"能力的提高。精准扶贫就是典型的激励型扶贫方式。激励型扶贫方式是基于法律对个人行为激励功能，使个人受到鼓励，作出法律所要求和期待的行为，取得预期效果，形成理想的法律秩序。① 从法的积极导向功能层面看，一方面，激励扶贫机制较好地诠释了现行扶贫方式的基本功效，可以调动贫困户的工作积极性。比如，对于产业发展典型、致富典型给予物质和发展机会奖励，设立"脱贫攻坚先进奖"给予精神激励，提高他们的自立意识。另一方面，通过精准激励政策充分保护和发挥扶贫干部在扶贫工作中的积极性、主动性。给予贫困户灵活机动的政策权限、建立责权相当的考核机制和容错机制，鼓励扶贫干部根据当地具体情况，实施更加有效的扶贫措施。比如，"以实绩论英雄""奖优罚劣"扶贫工作机制就是典型的激励型扶贫方式。②

二者冲突表现为：第一，从扶贫主体来看，命令型扶贫方式是对激励型扶贫方式所提倡的多元主体合作扶贫的压制和抵消。激励型扶贫方式以贫困户、扶贫企业、社会组织共同参与扶贫政策的制定、决策的执行等，强调扶贫行政机关对贫困户意见和建议的回应，是多方扶贫主体意志的体现。而命令型扶贫方式以扶贫行政机关单方制定政策、决策从上而下传导，若仅仅强调政府或扶贫干部责任，未有效激发贫困户的主动参与意识，激发其内生动力，有可能是在"养懒汉"，与扶贫激发贫困户自力更生等指导思想是背道而驰的。

第二，从扶贫方式看来，命令型扶贫方式是对激励型扶贫方式所实施的沟通、协商等扶贫方式的阻挠和消解。激励型扶贫方式强调扶贫行政机关与其他扶贫主体之间的沟通协调，也强调听取贫困户的建议和意见，扶贫项目、产业与贫困户的需求相契合，建议扶贫行政机关通过激

---

① 参见付子堂：《法律功能论》，中国政法大学出版社1999年版，第68~69页。
② 参见陈发明：《扶贫要用好激励约束机制》，载《经济日报》2016年5月24日第9版。

励政策、创新手段激发群众"我要脱贫"的动力。建立与基层工作相匹配的权责体系，① 充分发挥扶贫干部工作积极性、主动性，彰显的是对整体扶贫力量的肯定与鼓励。命令型扶贫方式，以命令强制手段，强迫行政相对人被动执行扶贫决策，无法满足贫困户脱贫需求，不利于激发贫困户的积极性、主动性和创造性。

第三，从扶贫价值来看，命令型扶贫方式是对激励型扶贫方式所提倡的培养贫困户"自立"价值的背离和违反。激励型扶贫方式反映我国从公共行政转向服务行政，政府主导下精准脱贫制度不仅应反映出客观实践需要，更要重视贫困主体自身能力和脱贫积极性的提升，若缺乏激励型"赋能"机制，也就难以保障扶贫效果的可持续性。命令型扶贫方式仅仅提供物质帮助、满足生存保障，不利于提高农村贫困户综合素质和自我发展能力。

三、输血式扶贫方式与造血式扶贫方式的冲突

《决定》指出，坚持因地制宜，创新扶贫开发模式，由偏重"输血"向注重"造血"转变。输血式扶贫方式是指，扶贫主体直接给予陷入生存困境的扶贫对象财物接济和生活扶助，以保障其最低生活需要，是一种"授人以鱼"的扶贫方式。输血式扶贫方式主要包括以货币补偿为主的最低生活保障以及临时性救助、捐钱捐物等物质性救助为主的慈善救助等。其特征有二：其一，输血式扶贫帮困重点解决贫苦人口的温饱问题，是对一部分特殊人群的民生救济措施，是全面建成小康社会的必不可少的举措之一。其二，输血式扶贫方式具有临时性、不可持续性。扶贫行政机关直接向贫困户提供生产和生活所需的物资或现金，是各级政府及相关部门对贫困者直接进行财物救济，只能解决暂时的温饱，不具有可持续性，其本质是一种社会救助。②

造血式扶贫方式是指，扶贫主体能够让贫困户自己有能力扩大再生产，是一种"授人以渔"的扶贫方式。精准扶贫就是一种典型的造血式扶贫方式。其特征有二：其一，造血式扶贫方式内容丰富、多样。尼尔·吉尔伯特

---

① 南都社论：《明确权责是对基层扶贫干部的最大厚爱》，载《南方都市报》2018 年 8 月 10 日第 AA02 版。
② 谭贤楚：《"输血"与"造血"的协同——中国农村扶贫模式的演进趋势》，载《甘肃社会科学》2011 年第 3 期。

根据社会福利的不同形式和可转移性特征将社会福利品分为机会、服务、物品、代用券和退税、现金以及权力六类型。① 造血式扶贫的内容类似于尼尔·吉尔伯特所指的社会福利品，主要内容包括：机会（就业、教育等）、服务（养老、医疗救助等）、物品、税收优惠、现金、贷款、培训等多种方式。其二，造血式扶贫方式是可持续的，帮助贫困户者提高自立能力，是造血式救助贫困，尤其"直接造血式"扶贫，无论是从眼前还是从长远而言，脱贫率高，返贫率低，更有利于贫困户的发展。

二者冲突表现为，第一，从扶贫理念看来：输血式扶贫方式是对造血式扶贫方式所遵循的"创新、协调、绿色、开放、共享"的发展理念（即"五大发展理念"）的消解和抵触。习近平同志多次强调以"五大发展理念"指导"精准扶贫"实践。② 而输血式扶贫方式强调解决暂时性的温饱问题，不利于脱贫效果的可持续发展。第二，从扶贫的目标看，输血式扶贫方式是对造血式扶贫方式所追求的从根本上解决贫困问题的干扰和阻碍。造血式扶贫方式的目的防止扶贫成功再返贫，造血式扶贫方式从长远来看有利于政策的权威性、一致性和稳定性，产生长期效应，旨在提升救助贫困户能力的指导性、激励性的政策和措施，造血式扶贫是治本。然而，输血式扶贫只解决基本生活问题，是一种短期行为，只治标，不治本，不利于构建农户自我发展能力的组织体系，实现人口、资源、扶贫等综合要素协同、全面与可持续发展。第三，从扶贫的科学性来看，输血式扶贫方式是对造血式扶贫方式所遵循的脱贫标准的背离和违反。现代贫困理论认为，贫困不单单包括物质贫困、收入贫困，还应当涵盖精神贫困、能力贫困，因此，脱贫标准既要做到"两不愁、三保障"③，也要"扶志""扶智"，才能契合贫困户的需求。造血式扶贫方式不仅重视金钱或物质方式帮扶，而且更重视对贫困户的心理疏导、能力建设等具有全面性、发展性、可持续性的帮扶方式。然而，实践中，受输血式扶贫模式影响，现行扶贫方式无论内容和形式，具有明显的济贫性、

---

① ［美］吉尔伯特、特雷尔：《社会福利政策导论》，黄晨熹等译，华东理工大学出版社 2003 年版，第 172 页。

② 详细内容参见俞思念：《"五大发展理念"与"精准扶贫"》，载中国社会科学网 http：// marx. cssn. cn/dzyx/dzyx_llsj/201610/t20161024_3246293. shtml，2021 年 7 月 1 日最后访问。

③ 即农村贫困人口不愁吃、不愁穿，义务教育、基本医疗和住房安全有保障。

被动型等特征，不利于贫困户树立自立精神，提升自助能力。

第四节　反贫困程序面临的困境

自由的历史基本上是奉行程序保障的历史。[①] 反贫困具有良好的程序才能保证其运行。本节旨在论述反贫困程序制度，主要围绕精准扶贫各个环节中所涉信息公开程序、教示程序、听证程序以及民主科学决策程序等进行探讨。其中，扶贫信息公开程序是保障扶贫主体参与扶贫事务管理，监督扶贫行政机关合法、正当行使职权的基本前提；扶贫听证程序是否合理、正当，决定了扶贫决策的质量，是扶贫主体参与扶贫的具体路径；扶贫教示程序是对贫困户基本人权的尊重与保障；民主科学决策程序是保障扶贫决策科学、正当的有效措施。四项程序旨在从民主性、科学性、合法性、公平性层面，对反贫困程序进行制度化保障。

当前反贫困行政具有极强的政策性，扶贫程序设计规范性不强，扶贫工作人员出现权力"异化"。[②] 扶贫信息公开程序不规范，扶贫听证程序未合理适用，扶贫教示程序缺失，扶贫决策程序规范性不足等，是当前反贫困程序制度面临的主要困境。

一、扶贫信息公开程序不规范

扶贫行政主体作为反贫困的主导者若不能获取最真实信息，会作出错误的扶贫决策；贫困户作为直接受益者，在信息量不充分的情况下，会作出盲目甚至错误的项目选择。反贫困信息公开程序可以有效提高主体之间的信息不对称的问题。首先，信息公开有利于扶贫行政机关宣传扶贫政策，方便行政机关内部之间的沟通交流，节约扶贫成本；其次，信息公开可以使处于弱势地位的贫困户获得充分的扶贫信息，及时提出申请，作出扶贫

---

① 季卫东：《法律程序的意义：对中国法制建设的另一种思考》，中国法制出版社2004年版，第11页。

② 刘为勇：《从政策到程序：论实现我国农村精准扶贫的行政程序法治之路》，载《公民与法：法学版》2016年第12期。

项目的选择等；最后，信息公开可以使扶贫生产企业分享与其商业秘密无关的生产信息。扶贫信息公开制度，有助于信息在不同主体之间的流动。

为了使研究对象更为明确，笔者姑且对扶贫中的"信息"下一个简单的定义，即它是扶贫行政主体在履行扶贫职责过程中制作或者获取的，以一定形式记录、保存的信息。按照扶贫的法规、政策要求，扶贫行政主体应该广泛深入地将扶贫政策及建档立卡的标准和要求等信息向贫困户公开，确保贫困户的知情权、参与权、监督权。然而，目前扶贫信息公开程序还存在诸多缺陷。

（一）扶贫公开信息界定不清

正确理解政府信息，从法律上明确政府信息公开义务的边界，对于边界之内的申请依法提供救济保障，对于边界之外的申请避免浪费行政与司法资源。[①]

根据《政府信息公开条例》第2条规定，如果申请人并非申请公开"以一定形式记录、保存的"政府文件本身，如政策咨询，规范性文件法律效力或者规范性文件相互关系查询、信息汇总研究，一些突发事件或者舆情的说明或者引导、大数据应用、信访诉求等，属于不同性质的法律和政策等问题，不属于第2条调整的范畴，申请人当然也就不能根据此条例行使权利，或者根据此条例寻求行政复议、行政诉讼救济。因为，针对咨询作出答复以及答复与否，不会对咨询人的权利义务产生实际影响。[②] 因此，此条界定了什么是政府信息，更重要的是它明确了整部条例的适用范围。根据《村民委员会组织法》第30条规定，村民委员会在救灾救助、补贴补助等方面接受村民监督，村民委员会实行村务公开制度。第31条针对第30条公开行为的监督，不及时公布应当公布的事项或者公布的事项不真实的，村民有权向乡、镇等人民政府或主管部门反映，其应当对反映公布的事项进行调查、核实，责令村民委员会依法公布。

根据《最高人民法院关于审理政府信息公开行政案件若干问题的规定》（2010年）第2条规定，"因申请内容不明确，行政机关要求申请人作出更改、补充且对申请人权利义务不产生实际影响的告知行为"等情形，人民法

---

①② 参见周汉华：《准确界定行政机关法定义务的边界》，载《中国法律评论》2016年第4期。

院应当不予受理。根据国家信息公开条例规定，当事人因为生产、生活和科研的特殊需要，可以向制作和保存政府信息的政府机关依法申请信息公开，但当事人不能以享有知情权和诉权为幌子，利用我国登记立案门槛较低等机会，把咨询性和信访事项错误理解为政府应公开的信息，从而滥用申请权和诉讼权，依法应裁定驳回。

考察我国扶贫信息公开制度的实践，不难分析出，目前扶贫信息公开制度规定比较原则，政府扶贫信息公开主体、公开内容、公开方式不明确；扶贫领域裁判案例中出现把咨询性和信访事项错误理解为政府应公开的信息，查询公布事项的权利主体不明，且公布事项未对信息公开申请人实质上的权利义务产生影响。有的出于各种目的重复申请公开，乃至滥用诉权、恶意起诉。根据国务院扶贫办关于印发《全国扶贫开发信息化建设规划》的通知，目前我国扶贫信息公开制度存在各级扶贫开发部门与相关行业部门尚未形成信息共享和业务协同机制，扶贫开发信息公开程度较低等缺陷。对此，正确引导当事人明确扶贫公开信息的真正内涵，才能真正依法行使诉权，理性表达诉求。

（二）扶贫信息公开范围有限

信息内容的公开可加大扶贫政策的宣传力度，监督扶贫行政机关合法行使扶贫公共权力，推动帮扶干部主动履行扶贫职责。《政府信息公开条例》（2007）第9条明确了行政机关主动公开信息范围：涉及公民、法人或者其他组织重大利益的；需要社会公众广泛知晓或者参与等信息都应当主动公开。扶贫信息公开内容是与贫困户自身发展、权利保护等密切相关的信息。根据《关于印发〈中央财政专项扶贫资金管理办法〉的通知》第18条，《湖北省农村扶贫条例》第36条、第44条，《河北省农村扶贫开发条例》第10条，《贵州省大扶贫条例》第10条、第13条、第79条，《广东省农村扶贫开发条例》第9条、第33条，《陕西省农村扶贫开发条例》第21条、第48条第3款，《江苏省农村扶贫开发条例》第9条、《甘肃省农村扶贫开发条例》第43条等扶贫条例、政策的规定，扶贫信息公开内容包括：贫困户申报公告、评议、审核、复核结果，农村扶贫开发资金使用计划和实施情况，农村扶贫开发项目库，资金政策文件、管理制度、资金分配结果，扶贫项目名称、实施单位及责任人、投资规模、项目内容、来源、地点、用途、使用单位、完成时间，分配原则、分配结果等。

由此可见，扶贫信息公示的内容冗杂，主要包括四类：贫困户的申报公告、评议、审核、复核，扶贫资金的分配和使用、扶贫项目的计划和实施，扶贫政策的宣讲。随着信息化迅猛发展，对信息激励机制、灵活运用、贫困户需求信息的回应等提出了更高的要求，但目前有限的扶贫信息公开类别，公开内容之间不明晰，还存在比较多的模糊空间，直接削弱了信息公开制度运用效果。

1. 信息公开范围不全面

（1）扶贫过程信息未有效公开，公开扶贫结果信息多，公开扶贫过程信息少。随着社会信息化的快速发展，《政府信息公开条例》（2019）第 7 条规定，各级人民政府应当积极推进政府信息公开工作，逐步增加政府信息公开的内容。由此可见，信息公开范围的扩大是一种趋势，但具体哪些事项应该扩大，《政府信息公开条例》（2019）规定并不明晰。《政府信息公开条例》（2019）第 16 条第 2 款明确规定，内部讨论记录、过程稿等过程信息可不公开。一般来说，信息过程性的扶贫信息没有最终的效力，但基于扶贫过程信息，比如民主评议结果、扶贫项目决策记录，对贫困户权益会产生重大影响；而且有一些行政机关会以影响公正决策或工作正常进行为理由（"借口"），拒绝公开。

此外，目前扶贫条例、政策等也未明确规定贫困户应该知晓的、对其权益产生重大影响的过程信息公开。比如，如何评议、如何审批、如何决策等过程信息公开，我国扶贫的信息公开只是面向普通公众，而向特定当事人的公开主要是向当事人说明决定的理由，但说明的程序和内容没有明确规定，对于扶贫相对人要求阅览扶贫材料的相关程序、步骤、时限、方式等目前仍处于模糊状态。比如，2017 年国务院扶贫开发办公室网站工作年度报表公开信息显示：在办事服务程序中，没有发布服务事项目录，注册用户为 0，政务服务事项数量为 0，全程可在线办理政务服务事项数量为 0，办件量为 0；

互动交流程序中，征求调查和在线访谈的数量为 0。①

（2）行政机关内部扶贫事务信息未公开。《政府信息公开条例》（2019）第 16 条第 1 款规定，政府机关内部的人事与后勤管理等有关行政机关内部事务的信息，可不予公开。对政府信息不予公开范围的规定过窄有关——其可能导致行政机关因无法应对当事人的申请而将某些信息归为"非政府信息"。② 此外，考虑到我国对政府信息判断的公报案例和指导性案例缺乏等客观因素的影响，信息公开范围不全面、针对性不强，形式扶贫信息公开多、实质扶贫信息公开少，突出表现为地方扶贫行政主体对贫困户最迫切需要了解的信息公开不足，比如，申请解决住房问题、申请纳入贫困户、关于申请原有宅基地建安置户、关于解决危房改造的求助、家庭困难求助等，针对性强的、指导性信息公开太少。这导致贫困户对网站缺乏关注度，信息传递范围受限，扶贫信息网络传播的广泛度不够。

2. 扶贫参与主体的信息公开不足

扶贫参与主体主要是指扶贫企业、社会组织、贫困户等。根据《国务院办公厅关于推进社会公益事业建设领域政府信息公开的意见》，脱贫攻坚、社会救助等领域是政府信息公开的重点。扶贫需要多方主体参与，充分的信息交流沟通和相互促进监督显得尤为重要。但笔者梳理了国务院扶贫开发办公室、各省市县扶贫开发办公室的网站，发现大量信息都是关于扶贫行政机关的信息，对于社会组织、企业、贫困户等参与主体的信息屈指可数，同时，由于扶贫信息公开的环节不同，公开的内容各异，信息公开的范围内并没有明确规定纳入企业、社会组织、贫困户等"参与和监督"等信息，导致贫困户的知情权受限，贫困户的参与决策权、批评建议等权利的虚置。

从目前来看，第一，扶贫信息公开内容多而杂，但偏重于扶贫行政机关这一主体。比如，扶贫行政机关、扶贫企业、事业单位和部门三者之间在扶贫活动中的交流较多，但相互间的参与不够深入具体，针对扶贫考核评估等

---

① 国务院扶贫开发领导小组办公室：《2020 年国务院扶贫办官网监管年度报表和工作年度报表》，载国家乡村振兴局官网：http://gjzx.cpad.gov.cn/art/2021/1/22/art_50_186388.html，2021 年 7 月最后访问。

② 王军：《"政府信息"的司法认定——基于 86 件判决的分析》，载《华东政法大学学报》2014 年第 1 期。

活动，非直接利益相关者的话语权往往被忽视，针对相关企业的扶贫产业发展中的潜在风险等，非直接利益相关者，尤其是贫困户个人参与渠道不畅。这种合作扶贫的信息报道、宣传更多由扶贫行政机关决定，影响了扶贫公开信息报道的真实性。第二，扶贫参与人被动接受的信息多，主动申请扶贫信息获得的少；比如，贵州省扶贫开发办公室2017年主动公开政府信息数8711条，依申请公开信息0条。[1] 湖北省扶贫开发办公室2017年在各类媒体平台共发布政务信息11016条，但未收到1条政务信息公开申请。[2] 可见，信息公开存在应用不足的问题，制度有闲置风险。第三，不同扶贫主体之间的信息协调不畅，相关网站扶贫信息缺乏沟通与联系，扶贫信息的利用率不高。比如，扶贫信息相链接的网站只有政府机构、国家机关举报网站、新闻媒体、省级扶贫单位，而与农合网、世界银行、慈善公益网、社会组织公共服务平台、基金会和志愿者服务以及域外国家、国际组织扶贫等，缺乏扶贫信息的沟通和联系，欠缺反贫困经验交流与合作的长效机制。此外，部分扶贫网站链接的扶贫信息管理系统必须注册登录才能查看，这无疑加大了文化水平较低的扶贫相对人对信息了解的难度。

（三）扶贫信息公开方式不规范

政府信息公开的实现机制在于公众可以通过什么途径获得政府所掌握的公共信息。[3] "新的信息与沟通方式是信息社会的行政法"[4]。《国务院办公厅关于推进社会公益事业建设领域政府信息公开的意见》规定要提升扶贫信息覆盖面、到达率，确保人民群众看得到、看得懂。然而，扶贫信息公开方式依然存在诸多缺陷。

（1）隐蔽性公开，即以不便于贫困户知晓和理解的方式公开，是对信息公开制度化的违反。《政府信息公开条例》（2019）第5条规定，行政机关公

---

[1] 《贵州省扶贫办2017年政府信息公开工作年度报告》，载国家乡村振兴局官网：http://www.cpad.gov.cn/art/2018/1/31/art_343_841.html，2021年7月最后访问。

[2] 《湖北省扶贫开发办公室2017年度政府信息公开工作年度报告》，载湖北省人民政府门户网站：http://www.hubei.gov.cn/xxgk/zfxxgknb/bmnb/sfpb/201803/t20180322_1265552.shtml，2021年7月最后访问。

[3] 汪全胜：《论政府信息公开的实现机制》，载《软科学》2004年第5期。

[4] 参见［德］施密特·阿斯曼著：《秩序理念下的行政法体系建构》，林明锵等译，北京大学出版社2012年版，第334页。

开信息应当遵循便民原则。然而,基层扶贫工作人员为了避免矛盾往往采取的是隐蔽的公开,导致村务公开程度不足。据报道,根据扶贫条例和政策的要求必须公示,且必须有公示的照片,基层组织往往采取隐蔽公开的办法。

(2)形式化公开,即未及时回应公众关切的扶贫信息,非主动为民服务,是对信息公开规范化的违反。尽管《政府信息公开条例》为法治发挥作用奠定了基础,但其实施仍然存在重信息制度建设、轻制度应用的问题。①在扶贫行政主体主导扶贫模式之下,仅仅以扶贫行政机关外在的推动方式来执行扶贫制度,将扶贫信息公开当成行政任务来执行,尚未重视和有效回应贫困户对扶贫信息需求,仅仅以开会、发文、建立扶贫领导小组等传统扶贫信息公开方式,对贫困户是否能够理解,以及如何去应用制度,如何为贫困户谋求实惠等问题,根本不关心。比如,广东省某村村务公开内容常年不换、财务制度十分混乱,甚至出现晚上将应公示的扶贫信息上墙,次日早上将公示信息撕掉的"走过场"式公开,导致贫困户根本无法及时获悉村务公开的真实信息。② 这种做法很难满足贫困户扶贫信息了解的目的。据报道,"一卡通"③ 腐败就是由于贫困地区往往交通不便、路途遥远、通信不畅,贫困户居住分散,当地村干部不管群众是否看到、是否理解、是否有疑问,将扶贫信息简单的在村务公开栏里"一贴了之"。④ 此类信息公开方式会忽视扶贫信息制度作用,加大扶贫信息制度建设的难度,甚至无法避免以会议贯彻会议,以文件传达文件等常见结局。⑤

(3)选择性公开,即扶贫信息公开缺乏规范化的制度约束,信息公开内容不全面、不真实、公开实效难以保证,是对信息公开标准化的违反。此种公开方式,信息的到达率、覆盖面较低。根据《国务院办公厅关于推进社会公益事业建设领域政府信息公开的意见》要求社会公益事业建设各领域、各环节实现公开内容全覆盖。然而,扶贫信息的选择性公开,使部分信息贫困

①⑤ 参见周汉华:《〈政府信息公开条例〉实施的问题与对策探讨》,载《中国行政管理》2009年第7期。

② 詹奕嘉、黄浩铭、陈菲:《扶贫"最后一公里"为何成为"贪腐重灾区"》,载新华网:ht-tp://www.xinhuanet.com//politics/2017-05/28/c_1121052819.htm,2021年7月1日最后访问时间。

③ 扶贫"一卡通",指的是扶贫资金经农业、民政、社保等相关部门审批后,由财政部门拨款到银行,直接打入困难群众银行账户,由本人持卡取用。

④ 赵振宇:《别让好政策"卡"在半路——扶贫"一卡通"中出现的腐败问题透视》,载《中国纪检监察杂志》2018年第12期。

户看不见，信息无法检索、核查、利用，不能对扶贫工作实施情况开展有效监督。通过各省市县扶贫开发办公室的官方网站信息的梳理，可以分析出扶贫信息选择性公开突出表现为，原则方面信息公开多，具体扶贫信息公开少；公开扶贫"正面"信息多，公开扶贫"负面"信息少；空泛的通用性决定多，督促整改或者通报批评的信息少，更多的信息是宣示或倡导，因此，信息说服力不够。目前仍然以"村委主导—村民参与"模式为主，村委不会将关键环节进行村务公开，一般只将扶贫结果公开。比如，贫困户若想获悉扶贫资金分配和使用情况，因缺乏信息获取途径和方式，实践中最便捷的办法仍是咨询村干部，很多情况下都是"村干部说多少就是多少"。① 可见，这种方式并不利于贫困户及时准确的了解扶贫信息，也不利于扶贫监督机制的构建。此外，对已确定为"政府信息"的公开申请，行政机关有作出答复的义务，然而，对尚未确定为"政府信息"的公开申请，当前立法并未规定行政机关是否公开以及公开时间和方式。②

二、扶贫听证程序未合理适用

听证制度，往往被认为是现代民主的标志。③ 扶贫听证程序是指，为保证扶贫决策的合理、合法，在扶贫行政主体作出重大影响的扶贫决定之前，扶贫行政主体都要告知相对人决定的理由和享有听证的权利，扶贫相对人对其表达意见、提供证据，扶贫行政主体听取利害关系人的意见、采纳证据并作出决定的过程。这里的"扶贫相对人"是指受扶贫决定影响的利益主体，主要是指贫困户。扶贫听证程序旨在听取贫困户的意见，为贫困户提供意见表达与利益交涉的平台，充分保障贫困户的听证权。目前扶贫法规、政策并没有明确规定听证程序，在扶贫裁判案例中主要是关于行政处罚听证的案例，扶贫听证规范缺失制约了扶贫听证法制化进程。

---

① 赵振宇：《别让好政策"卡"在半路——扶贫"一卡通"中出现的腐败问题透视》，载《中国纪检监察杂志》2018年第12期。
② 参见刘芳、赖峨州：《〈政府信息公开条例〉的修改及完善——以政府信息公开程序为视角》，载《人民论坛·学术前沿》2018年第9期。
③ 王克稳：《略论行政听证》，载《中国法学》1996年第5期。

（一）扶贫听证范围不明

听证范围是指哪些内容可以适用听证，而且应该听证，哪些不适用听证或免除听证。[①] 在考察扶贫听证范围之前，需要明确并不是所有的扶贫行政行为都要纳入听证范围；只有对行政相对人产生重大影响的行政行为，才给予其听证权利。

从扶贫法律法规来看，扶贫听证范围不明。第一，扶贫立法听证没有法律依据。立法听证是出于对公民权利的尊重，征集公民对立法草案意见的程序。立法决策虽对当事人不直接形成裁判，但实质上，国家通过立法活动，实现了各种利益的界定、分配和协调。[②] 因此，当前扶贫法规、规章应明确规定，涉及扶贫项目的选择和实施、扶贫资金的分配和使用，以及其他对扶贫相对人可能产生重大影响的扶贫行政行为要进行听证。这些听证事项关乎扶贫相对人的基本生存和物质保障，以及自立能力的提高。扶贫立法当然要进行听证程序。然而，目前我国行政处罚法、行政许可法仅规定了扶贫行政处罚和行政许可听证。《国务院关于修改〈规章制定程序条例〉的决定》明确了立法听证，即起草的规章涉及重大利益调整或者存在重大意见分歧，对公民、法人或者其他组织的权利义务有较大影响，人民群众普遍关注，需要进行听证的，起草单位应当举行听证会听取意见。但目前听证程序的法律规范等较为零散，不够详细，操作性不强。第二，对扶贫项目的选择与管理适用听证程序没有法律依据，对扶贫资金分配及使用适用听证程序没有法律依据。虽然《贵州省大扶贫条例》第10条规定，各级人民政府应保障扶贫对象在扶贫开发活动中的参与、知情、监督等权利。《指导意见》规定，全面加强各类扶贫资金项目绩效管理，加强扶贫资金项目常态化监管，强化主管部门监管责任。规范扶贫资金投放和管理的《国家扶贫资金管理办法》（1997）第4条规定，国家各项扶贫资金必须以贫困县中的贫困乡、贫困村、贫困户作为资金投放、项目实施和受益的对象。《财政专项扶贫资金管理办法》（2011年）第6条规定，中央财政专项扶贫资金主要投向国家确定的连片特困地区和扶贫开发工作重点县、贫困村。此种规定为扶贫听证程序提供

[①] 参见叶必丰：《行政程序中的听证制度》，载《法学研究》1989年第2期。

[②] 参见王蕾、章剑生：《立法听证：对公民权利的尊重》，载《浙江人大》2005年第11期。

了一定法律依据，但这种宣示性、口号式的规定太笼统，主管部门究竟如何监管扶贫项目、资金，没有明确规定，也没有任何扶贫条例规定扶贫对象享有对扶贫听证的权利，更没有细化到如何通过听证程序参与项目、扶贫资金管理，起到有效监督的作用。第三，扶贫对象识别适用听证程序没有法律依据。各省的扶贫条例强调遵循社会参与的原则，但这个参与的具体程序是否包括对扶贫对象、低保户确定的听证等程序，我们无法推断出来，现有的模糊的规定，即使贫困户没有享有听证的权利仍然无法通过行政复议法、行政诉讼法获得救济。

从扶贫裁判文书来看，笔者梳理了自 2013 年精准脱贫政策实施以来，关于扶贫听证程序的裁判案例（截至 2018 年 9 月），总共 7 个案件，7 个案件都是在行政处罚过程中进行听证，扶贫中几乎没有涉及其他类型的行政行为听证，可见，在裁判中扶贫听证适用的范围也比较狭窄，通过听证程序保障扶贫对象参与权、监督权等权利实现的路径仍然不足。

从扶贫实践来看，我国扶贫听证主要有以下四种形式。（1）扶贫立法听证。2015 年 4 月 16 日，《四川省农村扶贫开发条例（草案）》立法听证会，对条例制定的必要性、扶贫对象、贫困影响评估等进行了论证和说明。① （2）扶贫项目听证。比如，陕西一些县区粗放脱贫，周边什么产业"火"，就上马什么产业，缺少差异性思维，没有进行项目听证，盲目推广，导致种植数量上涨，产品滞销。② （3）扶贫信访举报听证。比如，2018 年 10 月 26 日，海南省召开首例扶贫领域对信访举报结果进行公开听证，以保障群众的知情权、表达权、监督权。③ （4）低保听证。比如，2016 年 3 月 11 日，安徽省合肥市庐阳区大杨镇大杨村召开农村低保听证会，由阳光评议小组对申请低保的 30 户村民进行评议，并当场公开低保评议结果。④

总而言之，在扶贫法律层面，我国扶贫事项适用听证范围没有明确的法律依据，国家制定相关管理规则只进行了原则性规定，且缺乏相应程序性的

---

① 刘宏顺：《我省首例立法听证会入村听意见》，载《四川日报》2014 年 4 月 18 日第 10 版。
② 李英锋：《确定扶贫项目不妨开个听证会》，载《江淮法治》2016 年第 19 期。
③ 刘伟、张锦国：《海南省召开首例扶贫领域信访举报公开听证会》，中国新闻网：http://www.chinanews.com/sh/2016/10－26/8044565.shtml，2021 年 7 月 1 日最后访问。
④ 佚名：《合肥：实行低保阳光听证 精准扶贫不落一户》，载《人民日报》2018 年 8 月 15 日第 18 版。

规定，比如，对拟制定对扶贫相对人产生重大影响的扶贫行为如何进行听证，如何听取贫困户的意见，以及如何对扶贫项目、资金进行有效的监督等。目前裁判案例适用扶贫听证的行政行为类型仅限定于行政处罚，范围狭窄，对扶贫实践的指导意义不强。然而，扶贫实践中扶贫相对人对听证程序又有很大的需求，不仅有扶贫立法听证、扶贫行政决策、扶贫行政措施，还有扶贫行政执行听证、扶贫行政监督听证等。但是，扶贫听证规范不足，扶贫听证范围不明，导致扶贫相对人的意见表达、提供证据、利益交流的平台不畅，不利于扶贫相对人参与、监督扶贫事项的实现。现有的模糊的规定，即使贫困户享有听证的权利仍然无法通过行政复议法、行政诉讼法获得救济，扶贫听证立法的匮乏制约了扶贫听证制度的发展。

（二）扶贫听证程序不规范

扶贫听证程序不规范，是指扶贫听证过程中公众参与不足，扶贫行政主体没有充分考虑扶贫相对人和其他利害关系人的意见及建议，未及时发现事实，作出的决定有偏差，没有达到听证的效果。

1. 扶贫听证前准备程序不充分

在精准扶贫过程，基层地区确定脱贫项目、脱贫措施等扶贫行为，都可能对贫困户的个人权利义务产生重大后果，很有必要在作出决策之前，组织贫困户、产业能人、村委会工作人员、扶贫行政机关工作人员、有关企业代表、专家、部分党员等召开听证会，提高公民意识，防止偏私，集思广益，确保扶贫决策的科学化、民主化。实践中经常出现一些"走过场"、流于形式的听证，具体表现为扶贫听证通知不及时或临时通知。通知的目的是参与听证代表提前了解与听证有关的事项，为其及时、有效地行使听证权利提供保障。参与听证代表准备听证的时间有限，无法提前对听证的法律依据或事实进行调查，特别是扶贫产业的农业技术信息、证据的收集等都需要一定的时间。如果前期没有预留一定的调研时间、资料收集时间，并颁发听证告知书将无法实现听证的预期效果。扶贫听证告知书需载明下列事项：（1）听证会的时间和地点；（2）贫困户的姓名、地址；（3）拟作出扶贫行政行为决定及事由和依据；（4）听证参加人依法享有的权利义务；（5）听证组织机关、听证主持人的姓名、职务；（6）其他注意事项。

2. 扶贫听证时程序不健全

（1）听证中的质辩不充分，由于贫困户对扶贫产业和扶贫市场信息的严重匮乏，并处于劣势地位，无法与企业或扶贫行政机关工作人员平等地开展实质性的辩论，贫困户无法充分表达意见。（2）扶贫听证程序中举证责任不明确，参与听证的贫困户代表对于实质的决策无最终决定权，只是建设性建议，其建议不一定被采纳。（3）听证参与人的程序权利没有得到有效保障，例如，获得通知的权利、阅览卷宗的权利、申请主持人回避、进行陈述、申辩和质证、提出新的事实和证据、核对听证笔录等。（4）制作扶贫听证笔录。扶贫听证笔录应当载明以下事项：案由；贫困户（包括其他有利害关系人）的基本情况；听证的时间、地点；听证的简单经过，认定的听证事实；形成的处理意见和建议；听证主持人、听证员、书记员的签名；听证笔录制作时间。

3. 扶贫听证后处理程序不完备

（1）听证会上，对贫困户有异议的事项没有进行及时有效的答复，或者会后也没有形成整改措施。（2）听证参加人对会后扶贫决议的监督不力，或者根本就没有进行监督。（3）对听证笔录的效力未作规定，听证笔录不是行政机关作出行政决定的唯一依据，但扶贫听证程序不完善，易导致扶贫决策科学性、民主性与透明度不足。

三、扶贫教示程序缺失

教示程序是指行政主体对行政相对人教育、辅导，强调双方之间的信息交流，使行政相对人理解整个行政过程，并积极参与行政行为。扶贫教示的目的是扶贫行政主体在行使扶贫职权过程中，通过法定程序将扶贫行政行为向行政相对人（贫困户）公开说明，与贫困户进行沟通交流，对贫困户进行辅导，让贫困户熟悉该扶贫行为，清楚自身享有的权利，了解整个扶贫的目的、意义等具体内容，并最终得到贫困户对扶贫工作的支持。

从法律层面来看，《湖南行政程序规定》（2008年10月1日起施行）第73条首次规定，行政主体在作出行政执法决定之前，告知行政相对人享有陈述意见、申辩的权利，并采纳其合理的意见（事实、理由和证据）；不予采纳的，应当说明理由，这个过程就是履行扶贫行政主体的教示义务。然而，我国法制建设中仍缺乏对教示制度的全面规定。《决定》第 27 条只是笼统地提到，宣传扶贫事业，解读扶贫决策部署、政策举措，报道扶贫、实践和典型。从各省的扶贫条例来看，主要通过"说明理由"个别字眼的形式进行教育、引导，操作性不强。比如，《广东省农村扶贫开发条例》第 9 条规定，对申请人收入情况评议结果提出的异议，不予采纳的，应公开说明理由。对于"说明理由"的具体内容、依据和如何救济等，目前没有明确的具体规定。现有的扶贫条例，比如，《河北省农村扶贫开发条例》第 13 条只是提到，对贫困户中的劳动力以及贫困地区返乡创业的农民工进行实用技术培训和生产技术指导，培育新型职业农民。

从精准扶贫有关的裁判案例来看，扶贫教示仅仅体现在行政处罚过程中，例如，陈在梅与达州市公安局经济开发区分局、达州市公安局治安管理行政处罚案，[①] 陈在梅在拒绝履行与达州市经开区斌郎乡赵家村已经达成的果林补偿协议的情况下，多次到斌郎乡赵家村精准扶贫修路项目施工工地阻碍工地正常施工，行政处罚经过受理、调查，告知拟作出处罚决定的事实、理由和依据以及当事人享有的陈述、申辩以及救济权利等，此过程体现了扶贫教示程序。从整体而言，我国扶贫教示程序的法律依据不足，扶贫教示裁判案例中涉及的教示程序有限。从实践来看，目前主要存在以下几个方面的缺陷。

（一）扶贫教示主体有误

扶贫教示主体有误，是指在具体扶贫行政行为中，不负责该扶贫行政行为的主体对扶贫相对人进行了教示，导致扶贫教示主体错位，即该相对人未能接受有教示义务的扶贫行政主体的教示。

笔者认为，教示主体错位主要有以下两种情况。一种情况是有教示职责的主体未教示。有学者认为此种情况只在具体扶贫行政行为的各个阶段中，并承担解释、说明、指导等教示义务时，才是教示主体，对于一般的政策宣传或者基本的扶贫工作常识性的信息，扶贫工作人员对贫困户的询问会以"此事不归我管"等理由，推诿不予答复。另外一种情况是没有教示能力的主体错误教示。即没有权限的扶贫工作人员对贫困户作出了本应由专业人员

---

① 陈在梅与达州市公安局经济开发区分局、达州市公安局治安管理行政处罚二审行政判决书〔达州市中级人民法院（2018）川 17 行终 14 号〕。

作出的解释，比如贫困户对扶贫产业发展的专业询问，本应由农业局或者对口的专业人员解释，但不懂技术的扶贫工作人员给出了不专业、不科学的回复和指导。这两种情况都阻碍了贫困户获取教示的内容，引起了贫困户对扶贫工作人员的不理解、不信任。因此，笔者认为要区别于扶贫教示主体与扶贫行政主体，扶贫行政参与人只能向负责该行政行为的人员提出教示请求，对于无法解答或理解不清的问题，不能直接拒绝了事，扶贫工作人员应积极引导其向负责此扶贫事项的其他专业人员询问，这样做才更符合民众的行为心理，有助于提高行政效能。

（二）扶贫教示内容不符合规定

扶贫行政主体实施了某种教示行为，但是由于此行为涉及法律规范禁止的内容，而未能产生教示的法律后果。根据学者观点，对行政行为教示内容包括，拟制行政行为的内容和依据、陈述意见的机会、行政救济的途径和期限、行政行为的法律后果以及对行政行为的教示（告知）。[①] 扶贫教示的内容具体包括：扶贫法规政策、扶贫对象如何识别、贫困户如何申请、申请的条件、扶贫项目如何选择、如何参与扶贫决策、贫困户如何行使自己的权利和义务、扶贫资金如何分配和使用、扶贫对象如何退出、扶贫救济的方式和实现途径等。

扶贫行政主体没有遵循法定的义务对扶贫相对人进行教育指引、辅导，扶贫教示内容不符合要求主要表现为，扶贫行政机关单方面的信息传递和通知，没有与扶贫对象进行充分的信息交流。面对取消低保资格的贫困户的"质疑""不解"，扶贫行政主体应进行有效的教示。"杨改兰事件"中杨家人被取消低保，一些扶贫工作人员给出的理由是杨家人保留低保的民主评议没有通过。但是，扶贫教示最核心的内容不仅包括这些内容，还应包括未告知杨家人没有评为低保户的依据，听取杨家人的陈述和意见，告诉杨家人有哪些行政救济的途径，申请救济的时间限制以及以后不能领取低保金行政行为的后果等，这个事件发生的一个重要原因在于扶贫行政机关与贫困户没有做好有效沟通，宣传、引导、辅导不到位，对整个扶贫的过程不了解、不理解或理解不透，他们的自主权和意愿被忽视，贫困户在扶贫项目中处于被动接

[①] 戴晨飞：《教示制度与建设服务型政府》，载《唯实：现代管理》2013年第2期。

受状态。

（三）扶贫教示程序不规范

扶贫教示程序不规范，是指扶贫行政主体未遵循法定的时限、次序、形式、步骤、方式等对扶贫相对人进行教示，以实现扶贫目标。笔者主要从程序开始之时、程序进行中、程序结束之时三个阶段进行分析。

第一，扶贫程序开始之时，扶贫教示尚未帮助扶贫相对人提高对扶贫行政主体及自己行为的预见性，未作出利于扶贫相对人的劝告、建议以及相关的必要提醒，以便及时作出准备和调整。教示程序是指导扶贫相对人行使权利的一项程序，享有参与权、知情权的扶贫教示对象没有接受足够的扶贫政策等教育指导，不利于其理解扶贫行政行为，不利于增强其对扶贫行政主体行为的预见性，没有及时根据扶贫政策措施等进行调整。如《河北省农村扶贫开发条例》第 3 条提到，农村扶贫开发应当遵循因地制宜、分类指导原则。具体如何分类指导、分类的标准等没有明确规定，与贫困户之间的沟通无法深入，分类指导效果不明。

第二，扶贫程序进行之中，扶贫行政主体没有主动或就扶贫相对人的咨询作出解释、说明或其他的提醒，导致扶贫相对人对扶贫程序事实难以理解，对扶贫行政主体的配合不到位。其一，扶贫教示程序规范不足，目前扶贫技术培训等注重对贫困户能力的提高，是单方的教育和辅导，并不注重扶贫行政主体与扶贫相对人之间的沟通和交流。这些程序上的瑕疵导致贫困户没有领会扶贫目的，没有彻底理解扶贫措施是否有效，从而作出错误的选择，也是扶贫教示程序不规范的表现。其二，欠缺对扶贫项目的选择、产业发展等指导、提醒。驻村干部对市场风险分析不到位，更没有做周密的扶贫计划，产品深加工、营销、市场信息预警等产业链建设"缺课"严重，导致产品滞销，扶贫产业亏损，扶贫政策难以精准对接贫困户，一些扶贫项目不接地气。[①]

第三，扶贫程序结束之时，通过教示提高扶贫参与人对扶贫行政行为的整体接受程度，巩固其程序主体地位，提高参与能力。对被取消低保、未被评上低保、未被识别为贫困户、被退出的贫困户等，不能理解其中缘由，出

---

① 参见李松等：《扶贫怪象：政府投钱不少，农民越扶越亏》，载《决策探索》2015 年第 13 期。

现不断上访、缠访的现象，不利于社会稳定。扶贫行政主体对未获得"低保"的对象欠缺扶贫教示，没有对扶贫政策、计划等进行讲解，没有告知扶贫相对人享有的救济途径，对这些上访对象的教示不足，以及对这些"不健康心理"引导的缺位，容易产生扶贫上访、缠访、重访现象。

总而言之，扶贫教示主体有误、扶贫教示内容不准确、扶贫教示程序不规范，都会导致扶贫教示双方缺乏有效的沟通交流，扶贫行政主体对扶贫政策措施等未进行有效的解释、说明、辅导，不利于扶贫行政主体公共行政权力与扶贫相对人权利之间的利益平衡、沟通与协调，扶贫教示没有真正发挥服务价值。

四、扶贫决策程序不健全

扶贫决策的本质是一个利益分配过程。决策的科学与否，离不开科学的大数据支持与民主的意见，当然更需要实体法与程序法的双重保障。我国扶贫决策程序不规范表现为以下几个方面。

（一）扶贫决策公众参与不足

当决策可能损害到利害关系人的利益时，听取利害关系人的意见便是必经程序。[①] 重大决策公众参与程序制度应当规定公众参与的方式和途径。在扶贫程序上，基层扶贫行政主体的扶贫决策也缺乏公众的有效参与。扶贫识别是扶贫的基础工作，其目的是识别贫困对象，避免浪费扶贫资源，使真正符合帮扶政策的个体得到有效扶持。村民大会或者村民代表会议就是村民参与决策的集中体现，公众参与决策的主要事项如下：（1）农户申请为贫困户的（《广东省农村扶贫开发条例》第9条、《湖南省农村扶贫开发条例》第10条，《贵州省大扶贫条例》第15条规定，其他省市县扶贫条例也有类似的规定）；（2）对本村扶贫资金使用情况及资金使用效益进行民主决策（《湖北省农村扶贫条例》第45条）；（3）扶贫项目的立项、设计、实施，应当征求扶持对象的意见（《湖北省农村扶贫条例》第33条）。由于扶贫工作中具体的制度设计缺失或不足，在名额分配、项目选择、流程安排、评议标准等方面阻力因素众多，影响扶贫资源的分配。比如，扶贫项目决策出现了拍脑门

---

① 参见金国坤：《论科学决策、民主决策的法治化》，载《行政法学研究》2011年第7期。

决策、功利性决策、跟风式决策等。[1]

（二）未进行有效的专家论证

扶贫工作需要基于科学性质的信息和理性的专门知识，建立有效的制度来吸纳公众的意见和建议。扶贫决策确保民主性的基础上，还需要进行专业性的判断，经过专家论证以后，制定科学的贫困标准和判断方法。然而，目前我国在专家论证程序中未发挥有效作用。

第一，扶贫专家论证的规则缺失。《国务院关于印发"十三五"脱贫攻坚规划的通知》强调，深入组织开展院士专家咨询服务活动。《贵州省大扶贫条例》第71条规定，建立健全扶贫开发工作重大决策机制，具体包括公众参与、专家论证等法定程序。可见，目前的扶贫法规和政策对专家论证的具体规定比较笼统，多是号召式、倡议式的规定，专家论证的程序、论证标准等欠缺，扶贫开发的专项计划可行性难以判断，对易地扶贫搬迁实施方案、扶贫产业的选择、组织和后续配套欠缺有效论证依据，可操作性不强。实践中，可能导致专家论证带有个人倾向，技术专家在扶贫标准的制定中，参与度还不够。在论证过程中，当遇到意见不一致时，往往采取的解决办法是由资质最老、知名度较高的技术专家或政府要员来决定，这使得专家论证形式化。

第二，扶贫技术专家论证责任制的缺失。《指导意见》指出，以县为单位，在各贫困地区建立产业扶贫技术专家组，组建产业扶贫技术团队（由各类涉农院校和科研院所组建），招聘一批特聘农技员（来自农村的乡土专家、种养能手等一线服务人员），为贫困村、贫困户提供技术服务。可见，目前扶贫政策对扶贫技术专家的来源进行了规划，而对专家资格审查制度、专家回避制度、专家责任制度等，都没有进行明确的规定。倘若技术专家的论证缺乏对农村扶贫工作的长期、实地调查研究，对于标准的制订缺乏综合的价值权衡和科学分析，其论证意见的正确性、合理性、有效性也会存在不足。若专家论证报告缺乏科学性、可行性，决策的结果不符合本地区实际情况，贫困户为此遭受的损伤该如何追责？上述问题的出现，致使专家咨询论证制度运行不畅，无法确保专家论证的独立性与专业性，失去专家咨询论证的本

---

[1] 参见李英锋：《确定扶贫项目不妨开个听证会》，载《江淮法治》2016年第19期。

来意义，论证的目的难以实现。

（三）行政决策责任追究制度难以落实

《甘肃省农村扶贫开发条例》第33条规定，农村扶贫开发项目的实施应遵循民主科学决策程序，具体包括听取群众意见、组织论证和公开公示程序。如，根据《贵州省大扶贫条例》第13条规定，扶贫对象的精准识别和脱贫认定等都应遵循程序规范、民主评议、严格评估等原则。此类规定遵循的程序规定较原则、笼统、模糊，尚未对扶贫决策的公众参与、是否进行专家论证以及责任追究机制等进行规定。扶贫工作中究竟谁是贫困人员，最终的决定不是依据当地村委会或居委会的民主投票结果，而是最终由行政机关决定。导致"落选"老百姓对于该结果存在质疑。有学者对武陵山片区4省（市）4县40个村1000个建档立卡贫困户进行了抽样调查，结果显示，仅仅以收入作为识别贫困户的唯一判断标准，民主评议直接产生的识别错误接近50%。[1] 如甘肃省"杨改兰"事件中，杨家的低保被取消，当地扶贫干部就仅仅以杨家的收入作为判断低保户的唯一标准，民主评议没有通过，导致本应获得国家救助的对象没有被评为"低保户"。扶贫行政决策都是集体决策，若出现决策失误或错误决策，实际上难以区分集体责任与个体责任，"谁决策、谁负责"[2] 的责任追究成为一句空话。

---

① 汪三贵、郭子豪：《论中国的精准扶贫》，载《贵州社会科学》2015年第5期。

② 参见杨海坤、李兵：《建立健全科学民主行政决策的法律机制》，载《政治与法律》2006年第3期。

第五章　乡村振兴背景下反贫困长效机制之法治保障

实施乡村振兴战略对巩固脱贫攻坚成果，进而解决农村相对贫困问题至关重要。因此，有必要通过立法的形式，从源头上明确反贫困主体、方式、程序和责任，有效地避免反贫困资源配置的不确定性和随意性，发挥政府、市场和社会合力，充分利用各方主体的反贫困优势，通过法治保障反贫困资源配置，明确各方反贫困主体的责任，利用激励型的反贫困方式，通过信息公开程序、听证程序、教示程序、民主科学决策程序以及回避程序来规范反贫困程序，与此同时，完善扶贫责任追究机制，提高反贫困的质量，构建长效反贫困机制。

第一节　反贫困长效机制需法治保障之必然性

《乡村振兴促进法》2021 年 6 月 1 日正式实施，这标志着依法全面推进乡村振兴时代的到来。对比域外，有美国的《社会保障法》《美国法典》《公法》《农村电气化法》（1936）、《农业发展法》（1972）、《粮食、农业、保育和贸易法案》（1990），英国的《济贫法》《养老金法》《社会保障管理法》《1992 年社会保障管理法》《1992 年社会保障缴费和福利法》《1995 年求职者法》《1997 年社会保障管理（欺诈）法》《1998 年公共利益披露法》《2001 年社会保障欺诈法》《2004 年养老金法》《城乡规划法》《国家公园和乡村土地使用法案》《绿化带建设法》，德国的《社会法典》《基本法》《德国联邦行政程序法》《联邦公务员权利框架法》《联邦德国空间规划》《自然保护法》《土地整理法》《建设法典》，日本的《生活保护法》《社会福利法》

《儿童福利法》《介护保险法》《障碍者自立支援法》《身体障碍者福利法》《食品·农业·农村基本法》（2009 年）、《综合休闲区发展法》和《乡村地区发展法》等一系列法律。未来，我国应该制定专门的扶贫基本法，明确扶贫行政主体职权与职责，保障扶贫对象的基本权利。

我国有行政权力相对强大的传统，以政府购买公共服务为例，政府为了实现行政的民主化而购买社会服务，由此形成了公共服务资源配置体系和供给体系，但这必须与经济社会发展相适应并且高效而合理。因此有必要加之以有效的法治保障。

一、立法任务与反贫困长效机制法治保障范围

行政法的总体任务就是平衡政府、市场和社会三者的力量，保证它们既有分工，又有配合与制约。[①] 行政法治原则要求对政府的所有行为进行严格规范。通过法律形式来明确扶贫公共行政权力的来源、数量、种类及配置问题，在源头上确保扶贫行政满足合法性需求；赋予扶贫对象权利，特别是赋予贫困户各类能动性参与权利，彰显主体身份，降低扶贫成本。同时，贫困户也可以成为对扶贫公共权力主体的监督和制约主体，发挥权利制约权力的功能；规范扶贫中公共行政权力的运行要素，以科学步骤、方式、时限和顺序来实现脱贫目标，确保精准识别、精准管理、精准帮扶、精准考核等满足科学性需要；以及规范扶贫物质保障以及各个脱贫主体法定职责和权限的分工，满足责任性要求等。

从立法的视角来考察反贫困的范围，即行政权力、市场，以及扶贫对象之间的关系问题，这就需要通过立法为其搭建一个良性互动的制度平台。反贫困范围涉及公共权力，法治保障扶贫范围的目的为：一方面，确保公共权力，特别是行政权力不能过分干预，在确保脱贫上要给市场、扶贫对象一定的空间和选择余地；另一方面，防止公共权力和行政权力干预范围过于狭窄，应该干预的范围和对象却没有干预。该范围的确定，就需要行政法判定是否存在对公共权力的规范与限制。

鉴于我国各省（自治区、直辖市）施行的扶贫条例（譬如《湖北省农村

---

① 徐继敏：《国家治理体系现代化与行政法的回应》，载《法学论坛》2014 年第 2 期。

扶贫开发条例》等），对扶贫实施的具体步骤、方法、顺序、时限等规定不够全面细致，适用性不强。基于此，笔者建议根据我国国情，从城乡统筹，结合各地实际，分级别差异化制定扶贫条例的基础上，制定和完善地方乡村振兴条例，对此，具体把握以下内容。

（1）通过扶贫立法对接扶贫市场的供给与贫困户的需求，为市场主体参与扶贫提供法律支撑。制定扶贫条例，规定企业参与扶贫的路径，市场积极作为，可通过政府购买公共服务，让企业在扶贫过程中积极配合政府的工作，提高政府工作效率。例如通过制定《扶贫管理条例》《商业保险条例》等，规定银行、保险机构等市场主体对融资保险制度的构建，推进策略规划，扶贫方案的选择、扶贫计划的实施等，为市场主体提供法律保障。

（2）通过扶贫立法对接扶贫技术与资源，确保贫困户、社会组织参与扶贫的法律路径。民政部门制定并实施民间扶贫机构的扶贫政策，指导并规范民间组织的扶贫工作，通过公共信息共享平台等方式加强民间组织的信用体系的规范化管理，尤其是实现民间组织的资源获取和使用的法制化。

（3）通过扶贫立法保障贫困户的权利与义务。通过扶贫立法确保贫困户的扶贫主体地位，激发贫困户的主动脱贫意识，充分保障《村民委员会组织法》（《居民委员会组织法》）明文规定的村民（居民）的权利，从消极扶贫到积极扶贫的模式转化，真正实现"造血式"扶贫。不仅要激发贫困户的村民权利意识，通过扶贫立法确保其主动参与扶贫项目的选择，扶贫政策的制定等，提高他们权利义务观念，健全贫困户利益表达机制。具体而言，通过确保通知、知情、评议、说明理由、申辩、听证等权利，增强贫困户开展生产自救、互助和利他的能力。

（4）通过扶贫立法对接常态扶贫与非常态扶贫，构建可持续扶贫制度。扶贫是一项动态性工程，2020年可消除绝对贫困，但相对贫困仍然长期存在。[①] 因此，应该通过立法构建长效反贫困机制，既要关注贫困户的物质贫困问题，也要关注弱势群体、留守儿童、老人等的精神贫困问题，提高贫困户自立和自律能力，构建长效反贫困机制；既要关注因自然灾害等突发事件

107

[①] 倪伟：《国务院扶贫办：2020年中国消除绝对贫困，相对贫困还会长期存在》，载新京报：http：//epaper.bjnews.com.cn/html/2018－03/07/node_19.htm，2021年7月1日最后访问。

产生的贫困问题，又要关注扶贫资源、环境，建立生态型可持续脱贫战略。

二、组织法与反贫困长效机制法治保障主体

由于扶贫机构与传统的行政部门在职责职权、法律地位、人事安排、问责机制等各方面都有着较大差异，具体到扶贫领域，单一的扶贫行政机关不能够独自胜任复杂的脱贫攻坚事务，这就需要发挥社会组织、企业的作用，扶贫机构如何设立、职权职责如何、政府与社会组织的关系如何等，无疑都是行政组织法的任务。因此，扶贫领域行政法保障主体如何确定、职权范围如何、保障主体如何、保障主体之间关系如何等，都需要行政组织法进行回应。

建立我国现代化的反贫困体系，应当在认识清楚扶贫机构与传统行政管理部门在法律地位、设置模式、组织类型、问责机制等方面差异性的基础上，给现代化的扶贫体系提供组织法保障，我国的行政法应当结合美国、英国以及日本等国家的经验，以及我国的反贫困实践，作出不同于传统行政部门的制度安排，如在职能定位、权力配置、机构设置等方面确立合理的组织法规范。这些制度设计也将有助于我国行政组织法学理论进一步深化。现代化的扶贫治理体系，应当处理好内、外部关系。具体来说，一方面，外部关系主要是尊重市场自身发展规律，须明确政府与市场关系的法治边界：既要确定扶贫政府权力范围，遵循法定原则与法律保留原则，也要确定市场主体的权利范围，遵循法无禁止即自由，发挥市场在资源配置中的决定性作用。健全扶贫社会力量参与的机制；内部关系主要是合理界定政府扶贫职能，在配置各级扶贫政府职责和权限的基础上，建立纵向和横向协调的扶贫体系。另一方面，通过转变扶贫管理职能，合理配置政府扶贫管理权力，合理设置扶贫机构，构建跨行政区划政府扶贫协同组织等途径。此外，加强政府与社会之间的扶贫合作，政府与社会组织的合作非单向合作，而要从单向的"禁权、限权、控权"转向双向的"交往、沟通、合作"。[1] 因此，不仅企业、社会组织、贫困户要主动参与反贫困政策制定，扶贫项目的选择、扶贫资金的分配；

---

[1] 参见蔡科云：《政府与社会组织合作扶贫的权力模式与推进方式》，载《中国行政管理》2014年第9期。

而且通过分权参与，减轻政府扶贫负担，把政府扮演服务供给的主要角色转移到民间。特别是当发生疾病、自然灾害等突发事件时，充分发挥扶贫社会组织信息技术平台等优势，参与救援，建立起政府与社会力量的合作关系。

一方面，以法律或法规的形式明确扶贫机构之间，上下级扶贫行政机关之间的职责分工，明确各主体职责、权限。一是通过法律差异化配置中央和地方各级政府扶贫权力。纵向上由法律明确规定各级政府扶贫职能，给各级政府差异化配置扶贫公共行政权力，尤其是给事务繁杂的乡镇政府配置更多的扶贫资源自由支配权。横向上将各职能部门的扶贫权力集中到专门的扶贫机构，由扶贫机构统一协调和配置扶贫资源。二是健全各扶贫主体责任法律体系。根据扶贫立法或进一步完善《社会保险法》《劳动法》《就业促进法》等法律，依法给政府、社会组织和企业配置恰当的扶贫责任，与此同时，给中央与地方各级政府差异化配置扶贫责任，将体系化的扶贫责任统合在宪法和组织法框架之下，实现地方各扶贫主体责任的法定化。三是通过法律设立专门的扶贫机构。鉴于目前中国各级扶贫机构没有真正实现"管办分离"，即既是管理者、监督者，又是政策的实施者，不仅要对日常扶贫工作进行申报、管理、监督、验收和检查，也要完成上级扶贫机构交办的任务，协调解决扶贫开发中的问题，组织联系帮扶单位、驻村干部，拓展基地、培训劳务市场、负责典型经验的宣传等工作。因此，应提高各级扶贫机构的行政级别。作为常设机构的扶贫机构负责日常的工作，受相应级别的人民政府领导，同时位居政府各个职能部门之上，并且机构中的扶贫工作人员是专职，有正式的人员编制，由相应一级的扶贫办对其进行监督指导，真正做到"管办分离"。

另一方面，以法律或法规的形式授权扶贫行政机关以外的组织依法履行扶贫行政权力，如共青团、妇联、高等院校以及基层群众自治组织，不能与各个主体本身具有的教育等法定职责相冲突，应明确限定各个主体的扶贫职责范围和法律地位。

三、行为法与反贫困长效机制法治保障方式

2020～2022年的中央一号文件都强调"脱贫攻坚与实施乡村振兴战略有机衔接"。当前以党中央和国务院文件、地方扶贫条例来规范精准扶贫方式，比如，《决定》《指导意见》等虽然是国家出台的权威性政策文件，但在扶贫

方式的覆盖面上严重不足，从设定的数量与类型上也不够明晰，可执行性和可操作性不强，故亟待从规范层面对反贫困方式予以体系化。由此，我国需通过法律形式来明确扶贫方式的数量、种类，以及具体实施程序保障等问题，从源头上确保扶贫方式的合法性、有效性与全面性，以及全程接受法律的监督，若扶贫方式违法就必须承担相应的法律责任。以"扶贫程序"规范"扶贫方式"，通过保障扶贫对象程序性权利的实现，比如，获得扶贫信息的通知权、了解权、扶贫项目选择权、听证权等，也是规范和控制扶贫方式的有效路径。

引入激励引导型扶贫方式，反哺行政行为法的发展。在扶贫体系现代化的背景下，由于扶贫对象的复杂性，需要运用多种扶贫方式满足贫困户的多样化的贫困需求。因此，激励引导型扶贫方式不可能全部取代传统的命令服从型扶贫行为，二者各自有其适用对象，片面强调其一均不可取。对此，可取的路径是扶贫需要改革传统的命令服从型扶贫方式，根据不同的扶贫对象，采用激励型扶贫方式，扶贫行政机关、社会组织、企业、贫困户随着改革的深入，对制度合法性的认知也会逐渐改变，扶贫方式从传统的命令服从的硬性的扶贫方式，向沟通、协商等柔性的合作扶贫方式转变，实现扶贫方式与扶贫政策目标的制度化。比如，通过规范行政指导，健全行政合同，优化行政资助，完备行政奖励的路径，来完善既有扶贫方式。唯有如此，才能找到与扶贫目标相匹配的扶贫方式，以期实现有效扶贫。面对扶贫体系现代化带给行政行为理论的挑战，我们应当结合其他国家的经验，将行政过程理论引入传统行政行为理论之中，将行政过程中的各种行为形式进行全面、持续、动态的考察。以此，回应非类型化行政行为大量出现的现实，与此同时，对新的扶贫行政行为进行行为法规范，在社会变革视野下促进传统行政行为形式理论新的规范构造。

四、程序法与反贫困长效机制法治保障程序

扶贫行为是否具有实质上的效果，需要程序机制对扶贫行为予以回应。然而，行政程序理念最初定位于"限制行政权力、保障公民权益"，强调行政权力形式上的合法性，而对于如何从整体上提高扶贫方式的绩效、如何通过行使扶贫方式实现效益的最大化这些事关反贫困质量的根本问题，目前没

有相应的程序保障。

扶贫行为需遵循程序制约的法理依据有二：其一，我国尚无系统的行政程序法律，程序体系的建立又处在探索过程中，扶贫行政主体的合法性和可问责性往往难以通过程序控制得到落实。因此，需要通过行政法规范扶贫程序，使扶贫行政主体从一开始就遵循公正、透明、科学的程序规则，扶贫体系初建时期要重视程序法，使扶贫方式接受监督，这是行政程序法最基本，也是最重要的功能；其二，应进一步设计更好的程序，促进扶贫行政主体科学决策、理性决策，实现"防止行政权力滥用"和"提高扶贫成效"的双重目的。因此，当前最紧迫的是引入程序控制路径，完善信息公开制度、健全听证制度和引入教示制度、完善民主科学决策程序。通过建立扶贫程序，推行简化的监督机制，确保扶贫方式实现既定的目标。

完善扶贫程序机制推动行政程序法的发展。行政法的任务由原来的单纯防止行政权滥用转变为建立良好的程序，使扶贫机构不仅"形式上合法"，而且实质上能够促进乡村振兴和共同富裕等目标的实现。借鉴美国、英国、日本的经验，结合中国的扶贫具体措施，在行政法律关系中，行政程序的重要作用就是保障扶贫对象的法律程序权利。当前扶贫行政具有极强的政策性和灵活性，行政主体在实施这些基本的程序制度时，行政法的重要作用在于保障扶贫目标得以有效实现，防止简单"套用"程序制度和防止扶贫"最后一公里"腐败发生。扶贫程序之行政法完善实质上是通过程序路径建立由"形式合法"到"实质合法"的程序制约机制，满足程序的民主性、科学性、合法性要求。规制扶贫程序作用在于保障扶贫对象权利的实现，监督扶贫行政机关依法行使职权以及确保扶贫行政效率。在扶贫具体环节，应遵循正当法律程序，忌"精准填表"①"强捐扶贫"的形式主义，实现扶贫资源配置平衡。

因此，如何从程序上保障扶贫精准呢？要遵循正当法律程序，规范扶贫对象识别、扶贫考核等各个环节和步骤的行政行为，实现扶贫资源成本与收益的平衡，不能走形式主义，别让"精准扶贫"成了"精准填表"②。完善诸如信息公开制度、科学民主决策制度、教示制度、信息公开制度、听证制度等。此外，尽快制定社会扶贫的动态分类管理和动态考核制度，对考核通过

①②　魏永刚：《精准扶贫不是"精准填表"》，载《公民与法治》2017 年第 2 期。

的扶贫对象，应完善扶贫对象退出程序为全面推行社会扶贫动态评估提供政策支持，构建多方联动基础上的分类管理和动态考核程序。最终，构建长效的反贫困机制，避免退出的扶贫对象返贫。

第二节　明确反贫困长效机制之法律依据

党的十九大报告提出要建立健全城乡融合发展的体制机制和政策体系。法律是治国之重器，良法是善治之前提。反贫困治理体系现代化的关键是法治。

从贫困问题本身而言，我们需要明白的是，目前贫困线标准计算的贫困人口在统计上的消失，绝对不等于农村贫困的终结。因为，相对贫困会永远存在，只能制定各种再分配政策措施使相对贫困人群跟上社会发展节奏，不至于不断恶化。那么，构建长效的反贫困机制，需要一套有力的"外部规则"，那么，反贫困立法体系的构建成为必要。

美国颁布了《阿巴拉契亚地区发展法》和《公共工程经济开发法案》两部法律，旨在明确政府机构职责，监督政府加大对基础设施的投资，提高落后地区经济水平，给贫困地区提供大量就业机会，英国也颁布实施了与反贫困相关的政策法律。[①] 从我国目前扶贫立法的现实需求而言，随着扶贫开发工作的深入推进，国家根据形势发展对扶持贫困地区的方针政策进行了重大调整，扶贫开发的内、外部环境发生了很大的变化，2017 年 8 月 30 日，全国人大常委会审议《国务院关于脱贫攻坚工作情况的报告》时，多名委员呼吁，扶贫攻坚要提防"政策性返贫"以及"二次返贫"。[②]《指导意见》指出要"抓紧研究制定 2020 年后减贫战略，研究推进扶贫开发立法。"2021 年 4 月 29 日，十三届全国人大常委会第二十八次会议表决通过《乡村振兴促进法》。2021 年 5 月 18 日，司法部印发了《"乡村振兴 法治同行"活动方案》。

---

① 张星：《搭建精准扶贫的法治屏障》，载《人民论坛》2016 年第 29 期。
② 王姝：《全国人大常委会委员呼吁：扶贫攻坚要提防"政策性返贫"》，载《新京报》2017 年8 月 31 日，第 12 版。

因此，扶贫立法必须坚持科学立法、民主立法。① 具体设计突出以下几点。

一、树立以权利保障为中心的反贫困法治理念

反贫困是国家对符合条件的申请人提供行政给付行为，是法律规定行政机关必须履行的义务，公民申请行政机关予以救助，也是行使法律所赋予的权利。然而，"理性经济人"对于各级各类扶贫主体的行为动机假设是追求自身利益最大化，在扶贫过程中不可避免发生侵害贫困户权益的事件。因此，本书试图通过对反贫困长效机制作全景式的分析和研究，梳理出乡村振兴背景下我国扶贫制度应当关注哪些问题。扶贫的过程实质上就是一个赋权的过程。赋权是一个涉及权力、实践、能力、自治、选择和自由等多方面因素的概念，有学者认为，从减贫的角度讲，穷人需要改变现存的权力关系以获得影响政治、经济和社会资源的权利，巩固他们生活的机会。② 为使赋权和减贫的实现形成一个良性循环，有必要完善现有反贫困法律制度。

公民权利大部分的创新都是通过立法来实现的。③ 通过赋权实现阿玛蒂亚·森所主张的"以权利摆脱贫困，以自由看待发展"的宏愿。④ 那么，如何健全以权利保障为中心的扶贫基本法律体系呢？扶贫不仅仅限定于物质的帮扶，特别是对农村留守老人、留守儿童、妇女，对城市农民工、弱势群体提供平等就业机会，提供医疗、养老等服务，仍是国家的职责。因此，扶贫的内容不仅仅限定于物质上的帮扶，建议扩大对扶贫对象的帮扶范围，包括物质、精神、平等的就业、教育、就医等权益性的帮扶，这是我国政府承担扶贫职责的宪法依据。以《宪法》和各类组织法对现有扶贫主体法定职责和权限的分工为依据，规范扶贫各类组织的公共行政权力，由国家行政机关作为履行扶贫公共行政权力的主导主体。

---

① 何平：《我国精准扶贫战略实施的法治保障研究》，载《法学杂志》2017 年第 1 期。
② 左常生：《国际减贫理论与前沿问题》，中国农业出版社 2016 年版，第 78 ~ 79 页。
③ See Johnson O. C. "The Local Turn: Innovation and Diffusion in Civil Rights Law." *Law & Contemporary Problems* 79，2016.
④ ［印］阿玛蒂亚·森：《以自由看待发展》，任赜、于真译，中国人民大学出版社 2002 年版，第 161 ~ 187 页。

二、实施《中华人民共和国乡村振兴促进法》

2021 年 6 月 1 日，《乡村振兴促进法》施行，该法将全面维护农民的根本利益置于重要地位。其对农民合法权益的维护实现了由以物质生存权保障为主向物质生存权和发展权并重转变。①

首先，积极保障农民幸福生活的基本物质需求。推进最低生活保障制度统筹发展，建立农村低收入群体安全住房保障机制。在社会保险方面，完善城乡统筹的社会保障制度，建立健全城乡居民基本养老保险待遇确定和基础养老金标准正常调整机制，确保城乡居民基本养老保险待遇随经济社会发展逐步提高。

其次，为农民发展权的有效实现创造积极有利条件。健全城乡均等的公共就业创业服务制度。在促进基本公共服务均等化的同时，为农民创业就业提供服务保障，充分调动农民的创业积极性。并将加强职业教育和继续教育作为政府的重要职责之一，组织开展农业技能培训、返乡创业就业培训和职业技能培训，为发展现代化的高素质农民和农村实用人才、创新创业带头人提供制度基础。

最后，广泛宣传，使法律深入人心。了解法律确立的政策措施和制度，是法律有效贯彻实施的重要前提。通过广泛宣传《乡村振兴促进法》，让各级干部特别是农村基层干部、广大农民群众充分认识这部法律的重要意义。全国人大农业与农村委员会要积极与有关部门沟通联系，通过各种渠道，采取多种形式，广泛宣传，为法律的有效实施打好基础。②

三、完善《乡村振兴促进法》配套法律政策体系

法律的生命力在于实施。让各级干部特别是农村基层干部，以及广大农民群众充分了解法律确立的政策措施和制度，是《乡村振兴促进法》有效贯彻实施的重要前提。确保乡村振兴促进法更好地落地落实，目前还需要及时制定更有针对性和可操作性的配套法规，健全完善以《乡村振兴促进法》为

① 杨东霞：《乡村振兴促进法的法理意义》，载《农村工作通讯》2021 年第 12 期。
② 陈锡文：《及时制定可操作性的地方配套法规，使乡村振兴促进法的规定更好落实落地》，载《中国人大》2021 年第 11 期。

统领，相关法律、法规、规划和政策文件为支撑的乡村振兴法律制度体系；需要聚焦乡村振兴战略实施和民生福祉，针对乡村治理重点、民生热点，为乡村振兴提供有力的执法司法保障。①

首先，协调《乡村振兴促进法》与现行法律法规规章。乡村振兴是一项复杂的系统性工程，不能单纯依靠法律解决，要妥善处理好乡村振兴立法与其他相关法律法规的关系。我国农业法律主要有《农业法》《农村土地承包法》《村民委员会组织法》《乡镇企业法》《农民专业合作社法》《种子法》《森林法》《动物防疫法》《水土保持法》等，此外，还有农业行政法规、规章，以及地方性法规和地方政府规章。这些法律规范性文件能为乡村振兴起到保障作用，但应在促进农业全面升级、农村全面进步、农民全面发展过程中不断完善。专业的乡村振兴立法不能取代上述法律法规规章，而是统领上述法律法规规章，并弥补其对乡村振兴的立法"短板"。因此，《乡村振兴促进法》应处理好与现行法律法规规章的协调，也要做到与地方层面的涉农法规规章的协调。②

其次，衔接《乡村振兴促进法》与涉农政策文件。乡村振兴地方立法在落实 2022 年中央一号文件及《乡村振兴战略规划（2018～2022 年)》的基础上，结合各地方实际情况，固化乡村振兴成果，规范、指引和保障乡村振兴战略的实施，从而探索形成各具特色的乡村振兴模式、经验和制度。

最后，加强乡村振兴地方立法。目前仅颁布和出台了《湖北省乡村振兴促进法》《山东省乡村振兴促进法》和《江西省乡村振兴促进法》，已颁布乡村振兴促进条例中鲜有关于贫困户的程序权利的内容以及相应的救济条款，但相关的规定比较笼统。因此，将地方乡村振兴的成果长效化，将地方乡村振兴的模式、经验和制度上升为地方性法规，有条件的设区市可以进行地方乡村振兴立法，这在地方立法过程中，需全面梳理相关法律规范，深入调研、对标政策文件，创造性制定地方乡村振兴促进法。

---

① 杨东霞：《乡村振兴促进法的法理意义》，载《农村工作通讯》2021 年第 12 期。
② 卢永福主编：《乡村振兴法治保障研究》，法律出版社 2020 年版，第 27 页。

第三节　运用法治保障反贫困主体制度

当前，我国以政府为主导的扶贫主体在我国人多、资源少、扶贫管理方式单一、百姓依赖意识强的经济转轨时期，一定程度上发挥了有效作用。然而，"扶贫整体效率不高"[①]。行政组织法是规范行政机关的存在方式及其相互关系的法律,[②] 遵循行政组织法的规定，在反贫困领域扶贫主体履行扶贫职责，首先必须厘清扶贫行政机关之间的界限，规范和控制扶贫行政机关公共行政权力，保障扶贫对象权益的实现。因此，本书以厘清扶贫行政法主体及其权力边界为基础，借鉴域外反贫困主体制度经验，着重分析政府、企业与法律法规授权的社会组织在扶贫行政法律关系中的地位，通过行政组织法明确其权利（职权）、义务（职责），以"合作扶贫理念"重构反贫困主体制度。

本节借鉴美国公私反贫困、乡村保护制度，英国政府与志愿者及社区组织反贫困制度，日本的社会福利法人制度和社会福利协议会制度，在法治保障的大前提下，阐释各个主体究竟如何参与到扶贫治理当中。笔者认为，健全反贫困主体制度，确保各主体之间关系顺畅、权责清晰，是破解当前扶贫主体面临困境的有力举措。

一、厘清反贫困行政法主体职责

（一）扶贫行政机关是扶贫工作的主导者

扶贫语境中的扶贫行政主体是指，依法履行扶贫职责，能够独立承担法律责任，并以自身名义作出行政决定的国家行政机关，法律、法规和规章授权组织。比如，各级人民政府、依法授权的县级以上人民政府扶贫开发工作机构（乡村振兴局）、依法授权的村委会、依法授权的帮扶单位等。当然，

---

① 参见裴文婷：《精准扶贫视野下精准贫困分类及其创新方法研究》，载《改革与开放》2017年第21期。

② ［日］盐野宏：《行政组织法》，杨建顺译，北京大学出版社2008年版，第14页。

对于帮扶单位，在实践中，也有接受县、市或省政府委托的情形，此时，它们就不是扶贫行政主体，而是接受委托的行为主体。根据《决定》《国务院办公厅关于进一步动员社会各方面力量参与扶贫开发的意见》等文件精神，我国坚持"政府领导、群众主体、社会参与"①的扶贫运行体制，是我国扶贫开发的基本特点，也是我国扶贫取得成功的基本制度保障。②扶贫行政机关的主导作用主要体现在以下几个方面：

第一，行政机关主导扶贫工作是政府法定职责。《决定》确定了"强化政府责任"的基本原则。中共中央国务院印发的《扶贫开发纲要（2011～2020年）》强调，坚持"政府主导，分级负责"的原则，把扶贫开发纳入经济社会发展战略及总体规划。各省的扶贫条例大都具体规定了政府承担制定和完成扶贫政策与目标、资金投放、任务分解、监督考核等扶贫职责和任务。行政机关保障扶贫的依据根源于其职责。作为具有政治权威的行政机关，保护贫困户的生命、财产、安全和福利是其唯一目的，其成立目的、职能与权限等都受到法律约束。

第二，行政机关主导扶贫工作具有能动性。"能动性"即，行政机关在执行法律过程中可以有所创造和发挥，而不是机械地适用法律，从而更具有针对性和实际性。③中办、国办印发的《关于创新机制扎实推进农村扶贫开发工作的意见》指出，要"创新扶贫开发考核机制、健全干部驻村帮扶机制、完善金融服务机制以及创新社会参与等机制，注重实效，扎实解决突出问题。"在扶贫实践工作中，政府扶贫应积极、主动、灵活、有效地开展扶贫工作，根据扶贫阶段开展相应的行政活动，如行政指导、行政确认、行政给付、行政奖励、行政资助等，用协商沟通、柔性激励的方式，提高其创造性履行扶贫职责的能力。

第三，扶贫行政主体主导扶贫工具具有权威性与整体性。政府的职责和

---

① 《国务院办公厅关于进一步动员社会各方面力量参与扶贫开发的意见》提到，总体要求是"形成政府、市场、社会协同推进的大扶贫格局""坚持政府引导，坚持多元主体，坚持群众参与，坚持精准扶贫"的原则。

② 参见陈梦炜：《2016扶贫蓝皮书发布》，载中国日报中文网：http://cn.chinadaily.com.cn/2016-12/27/content_27789479.htm，2021年7月1日最后访问。

③ 参见戚建刚、易君：《灾害性风险行政法规制的基本原理》，法律出版社2015年版，第54～55页。

扶贫本身的特殊性决定了扶贫工作是由政府主导的一种自上而下的扶贫行政行为。在扶贫工作上，尤其是通过强化中央对地方政府的领导与监管的方式来进行。从传统的扶贫实践来看，甚至多数人觉得政府在扶贫过程中担任"全能家长"一职，从贫困户的识别到扶贫效果的考察，中国政府在扶贫工作中承担着"绝对主导者、资源提供者、权利掌握者、具体执行者与实施监督者"① 的多重角色，包揽了扶贫的大量工作。

中央政府确保了扶贫政策下达与执行过程中的准确、有效、连续与统一。中央政府具有强大的调控能力和权威的监督能力，不仅协调与整合扶贫资源，有效遏制地方政府"一己私利"，亦使地方政府在思想、行为上与其保持一致，从而保障扶贫政令通畅，确保扶贫政策有效实施，切实提高扶贫工作的效益和质量。② 在中央财政专项扶贫资金分配、使用管理等扶贫工作中，存在违反扶贫资金相关规定行为的工作人员，以及滥用职权、徇私舞弊等违法违纪行为，按照《中华人民共和国预算法》《中华人民共和国公务员法》《中华人民共和国监察法》《财政违法行为处罚处分条例》等国家有关规定追究相应责任。

此外，需动态整合地方各级政府在扶贫工作的功能与作用。当前，县、乡镇政府是扶贫中最重要的责任主体，与贫困户联系最紧密，最了解贫困户的真实情况。根据《中央财政专项扶贫资金管理办法》（2017 年）规定，中央财政专项扶贫资金应当统筹资金整合使用，通过管理与监督检查形成合力，发挥整体效益。在中央、省级政府监督下，进一步下放专项扶贫资金的管理权限，扩大县、乡镇两级政府在扶贫事务中的自主权，根据本地区的实际状况安排和支配扶贫资金，统筹整合使用财政涉农资金，保证扶贫资金在基层进行有效整合，提升资金使用效益，促使扶贫项目与贫困户的需求无缝对接。

第四，扶贫行政机关主导扶贫工作具有综合性与协调性。这种综合性与协调性体现为，扶贫公共行政权力行使已囊括发展改革、交通运输、教育、国土资源、科技财政、经济信息化、统计、人力资源社会保障、民政、住房

---

① 莫光辉、陈正文：《脱贫攻坚中的政府角色定位及转型路径——精准扶贫绩效提升机制系列研究之一》，载《浙江学刊》2017 年第 1 期。

② 参见何植民、陈齐铭：《精准扶贫的"碎片化"及其整合：整体性治理的视角》，载《中国行政管理》2017 年第 10 期。

城乡建设、水利、农业、林业、文化、卫生计生、环保等有关部门。以中央一级为例，国家发展和改革委员会地区经济司负责以工代赈扶贫资金项目，中华人民共和国财政部农业司负责财政扶贫资金项目，中国农业银行负责信贷扶贫资金项目，中华人民共和国民政部负责扶贫（比如负责低保的发放）等；在地方，省、县分别与中央有对口的机构负责相应的扶贫项目。

为加强部门之间的沟通与协作，我国强化了中央、省、县的扶贫开发领导小组的职能，并分层级建立扶贫机构作为牵头单位，协调、统筹、整合、监督、指导扶贫行政机关的工作，构建了发展改革、农业、民族、林业、财政、卫生计生、民政、教育、科技、文化、环保、旅游等多部门参与的扶贫治理联动机制。各级扶贫机构的领导实行专职专任，有专门的内设机构，同时，在各个扶贫机构下，设置若干事业单位、行业协会与社会组织，以协助扶贫机构完成相关工作，确保扶贫政策的协调、统一。通过建立信息共享和成果互认的协同监管机制，创新监管方式，提高监管效率。

（二）法律、规范授权社会组织是扶贫工作的参与者

从法律规范来看，社会组织是扶贫的合法主体。一方面，社会组织可根据法律、法规授权行使一定的国家行政职权。如《慈善法》的出台为组织参与反贫困提供了法律保障。① 又如根据《村民委员会组织法》第 2 条、第 4 条、第 26 条规定，村民委员会协助乡、镇政府等部门开展相关工作。此外，村民委员会也可以根据本村建设和发展需要制定"村规民约"，自行调整村民之间的关系。另一方面，《国务院扶贫开发领导小组关于广泛引导和动员社会组织参与脱贫攻坚的通知》规定了社会组织参与脱贫攻坚的重点领域：产业扶贫、教育扶贫、健康扶贫、易地扶贫搬迁、倡导志愿扶贫以及其他扶贫行动。

从现实需要来看，法律规范授权组织是扶贫的参与者和监督者。

（1）法律规范授权组织筹集扶贫资源。政府与社会组织合作扶贫的本质

---

① 在该法的第 3 条明确规定慈善组织可以自愿开展扶贫、济困、扶老、救孤、恤病、助残、优抚，以及救助自然灾害等慈善活动。第 9 条、第 10 条规定了慈善组织成立适用直接登记制度，为慈善组织参与社会扶贫打开了合法的、方便大门。

是发挥政府与社会、国家权力与社会权力的"合力"。① 如国务院扶贫开发领导小组《关于广泛引导和动员社会组织参与脱贫攻坚的通知》规定，发挥社会组织产业信息汇集、行业资源聚集、专业人才密集等优势，助推劳务输出就业扶贫；发挥服务专业、成本低廉、运作高效等优势，助力贫困地区水利交通建设、电力能源开发、危房改造、文化建设等工作。又如，民政部、财政部、国务院扶贫办《关于支持社会工作专业力量参与脱贫攻坚的指导意见》规定，社会工作专业力量配合社会救助经办机构对贫困群众开展需求评估、分析致贫原因、制订救助方案，促进救助对象的精准识别和精准管理。这里的社会工作专业力量主要就是指法律法规授权组织。

（2）法律、法规授权组织参与扶贫开发绩效评估，起到监督作用。国家扶贫工作的第三方绩效评估有其特有的独立、专业优势，可扭转扶贫行政机关既当"运动员"又当"裁判员"，还当"监督员"的格局。② 因为"要防止滥用权力，就必须以权力约束权力。"③

（三）法律规范授权企业是扶贫的服务供给者

企业作为扶贫的服务供给者立足于农业经济地区资源优势，通过政府购买公共服务等形式，以村（社区）活动为载体，精准回应贫困户的多元化需求，为农村贫困户赋权增能，以提高农村贫困村（社区）与贫困户的自我脱贫能力，构建持续的防返贫机制。比如，通过政府购买服务中引入市场调节机制，提高脱贫资源配置效率，对社会组织、企业等扶贫参与主体给予税费优惠，正确扶持和引导扶贫社会组织和企业参与扶贫工作，鼓励他们为扶贫项目提供专业技术、市场信息等服务。

法律规范授权社会组织、企业具有自主性和参与性。社会组织、企业参与扶贫是为了保障扶贫对象的基本生存需要，是社会组织、企业的社会义务。社会组织、企业参与扶贫对于处于生存困境的扶贫对象来说，关系到是否能维持其最低生活条件；对于扶贫参与主体来说，有助于实现其参与国家事务

---

① 蔡科云：《论政府与社会组织的合作扶贫及法律治理》，载《国家行政学院学报》2013年第2期。
② 参见汪三贵、曾小溪、殷浩栋：《中国扶贫开发绩效第三方评估简论——基于中国人民大学反贫困问题研究中心的实践》，载《湖南农业大学学报（社会科学版）》2016年第3期。
③ ［法］孟德斯鸠：《论法的精神（下册）》，张雁深译，商务印书馆1982年版，第154页。

等基本权利的行使；对于社会来说，关系到和谐和稳定。因此，"社会参与扶贫"是对整个社会有着重大意义、影响深远的重要性事务，应当实行法律保留，应由全国人大及其常委会以法律的形式加以规定。由于该事项并不属于《立法法》第 8 ~ 10 条规定的绝对保留事项，所以应归于相对法律保留事项之列。

我国省级政府扶贫条例（行政法规）把社会组织和企业参与扶贫作为一项基本原则。主要有以下几种规定：（1）农村扶贫开发遵循政府主导、社会参与的原则（《广西壮族自治区扶贫开发条例》第 4 条、《广东省农村扶贫开发条例》第 3 条、《湖南省农村扶贫开发条例》第 3 条、《江苏省农村扶贫开发条例》第 3 条、《重庆市农村扶贫条例》第 4 条、《四川省农村扶贫开发条例》第 3 条、《青海省农村牧区扶贫开发条例》第 3 条、《内蒙古自治区农村牧区扶贫开发条例》第 3 条）；（2）有关部门和单位应当发挥各自优势，组织资金、市场、培训等资源，帮助贫困地区和贫困人口发展经济社会事业（《贵州省大扶贫条例》第 37 条）；（3）遵循政府主导、社会帮扶与发挥农民主体作用相结合等原则（《陕西省农村扶贫开发条例》第 4 条）；（4）遵循政府主导、社会帮扶、合力推进的原则（《云南省农村扶贫开发条例》第 3 条）。除了原则性的规定社会参与以外，扶贫条例对社会组织和企业参与扶贫的权利和义务进行了具体规定，如表 5 - 1 所示。表 5 - 1 也描述了政府以外的主体扶贫职权与职责的内容。

表 5 - 1 政府以外的扶贫主体

参与主体	职权与职责实例	依据
企业事业单位、社会团体、个人	依法投资兴办工商产业等活动	《重庆市农村扶贫条例》第 44 条
企业事业单位、社会团体和个人、农民专业合作社和企业，农村基层组织	到贫困地区参与经济建设；带动贫困户增加经济收入；带领村民脱贫致富	《湖北省农村扶贫条例》第 12 条、第 13 条、第 19 条第 3 款
工会、共青团、妇联、科协、侨联、残联、高等院校、扶贫基金会、老区建设促进会、扶贫协会、慈善协会以及其他从事扶贫的组织	（1）按照各自职责分工参与帮扶；（2）开展多种形式的扶贫济困活动；（3）建立扶贫志愿者服务网络	《陕西省农村扶贫开发条例》第 41 条、第 42 条、第 43 条

参与主体	职权与职责实例	依据
村民委员会、扶贫对象、企业、农民合作组织、家庭农场等生产经营组织、科研院所以及教育、卫生、医疗等机构、企业、社会组织和个人、社会团体、国有企业事业单位	（1）如实提供建档立卡所需信息及相关材料的义务；（2）参与项目验收；（3）扶贫监督、举报；（4）与贫困户、贫困村建立利益联结机制；（5）投资兴业、招工用工、捐资助贫、技能培训等	《河北省农村扶贫开发条例》第4条第3款、第8条第4款、第19条、第22条、第23条、第24条、第34条、第43条
村民委员会、农民合作组织、家庭农林场等生产经营组织、扶贫对象和社会公众	（1）协助贫困户识别、退出，扶贫措施的落实等相关工作；（2）支持企业、社会组织和个人到贫困地区投资兴业等；（3）扶贫监督	《湖南省农村扶贫开发条例》第6条、第18条、第27条、第37条
金融服务机构、企业、社会成员和海外人士、国际组织、区域组织及其他机构、扶贫对象	（1）增加贫困地区服务金融网点，推动贫困地区金融服务方式创新；（2）参与村企共建等扶贫活动；（3）构建扶贫志愿者网络和服务体系；（4）开展交流合作；（5）如实提供信息及材料	《四川省农村扶贫开发条例》第11条、第26条、第27条、第28条、第29条
边贸互助合作组织、职业技术学校、社会培训机构和用人单位、高校大学毕业生、企业事业单位、民主党派、工商业联合会、无党派人士和工会、共产主义青年团、妇女联合会等人民团体、扶贫对象	（1）吸纳边境地区贫困人口参与互助合作经营；（2）建立劳务培训基地；（3）加强贫困地区教育；（4）履行定点帮扶职责；（5）引进项目、资金、人才和技术等措施，参与扶贫开发	《广西壮族自治区扶贫开发条例》第29条、第31条、第32条、第35条

资料来源：笔者根据相关法规内容整理。

（四）建立复合的扶贫责任体系

契约法定化后，信守诺言由伦理性责任转变为法律责任，这就有了强制性约束力，有利于增加行为的有效性。在贫困治理中，反贫困契约有着广泛的适用空间。[①] 合作扶贫需要社会多元主体合作，同时也需要各主体承担相应的责任。因此，合作扶贫需要依靠企业守法的行为与自律的精神，也需要社会组织的自律性规制。从行政法的角度而言，应当明确各扶贫主体的责任，为其提供责任划分的标准和原则，解决由哪个主体承担责任的问题。与此同时，在合作扶贫中，确定各主体责任之后，应当追究违反自身义务主体的责任。

一方面，明确各扶贫主体责任。第一，扶贫组织相对于上级扶贫主管部门

---

① 王三秀等：《中国政府反贫困规范重构》，中国社会科学出版社2013年版，第178页。

应承担的责任仅考虑其合法性和合理性，这是在传统扶贫背景下，上级扶贫行政机关对下级扶贫行政机关进行评估时出现的情形。然而，在合作扶贫中，不仅要考虑其合法性与合理性，还要考核下级扶贫行政机关的指标完成情况及监管效果等，并且主管部门会根据考察结果对被监管主体实施奖惩。第二，合作扶贫组织、主管部门及负责人对公众的责任，表现在如下两方面：一是公众享有来自法律规定的知情权，政府扶贫行政机关有义务保障公众知情权的实现，要求合作组织公开相关监管信息；二是公众也享有法律规定上的监督权，具体而言，公众可以通过合作制定规则、设置标准、具体执行等方面来进行监督。扶贫机构应在法律中明确规定其对公众所承担的责任，只要其违背相关的法律规定，就应承担相应的法律责任。第三，扶贫合作组织对立法机关的责任。确保扶贫目的的公益性，主要是以强化立法机关民主问责的手段来保障实现，与此同时，确保合作扶贫的目标与乡村振兴战略相匹配。

另一方面，应当追究违反扶贫义务主体的责任。在合作扶贫中，如果各主体违法，应当承担相应的责任。作为私方主体的利害关系人将与作为公方主体的国家行政机关共同承担扶贫责任。其一，如果扶贫机构及其工作人员存在越权、滥用职权、不作为或违法作为等行为，在其应当承担责任的范围内，监管机构及其工作人员应当承担上级扶贫机关对其依法追究相应的法律责任；其二，如果扶贫企业、社会组织等存在提供虚假行业信息、相互勾结以及不按照规定参加协商等行为，以上情形不论是在合作扶贫哪个环节出现，扶贫企业、社会组织应当承担名誉、资格和财产等方面的不利后果；其三，扶贫行政机关履行公共安全、市场监督等职责，政府的管理方式要与自己的服务型政府的定位相契合。涉及环境、公共安全、危险等事项，遵循职权法定原则，由扶贫行政机关兜底，这也是在充分尊重市场资源配置的基础性作用，尊重贫困户、村民（居民）自治组织的自主管理作用，发挥社会组织的专业技术补充优势，发挥政府职能的"兜底"[1]作用。比如，政府履行农村公共物品的供给职责。

---

① 参见郁建兴、高翔：《农业农村发展中的政府与市场、社会：一个分析框架》，载《中国社会科学》2009年第6期。

二、理顺反贫困行政机关之间的关系

（一）明确扶贫行政机关职能

1. 规范行政机关扶贫职能

《宪法》第 89 条和《中华人民共和国国务院组织法》第 3 条以及《中华人民共和国地方各级人民代表大会和地方各级人民委员会组织法》第 59 条，笼统地规定了县级以上的地方各级人民政府行使的职权，对于省、市、县每一级政府的具体职责职权并没有明确区分。我国现行组织法规定的政府职能、职责过于原则和笼统，没有明确规定各级政府扶贫的职能职责、机构性质、行政隶属关系、机构设置、人员编制等问题，即扶贫相关行政组织法依据欠缺。

目前，国家与地方层面的行政程序性规范并非针对扶贫制定的专门性法规，但对扶贫相对人的程序性权利有了规定，比如《贵州大扶贫条例》提高保障扶贫对象"选择权、参与权、知情权和监督权"等程序性权利，《湖北省农村扶贫开发条例》中提到保障扶持对象的"选择权和监督权"。但是，现行扶贫条例等对程序性权利比较模糊、笼统，可操作性不强，无法直接适用于扶贫对象。就法律位阶而言，当前规范扶贫行政的纲领性文件则是党中央和国务院规范性文件、国务院各部门规章和地方政府法规，并不是法律和行政法规，其效力较低。因此，根据扶贫行政实践，为确保扶贫机关及时履行职责，需要通过扶贫法律、法规的形式明确扶贫公共权力的存在、类型、数量、大小，履行职责的时间与空间上的步骤和方式等，以便接受社会公众的监督。

2. 确定扶贫行政机关职能遵循的标准与原则

为保障政府扶贫综合决策、宏观指导，提高各级扶贫管理部门的协调能力，保证扶贫监督执行到位，有效激励社会组织、企业参与扶贫工作。《决定》《脱贫攻坚责任制实施办法》对各级政府扶贫职责进行了概括性的规定。党的十八届四中全会对"推行政府权力清单制度"提出了要求。2015 年 3 月，中办、国办印发《关于推行地方各级政府工作部门权力清单制度的指导意见》进一步细化了地方政府工作部门权力推行清单制度的主要任务、基本要求和时间表。明确遵循《党政机关厉行节约反对浪费条例》《机关事务管理条例》《党政机关公务用车管理办法》《公共机构节能条例》《党政机关办公用房管理办法》等，安排扶贫预算、资产、采购、工程、住房调配等工作，推动机关事务扶贫法治化水平。借鉴权力清单制度，笔者认为，扶贫的权力清单"类似于行政机关的业务手册或相对人的办事指南，实质上是通过对权力边界的准确界定，以此进行组织体系再造。"① 以此，结合扶贫法律法规、政策、扶贫方案、指南和手册明确各个扶贫部门（包括帮扶单位、扶贫队成员）的职责权限。

（二）合理配置政府反贫困行政机构

根据行政法的基本理论，"一个运行良好的政府应该像操作一架各种零件精密配合的机器"。② 在行政法体系之下，主要从以下方面配置各级政府反贫困管理权力。

1. 纵向上需要扶贫法律明确各级政府反贫困职能，实现各级政府反贫困权力配置的差异化

（1）明确中央政府的扶贫职责。第一，明确中央政府制定扶贫政策、决策、规划重大工程项目责任。《脱贫攻坚责任制实施办法》规定，中央政府负责扶贫决策，保障扶贫政策的权威性、一致性和稳定性。《决定》第29条规定，中央政府主要负责统筹制定扶贫开发大政方针，出台重大政策举措，规划重大工程项目。第二，明确中央政府扶贫考核监督职责。《决定》第31条规定，中央政府严格扶贫考核督查问责，建立年度扶贫开发工作逐级督察制度，选择重点部门、重点地区进行联合督查。第三，明确中央政府的扶贫财政供给责任。明确中央在社会救助支出中承担主要责任，并以法律法规的形式将其制度化。③ 稳定中央转移支付总额的同时，规范中央的社会救助专项转移支付，使之公式化、科学化，加快扶贫项目间的整合衔接。

（2）明确省级政府扶贫职责。第一，明确扶贫资金项目管理职责。《决定》第29条规定，省一级政府对扶贫开发工作负总责，抓好目标确定、项目下达、资金投放、组织动员、监督考核等工作。《脱贫攻坚责任制实施办法》

---

① 任进：《以权力清单推进行政组织法》，载《法制日报》2015年6月9日，第7版。
② 王绍光：《中国公共政策议程设置的模式》，载《开放时代》2008年第2期。
③ 杨红燕：《中央与地方政府间社会救助支出责任划分——理论基础、国际经验与改革思路》，载《中国软科学》2011年第1期。

第 10、11 条规定，省级政府要调整财政支出结构，建立扶贫资金增长机制，明确省级扶贫开发投融资主体，确保扶贫投入力度与脱贫攻坚任务相适应；统筹使用扶贫协作、对口支援、定点扶贫等资源，广泛动员社会力量参与脱贫攻坚。加强对扶贫资金分配使用、项目实施管理的检查监督和审计，及时纠正和处理扶贫领域违纪违规问题。各省政府严格按照《中华人民共和国预算法》拨付资金，加强与相关部门协调，及时、准确录入资金拨付到账和资金使用、项目管理等信息，加大对市县资金使用和管理的指导和督促，加强系统数据分析，尽快实现对情况的动态监测。① 第二，制定本地区扶贫决策、政策措施、规划和计划的责任。《脱贫攻坚责任制实施办法》第 9 条规定，省级政府贯彻党中央、国务院关于脱贫攻坚的大政方针和决策部署，结合本地区实际制定政策措施，根据脱贫目标任务制定省级脱贫攻坚滚动规划和年度计划并组织实施。第三，明确省级政府考核监督责任。《脱贫攻坚责任制实施办法》第 12 条规定省级政府要加强对贫困县的管理，组织落实贫困县考核机制、约束机制、退出机制；保持贫困县党政正职稳定。《决定》第 31 条规定，各省（自治区、直辖市）政府要加快出台对贫困县扶贫绩效考核办法，大幅度提高减贫指标在贫困县经济社会发展实绩考核指标中的权重，建立扶贫工作责任清单。加快落实对限制开发区域和生态脆弱的贫困县取消地区生产总值考核的要求。

（3）明确县级政府扶贫职责。第一，赋予基层行政机关和基层自治组织更大的扶贫资源支配权。《脱贫攻坚责任制实施办法》第 13 条、第 19 条规定，市县政府负责协调域内跨县扶贫项目；负责制定脱贫攻坚实施规划，优化配置各类资源要素，组织落实各项政策措施；建立扶贫项目库，整合财政涉农资金，对扶贫资金进行监督。基层行政机关和基层自治组织的范围，主要包括具有行政管理职能的县、乡政府，以及村一级的两委，他们是扶贫工作的主要组织者和管理者，他们对实际情况的了解和掌握，比资源提供主体更准确。因此，整合扶贫资源由基层组织统一进行支配使用，将更具有针对性，所取得的效果也应该更加明显。比如，《财政部关于提前下达 2018 年中

① 郑天皓：《国务院扶贫办：各省已拨付提前下达 2018 年中央财政专项扶贫资金指标的 91.7%》，载央视网新闻：http://news.cctv.com/2018/04/19/ARTIAjKq2FoQlkgcCdvNw0cy180419.shtml，2021 年 7 月 1 日最后访问。

央财政专项扶贫资金预算指标的通知》分配给贫困县的资金一律采取"切块下达",资金项目审批权限完全下放到县,不得指定具体项目或提出与脱贫攻坚无关的任务要求。第二,明确县级政府扶贫方式变革责任。《决定》第29条规定,县级政府要做好上下衔接、域内协调、督促检查工作,以及产业扶贫机制、就业政策、教育政策的完善。《脱贫攻坚责任制实施办法》第14~18条规定,市县政府要指导乡、村组织实施贫困村、贫困人口建档立卡和退出、检查考核工作;制定乡、村落实精准扶贫、精准脱贫的指导意见并监督实施;指导乡、村加强政策宣传;强化贫困村基层党组织建设,选优配强和稳定基层干部队伍等。此外,县级政府要保证扶贫政策的动态调整能力,赋予乡镇政府更多的试验空间,允许微观层面的制度变革。第三,明确县级政府扶贫监督职责。《决定》第31条规定,落实贫困县约束机制,严禁铺张浪费,厉行勤俭节约,严格控制"三公"经费等。

(4)明确乡镇政府扶贫职责。明确乡镇政府扶贫资源整合职责,明确乡镇政府扶贫项目组织实施和监督工作,确保扶贫项目的规范运行,扶贫资金的有效使用,安排扶贫专职人员。《决定》第32条规定,加强乡镇扶贫开发队伍建设,扶贫任务重的乡镇要有专门干部负责扶贫开发工作。

(5)明确帮扶单位、驻村工作队的职责。由于村支两委成员的农民身份,实际上很难追究他们的责任。现行的扶贫追责制度,将乡镇政府与帮扶单位作为实际上的首位追责对象。《脱贫攻坚责任制实施办法》第21条规定,各定点扶贫单位细化实化帮扶措施,督促政策落实和工作到位的职责。2017年12月24日,中共中央办公厅、国务院办公厅印发《关于加强贫困村驻村工作队选派管理工作的指导意见》第3条,规定扶贫工作队的职责主要有:宣传贯彻党中央、国务院关于脱贫攻坚各项方针政策、决策部署、工作措施;参与拟订脱贫规划、计划的职责;参与实施特色产业扶贫、易地扶贫搬迁、科技扶贫、生态保护等扶贫义务;推动行业和专项扶贫政策措施落实到村到户;推动发展村级集体经济,协助管理村级集体收入;监管扶贫资金项目;做好贫困群众思想发动、宣传教育和情感沟通,做好法治教育工作;帮助加强基层组织建设,培养贫困村创业致富带头人等。

可见,上述扶贫职责包括扶贫政策、扶贫方案、扶贫措施、扶贫资金的制定实施职责,也包括扶贫对象内生动力的激发义务;既包括物质帮扶又包括扶智和扶志方面的帮扶义务。因此，明确扶贫主体的职能，有助于提高扶贫主体责任意识，有利于划分扶贫行政机关之间的职责，扶贫工作的落实。

2. 横向上通过乡村振兴局整合反贫困行政机构

建立健全行政组织法律制度，是推进公共行政现代化转型的需要，也是法治政府建设的应有之义。[①] 笔者建议通过法律赋予各级扶贫机构职责和职权，建立分工合理、权责匹配，既相互制约又相互支撑的扶贫体制，防止职能交叉出现相互推诿的现象。与一般扶贫行政机关相比，乡村振兴局具有以下特点。

第一，乡村振兴局行使扶贫公共行政权力具有集中性与权威性。这种集中性与权威性包括的扶贫事项有：拟订、审定扶贫开发的法律法规、方针政策和规划；组织调查、考核、督促工作等。第二，乡村振兴局行使扶贫公共行政权力具有综合性与协调性。这种综合性和协调性包括的扶贫事项有：审定扶贫资金分配计划；协调解决扶贫中的重要问题；调查、指导扶贫工作等行使扶贫公权力的综合性和协调性主体在法治发达国家早已存在，如英国的国家济贫机构为济贫法委员会与地方济贫管理机构，设立专款、专职进行扶贫开发。[②] 日本《社会保护法》规定的专业职务者（社会福利主事、民生委员）就是为了使保护工作得以运营的专业职务者。

（三）合理设置中央和地方乡村振兴局

1. 规范和整合乡村振兴局

现阶段以振兴乡村为目标，就行政组织而言，其核心目标当然是实现行政任务，[③] 故明确国家乡村振兴局及其各部门的行政任务当为首选。2020 年10 月，我国 31 个省份已全部成立了实施乡村振兴战略工作领导机构，多数省份是省委书记、省长任领导小组组长。2021 年 1 月，国家乡村振兴局成立，为国务院直属机构。2021 年 2 月 16 日，《求是》杂志 2021 年第 4 期发表"中共国家乡村振兴局党组"的署名文章《人类减贫史上的伟大奇迹》，

---

① 薛刚凌：《公共行政转型与行政组织法律制度建设》，中国法学会行政法学研究会 2010 年年会论文，第 7 页。
② 丁建定：《英国社会保障制度史》，人民出版社 2015 年版，第 180 ~ 183 页。
③ 郑春燕：《行政任务变迁下的行政组织法改革》，载《行政法学研究》2008 年第 2 期。

表明国家乡村振兴局已成立。① 2021 年 2 月 25 日，国家乡村振兴局正式挂牌，前身为存续了 35 年的国务院扶贫开发领导小组办公室（简称"国务院扶贫办②"）。新机构的人员编制、内设机构及行政关系，与国务院扶贫办基本一致。国家乡村振兴局是农业农村部代管的国家局，行政级别为副部级不变。脱贫攻坚成果巩固拓展、防止返贫是当前国家乡村振兴局的重要工作。

　　根据我国行政管理体制的特点，乡村振兴局应当包括四个层次，即国务院、省（直辖市、自治区）、县（市）、乡（镇）。它们分别是国务院乡村振兴局、省政府（直辖市、自治区）村振兴局、县（市、区）、乡（镇）乡村振兴服务（事务）中心。具体的机构设计如图 5 - 1 所示。

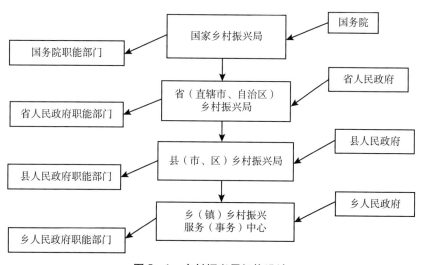

图 5 - 1　乡村振兴局机构设计

　　乡村振兴局设置情况如下：（1）提高各级乡村振兴局的行政级别。作为常设机构的乡村振兴局负责日常的工作，受相应级别的人民政府领导同时凌驾于政府各个职能部门之上。因为在一定程度上提高乡村振兴局的行政级别

———————————

① 中共国家乡村振兴局党组：《人类减贫史上的伟大奇迹》，载《求是》2021 年第 4 期。

② 国务院扶贫开发领导小组是国务院的议事协调机构，国务院扶贫办是领导小组下设的办公室，具体承担日常工作。与之相对应，省区市县级政府，也成立了各行政层级的扶贫开发领导小组和扶贫办，负责本地的扶贫开发工作。形成了解决绝对贫困问题的体制机制，搭建了一整套脱贫攻坚的行政架构。

有助于对乡村振兴资源在利用的过程中的整合和监督。提高各级乡村振兴局中专职人员比例，并配备一定数量的专业人员（如农业科学技术人员），在时间、工作精力、待遇等方面进行保障，加强上级乡村振兴局对下级乡村振兴局的监督和指导。（2）撤销地（市）一级乡村振兴局。笔者建议，地（市）一级乡村振兴局的职权职责可直接由省乡村振兴局履行。比如，《脱贫攻坚责任制实施办法》第13条规定，市级政府负责协调域内跨县扶贫项目，对项目实施、资金使用和管理、脱贫目标任务完成等工作进行督促、检查和监督，笔者建议这些职责由省乡村振兴局负责。具体依据在于：根据2014年1月25日中共中央办公厅、国务院办公厅印发《关于创新机制扎实推进农村扶贫开发工作的意见》，项目审批权原则上下放到县。可以借鉴四川、云南、陕西等省进行的改革，将项目审批权直接下放到县。为避免市级政府变相控制扶贫项目和经费，以提高扶贫资金、项目等的使用效率和工作进度，笔者建议这些协调、督促、检查和监督职责仍应由省级政府来完成；此外，随着信息技术的发展，原本由地（市）市扶贫开发领导小组办公室贯彻传达省扶贫办指示和任务，可以由省政府（或省乡村振兴局）直接下达到县，没有必要层层设置"权力"督促、检查和监督，这也契合"省直管县"体制改革的趋势。

2. 乡村振兴局的法律定位

法律需作如下两项规定。（1）国家乡村振兴局的职责构成和运行机制，拟定扶贫开发的法律法规、方针政策、规划、方案、指南和措施等；审定扶贫资金分配计划，指导协调解决扶贫开发工作中的纠纷；组织扶贫调查研究和考核等。（2）地方乡村振兴局的职责和运行机制。在整个扶贫工程中，县乡村振兴局的主要职责是协调、服务指导和监督全县扶贫开发工作，整合统筹扶贫资源。一方面落实上级乡村振兴局的指示与任务；另一方面对接帮扶单位与驻村干部，组织指导相应扶贫与培训工作，并对日常扶贫项目进行监督、检查。乡村振兴局主要职责是负责上下乡村振兴局之间（或上级乡村振兴局与贫困户、村委会之间）的沟通协调工作，乡镇扶贫部门的扶贫干部需要协助县乡村振兴服务（事务）中心工作，其工作主要涉及扶贫对象的识别、退出与动态调整，以及扶贫资金、扶贫项目的监督。

（四）构建集中连片特困地区的省级政府反贫困协同组织

协同组织是跨省级行政区域扶贫项目的实施主体和监管主体，是跨省级行政区域的公共资源整合的临时性扶贫机构。在扶贫领域建立跨行政区域扶贫协同组织，明晰跨行政区划的政府反贫困协同组织职责是必要的。

第一，履行协同编制扶贫规划职责。在中央扶贫领导小组、国家发展改革委、贫困地区具体联系单位指导下，对集中连片特困地区的区域发展和扶贫攻坚制订规划，履行包括基础设施建设、改善农村基本生产生活条件、就业与农村人力资源开发、产业发展、社会事业发展与公共服务、生态建设和环境保护在内的具体扶贫职责。[1]

第二，履行协同签订区域扶贫合作协议职责。区域合作协议是一种行政协议，即行政机关相互间为履行职责而开展合作的协议。[2] 行政区政府机关之间的主要合作机制是区域行政协议。它是宪法上民主集中制原则的体现和对市场主体的尊重，它对缔约主体的约束力有赖于缔约各方的诚实信用。[3]

第三，履行协同跨省扶贫协调职责。《国务院扶贫办关于印发〈全国扶贫开发信息化建设规划〉的通知》强调，各级扶贫开发部门与相关行业部门形成信息共享和业务协同机制。建议建立定期的跨行政区划省市联席会议制度，通过联席会议协商解决区域发展以及扶贫工作中出现的问题，进而推动协同扶贫工作顺利开展。此外，协同地区的各县和市是具体的执行部门，也要定期开展合作交流，建立协调机制。

第四，履行省级协同反贫困组织职责。各级政府的各级部门，上至国务院扶贫开发领导小组办公室及其成员单位，下至县级具体执行规划的扶贫部门，都应当按照规划要求和具体分工，履行协同扶贫职责。例如，扶贫开发领导小组办公室负责扶贫地区和对象的开发式扶贫工作，发展和改革委员会负责扶贫规划编制和实施协调，城乡建设部门负责基础设施建设，民政部门负责扶贫对象的社会救助，人力资源和社会保障部门负责扶贫对象的医疗和养老保障工作等。各部门集中整合各项扶贫相关资金，履行沟通、协同扶贫

---

①　参见杨文军：《跨行政区划政府协同扶贫如何实现创新》，载《中国民族报》2014 年 3 月 28 日，第 6 版。

②　叶必丰：《区域合作协议的法律效力》，载《法学家》2014 年第 6 期。

③　叶必丰：《区域经济一体化的法律治理》，载《中国社会科学》2012 年第 8 期。

职责。根据国务院办公厅转发财政部、国务院扶贫办、国家发展改革委《扶贫项目资金绩效管理办法》，相关资金预算的编制、执行、决算实施全过程绩效管理，落实资金监管职责。①

第五，对扶贫工作实施监督管理的职责。根据行政行为理论，对公权力进行监督是应然的。关于扶贫项目监管，建议集中连片特困地区的省级政府协同扶贫领导小组及其成员负责扶贫项目及其资金的监管，可以在领导小组下设监管组，由组长负责。其中，综合监管组负责对政府协同扶贫项目进行全程综合监管以及各组日常工作的组织协调，包括审计监管组、技术质量监管组、工程预算控制监督组和财政扶贫资金监管组。②

三、重塑法律规范授权企业参与反贫困主体制度

以湖北省打造"三乡"（市民下乡、能人回乡、企业兴乡）扶贫新模式为例，在武汉市黄陂区杜堂村实施"三乡工作"等地方实践，有助于构建政府市场贫困合作扶贫的模式，达到脱贫实效，但仍需要进一步规范化，构建长效机制。

（一）明确扶贫企业遵循的规范依据

在维护市场规范的规则制度中，法律具有其他正式制度和非正式制度所不可替代的作用。《决定》提倡用市场化运作方式，吸引企业到贫困地区从事资源开发等。《指导意见》指出，要引导企业精准结对帮扶。依据《中国证监会关于发挥资本市场作用服务国家脱贫攻坚战略的意见》支持贫困地区企业利用多层次资本市场融资。关于企业社会责任③，以下法条进行了规定。《中华人民共和国清洁生产促进法》第19~29条是关于企业实施清洁生产应遵循的规定。《中华人民共和国环境保护法》第6条规定，企业应当防止、减少环境污染和生态破坏，对所造成的损害依法承担责任。《中华人民共和国环境噪声污染防治法》第15条、第16条规定，企业在环境噪声污染防治

---

① 参见曾金华、董碧娟：《多部门推动扶贫资金预算编制、执行、决算实施全过程绩效管理》，载《经济日报》2018年6月3日，第4版。

② 参见杨文军：《跨行政区划政府协同扶贫如何实现创新》，载《中国民族报》2014年3月28日，第6版。

③ 企业社会责任，实质是要求企业在追求自身利润最大化的同时应当维护和增进其他社会利益。参见蒋建湘：《企业社会责任的法律化》，载《中国法学》2010年第5期。

方面承担社会责任。《中华人民共和国公司法》第 5 条明确公司从事经营活动必须承担社会责任。

（二）拓宽法律规范授权企业参与扶贫的途径

在企业参与扶贫中，政府应加强对其监督和引导。政府与企业之间需建立常态的沟通机制。其一，通过座谈会、听证会、论证会等参与扶贫政策标准制定、项目选择等方式影响政府决策。在政府与企业之间构建贯穿于扶贫全过程的、开放的和双向沟通制度。对扶贫项目的选择、扶贫产业开发等，充分征询扶贫企业的专业意见，避免政府用传统的命令控制型方式选择一些不符合市场规律的扶贫项目。同时，应当建立扶贫合作的机制，直接参与扶贫工作。其二，企业主导产业扶贫，政府进行相关配套服务，对于扶贫资金的滥用等行为进行监督。比如，从农特产品质量检测、质量认证、标准化体系和市场准入体系建设入手，建立贫困户会用、市场认可、管理方便的土特产品线上交易分类标准。

（三）完善行政法激励企业参与扶贫的制度

2013 年 11 月 12 日，党的第十八届三中全会通过的《中共中央关于全面深化改革若干重大问题的决定》明确提出"推动国有企业完善现代企业制度"的改革任务。在扶贫领域，通过扶贫企业的税务减免、补贴的方式，对企业支持扶贫工作的财产性收益进行行政补偿。根据《决定》《指导意见》《扶贫开发纲要（2011－2020 年)》的规定，在我国，扶贫企业主要是国有企业和大型的民营企业，要发挥扶贫企业扶贫效用可通过以下路径来实现。一是保障政府在扶贫中继续发挥主导作用，进一步增强企业在市场中的作用，明确扶贫企业的定位。《指导意见》强调激励各类企业扶贫，落实国有企业精准扶贫责任，深入推进"万企帮万村"扶贫行动，引导民营企业积极开展产业、公益、就业扶贫。笔者建议，鼓励有条件的大型民营企业发展扶贫基金、扶贫产业，有助于贫困户经济发展、就业与收入最大化等目标的实现。二是通过资本市场进行扶贫资源的整合。《决定》提出，在贫困地区，引导中央与民营企业设立产业投资基金，采取市场化运作方式，从事扶贫资源开发等。因此，笔者建议大量引入民资，同时在扶贫产业、项目的设计、生产、销售等环节进一步引入非公资本，通过基层组织合作社、科技型扶贫龙头企业等形式，整合和聚集扶贫资源，遵循市场运行规则，提高抗风险能力和扶贫效率。三是强化企业内部管理，完善扶贫企业公司治理架构，建立有效的利益分配机制。

四、健全法律规范授权社会组织参与反贫困主体制度

根据行政法理论，政府与社会关系改革的方向应该是政府职能更多地向社会转移。① 在中国，反贫困不仅仅是政府的责任和义务，还需要全社会共同参与，在国务院发布的《意见》中就鼓励民营企业、社会组织和个人参与扶贫开发。新颁布的《中华人民共和国慈善法》第 5 条也对自然人、法人和其他组织等开展慈善活动给予了立法的支持。中国《行政许可法》也在其条文中表明了立场，凡是行业组织或者中介组织能够自律管理的事项和公共物品，尽管必须由公权力组织提供，但不一定非由政府提供，亦可以由民间的社会组织、团体来完成，比如由村民委员会，工会、妇联、律师协会等提供。因此，多元扶贫主体制度的构建成为时代发展的趋势。

（一）确定法律规范授权社会组织参与扶贫的地位

第一，通过制定专门的法律法规细化社会组织参与扶贫的条件和程序，提高社会组织参与扶贫活力和创新的动力。目前有《指导意见》提出要加强对社会组织扶贫的引导和管理。例如，2015 年 8 月 11 日，四川省政府出台《关于促进慈善事业健康发展的实施意见》鼓励社会各界开展贫困救济、医疗救助、教育救助、扶老助残和其他慈善活动。《关于广泛引导和动员社会组织参与脱贫攻坚的通知》中强调，参与脱贫攻坚是社会组织的重要责任。但仍需要将上述社会组织参与扶贫的责任上升为法律法规明文规定的内容，细化社会组织参与扶贫的责任、方式、程序、权益保障等机制，明确社会组织参与扶贫的法律地位，提高社会组织参与扶贫的积极性，引导其健康稳定发展。第二，健全社会组织理性参与扶贫机制，提升社会组织参与扶贫的能力。社会组织参与扶贫的能力主要是提高认知能力和行动能力。认知能力，即对社会扶贫的意义、扶贫手段、扶贫政策、扶贫成效等的认知能力；行动能力，即社会组织在扶贫开发过程中的运作能力和创新能力，对社会力量的

---

① 姜明安：《法治思维与新行政法》，北京大学出版社 2013 年版，第 388 页。

宣传和培训不失为提升其参与能力的一个重要手段。第三，健全社会组织参与扶贫信息公开机制。政府应及时公开扶贫的信息，鼓励社会组织提供智力支持，积极参与扶贫决策，拓展扶贫决策参与途径。中国主要由各级民政部门履行社会组织依法登记、年检年报、评估、慈善组织认定、公募资格审定、慈善信托备案和监督等职责。

（二）健全行政法激励社会组织参与扶贫的机制

《决定》鼓励社会组织到村到户精准扶贫。《国务院扶贫开发领导小组关于广泛引导和动员社会组织参与脱贫攻坚的通知》强调，要广泛引导和动员在民政部门登记的社会团体、基金会、社会服务机构等社会组织积极参与教育、产业、健康、易地扶贫搬迁等一系列脱贫攻坚工作。阻碍中国扶贫资源管理的多数是以乡村精英为主的利益权力结构，[①] 因此，要摆脱"农民—乡村精英—政府"形成的利益空间，需要专业的、中立的社会组织承担授权的扶贫义务，减少乡村精英的扶贫信息垄断，压缩乡村精英的寻租空间。具体来说：一是为扶贫社会组织提供法律保障，明确法律法规授权社会组织的职责。二是强化政府对社会组织的专业性和能动性的激励引导规范。健全社会组织参与扶贫攻坚的法制环境，将原来由政府承担的涉及扶贫的事务性、辅助性职能的工作移交、授权给社会组织。三是改变社会组织参与扶贫的单一资格登记审查程序，针对不同扶贫项目设立不同等级审查程序，并向多元化审查程序转变。比如，对当前扶贫工作急需的个性化项目可通过绿色通道，以简化审查程序。

（三）明确行政法保障社会组织参与扶贫的方式

政府对于社会组织的专业性和能动性的引导规范。政府与社会组织的合作应当是从"禁权、限权、控权"到"交往、沟通、合作"的转变，而不是简单意义上的返回到单极化的权力体制中的单向合作中去。[②] 将政府主导的扶贫方式，从命令服从型向激励引导型、沟通协调型转变，比如通过确立动态扶贫标准，完善扶贫对象的退出标准，实施行政指导行为、行政契约等多

---

① 参见李小云：《构建新制度提高扶贫成效》，载《中国老区建设》2014 年第 9 期。
② 蔡科云：《政府与社会组织合作扶贫的权力模式与推进方式》，载《中国行政管理》2014 年第 9 期。

种扶贫方式，以确保社会组织的独立地位和专业优势的发挥，激发社会组织扶贫参与的活力。一方面，通过共识会议、听证会、项目论证、民主评议等形式，比如，行业协会商会、农村专业技术协会等社会组织可参与制定扶贫政策、选择扶贫项目、分配扶贫资金、考核与评估脱贫效果，有助于健全社会组织参与扶贫的利益保障机制。另一方面，通过社会组织分权参与，提供智力支持，协助政府科学决策，参与产业扶贫、教育扶贫、健康扶贫、易地扶贫搬迁、志愿扶贫等其他扶贫行动，替代政府单一服务提供主体，即是说，社会组织已成为扶贫公共服务供给主体之一。社会组织以公共利益和社会责任为准则，为贫困户提供物质上、技术上和心理上的辅导和资助，提供更低成本和更好扶贫效果的服务，特别是当发生突发事件时，扶贫社会组织更应该充分发挥制定专项建设规划、权益保障、心理疏导、技能培训、信息汇集、关系调适等优势，积极参与救援，有助于构建政府社会合作扶贫体系。

总而言之，合作扶贫模式是指将政府原有的自我的扶贫职能有效纳入公权力框架中，通过多元主体来为扶贫提供技术和信息方面的支持，由政府、市场、社会等利益相关的主体相互合作，充分发挥各自作用，积极参与扶贫。合作扶贫的权力模式是国家权力与社会权力、市场权力、公民权利的分立、分治、分享。社会组织、企业应通过多部门、多层次参与扶贫。合作扶贫治理模式是由政府、市场与公民社会相互耦合所形成的一种整体性的制度结构模式，是由不同的制度安排、组织形态和治理结构构成的制度系统，共同维系着扶贫领域的秩序治理，并在此基础之上协调资源配置。良好的扶贫治理是促进经济社会发展的关键因素，其能协调政府、市场与公民社会之间的关系，使之形成一种互惠与共生的状态。① 这一制度选择既契合于多元主体参与扶贫的现实需求，又因应了现代行政法上合作行政的趋势，具有良性制度变迁的积极意涵。

---

① 张琦、黄承伟等：《完善扶贫脱贫机制研究》，经济科学出版社 2015 年版，第 129 页。

第四节　运用法治统合反贫困方式

"行政法的根本目的在于维护和促进人民的福利"① 反贫困方式需要进行行政法优化的主要原因在于，确保反贫困方式满足合法性需求、服务性需求，避免传统扶贫方式与现代扶贫方式的冲突。习近平同志在2020年召开的决战决胜脱贫攻坚座谈会上指出，要接续推进全面脱贫与乡村振兴有效衔接，推动减贫战略和工作体系平稳转型，统筹纳入乡村振兴战略，建立长短结合、标本兼治的体制机制。运用法治统合反贫困治理方式，本书构建助力乡村振兴的路径如下。

一、运用法治统合反贫困方式之思路

统合，即统一，综合。具体来说，通过扶贫方式与扶贫目标、扶贫供给与需求等统一实现扶贫公共行政权力与责任、扶贫权利与义务的平衡。在服务型政府理念下，国家不仅有义务不损害个人的物质、智力和精神活动的自由发展，而且还有义务保证所有人充分发挥其物质、智力和精神活动而制定必要的法律，组织必要的公用事业。② 然而，当前扶贫方式与目标的不匹配，严重制约整体脱贫目标的实现，为应对此问题，我们需从多方寻求因应之道。

（一）转变传统扶贫理念

莱昂·狄骥建议从保障人的尊严的高度来提供社会救助。③ 同理，扶贫方式的转变关键在于赋权给穷人，并且结合经济赋权、政治赋权和社会赋权，使减贫产生乘数效果。④ 本章从保障贫困户个人尊严的高度，探讨如何转变扶贫行政理念，整合现有扶贫方式，确保贫困户权利的实现。

第一，从刚性管理到柔性指导：⑤ 行政指导逐渐取代行政强制。服务型

---

① 应松年：《中国走向行政法治探索》，中国方正出版社1998年版，第49～50页。
② ［法］莱昂·狄骥：《宪法学教程》，郑戈、冷静译，辽海出版社、春风文化出版社1999年版，第242页。
③ 喻文光：《德国社会救助法律制度及其启示》，载《行政法学研究》2013年第1期。
④ 左常生：《国际减贫理论与前沿问题》，中国农业出版社2016年版，第92～94页。
⑤ 李洪雷：《行政法释义学》，中国人民大学出版社2014年版，第403页。

社会的构建，行政的强制性越来越淡化，行政指导在具体行政行为的实施中得到广泛的应用。行政机关通过建议、劝告、引导、协商等诸多柔性管理方式，较传统的严格的、硬性的命令控制型的行政强制方式更有利于完成行政目标和任务。① 例如，通过扶贫政策宣讲、扶贫指南、科学技术培训等方式进行行政指导。既要加大各方帮扶力度，向深度贫困地区倾斜，又要激发扶贫对象脱贫致富的内在活力，提高他们的自我发展能力。保障扶贫对象的民生权利不仅仅意味着在法律上补偿其更完善充实的民生权利，救济其生存诉求，同时也要求国家以各种方式激励扶贫对象。

第二，从惩戒到激励：行政奖励、行政资助逐渐取代责任和制裁。迈克尔·塔格特认为，市场不仅被用于使财富最大化，而且被用于以该种方式建构激励以达成公益目标。② 传统法律责任模式往往仅以行为所造成的损害为归责依据，那么在扶贫过程中，只有扶贫行政机关对扶贫对象的权益造成了危害结果，才能对扶贫行政机关进行追责。实践中，扶贫行政机关工作人员不乏"不作为""慢作为"。不同于传统责任模式完全以责任惩戒为主要方式，政府、市场、社会合作扶贫治理模式，为有效发挥市场资源配置优势，提高扶贫效率，扶贫方式从传统的惩戒式向激励引导方式转型。因此，现代扶贫方式不仅要惩罚滥用职权的扶贫行政行为，也要规范扶贫行政机关"不作为"，更应该用激励引导的方式激发扶贫行政机关合理、合法作为。为了达到积极鼓励政府作为、合理规制政府不当作为或无为的目的，政府主导的精准脱贫责任突破了以往过于注重责任之强制性惩戒功能的窠臼，适当融合了惩戒与激励的双重功能，即将层层激励功能置于主导地位。③ 根据《决定》第29条，使积极行动者能获得相应的名誉奖励、职位升迁来激发责任主体的潜能。通过扶贫税收优惠政策激励扶贫企业参与扶贫工作；通过对扶贫帮扶队员优秀事迹宣讲、采访报道、经验推广、交流发言、现场观摩、表彰等形式，提高贫困户脱贫动力。实践中，不乏利用激励型扶贫方式帮助贫困户脱

---

① 参见姜明安：《行政法与行政诉讼》，北京大学出版社、高等教育出版社2015年版，第31～32页。

② ［新西］迈克尔·塔格特：《行政法的范围》，金自宁译，中国人民大学出版社2006年版，第138页。

③ 蒋悟真：《政府主导精准脱贫责任的法律解释》，载《政治与法律》2017年第7期。

贫的事例。比如，河北省某村第一书记采取"以奖代补"的方式有助于激发贫困户的内生动力。又如，第一书记买了些洗衣粉、草帽等生活用品继续奖励村民打扫卫生；浇地每亩补助 50 元和一袋化肥；工作队先垫付 40 万元，联系企业，卖掉村民的存粮；带领工作队建立"榆林关村责任考核机制"，对村民日常生活及参加生产情况进行考核评分，评分与年底分红挂钩，充分调动村民勤劳致富的内生动力。①

（二）确定扶贫方式的价值排序与优先顺位

1. 确保扶贫方式与脱贫目标相适应

现代社会的不合理之处，即是把效率功能这一本来属于手段的东西当作目的来追求了。② 为保障扶贫目标和手段的相适应性，一方面，目标和手段相适应是比例原则的基本要求。作为贯穿行政法的基本原则，比例原则当然适用于扶贫行政领域。在探究扶贫行政行为时，强调扶贫目标和手段的相适应性，遵守比例原则是行政法研究的必经之义。另一方面，重视和强调扶贫方式的灵活运用，根据扶贫对象的具体情形展开具有针对性的应对措施。扶贫方式如何在社会性领域与经济层面进行调试和整合，是值得重视的，在研究特定领域扶贫方式选择时，要注重这两者的平衡，结合遇到问题的具体情况、适用时间、制度背景进行剖析，将扶贫目标和扶贫方式有机结合，实现扶贫行政方式的合法性、有效性，才能实现赋权扶贫的效果。

进入了全面实施乡村振兴的新阶段，具体来说，首先，理解并改变不平等的权力关系，将贫困户的利益纳入权利分配中，提高贫困户利益诉求的渠道，使权力资源向弱势群体倾斜。《国务院扶贫开发领导小组关于设立扶贫改革试验区的复函》强调，扶贫改革试验区的建设强调扶贫对象内在发展动力得到有效激发。其次，对特殊事件或群体要进行区别对待，用不同的政策保障穷人的利益，要对扶贫政策的施行进行评价，分析相关措施在实施过程中可能造成的显性影响和隐形影响。《国务院关于加快推进残疾人小康进程的意见》规定，既要赋予残疾人公平待遇，通过普惠性制度安排保障他们基

① 王健任：《扶志，从"墙根儿"开始——河北省交管局驻阳原县榆林关村第一书记刘景业驻村帮扶侧记》，载《中国扶贫》2018 年第 16 期。

② 沈红：《穷人主体建构与社区性制度创新》，载《社会学研究》2002 年第 1 期。

本的生存发展需求；同时又要给予残疾人特别扶助和优先保障，通过特惠性制度安排解决他们的特殊需求和特殊困难。再次，通过赋权政策的实施以及对赋权政策实施监控，其目的在于提升贫困户的能力，不论是经济领域的要价能力，或是政治领域的参与能力。利用广泛的社会力量来监督政府的赋权行为，扩展贫困户的赋权范围，开拓赋权的新领域。[1] 最后，通过政策评估，赋权影响分析等方式，不断淘汰不符合发展的赋权，并随着发展的需要持续扩大赋权领域，将更多的人纳入变动的权力体系中。随着对新的发展需要和权力关系变动的理解，进而形成新一轮赋权实践。

2. 强化扶贫方式的成本效益分析

成本收益分析具有很多不同的含义，通常意义上说，成本收益分析指应用卡尔多－希克斯效率意义上的财富最大化及效率来评估政府的项目、立法等，是一种用来改善法规决策、监管、公共政策的技术，是某一法规、政策所导致的累积个人福利变化的货币化衡量。[2] 本书对扶贫方式的成本效益分析，不仅要考虑经济效率、社会效益而且应分步骤、分阶段进行扶贫整体利益衡量，以达到社会效率最大化。易言之，对扶贫行政行为的可行性判断，主要从以下几个维度进行考虑。

第一，从扶贫效益内在性来看，扶贫行为的实施具有可行性。一方面，要确保扶贫手段或行为的政策法规的技术层面具有可操作性。只有将扶贫基准体系作为制定科学合理方法的基础和依据，扶贫的成效才会具有规范意义和法律上的正当性。每部单行法，难以兼顾统筹所有扶贫工作，因而特别需要横向综合衡量。这在当前按照扶贫要素，制定大批扶贫单行法的制度语境下尤为重要。另一方面，扶贫经济成本与收益是否成正比。扶贫经济成本与收益的分析，主要考虑效率意义上的财富最大化，以及如何用效率来评估扶贫政策法规的制定和实施、政府扶贫项目的选择、扶贫资金的使用。

第二，从扶贫效益外在性来看，以是否满足扶贫对象的需求为考核的参照标准；扶贫行政助推扶贫物资的供给，以是否满足扶贫对象的需求为主要衡量标准，比如：对于能力比较弱，个人创业或就业条件较差的扶贫对象，

---

① 左常生：《国际减贫理论与前沿问题》，中国农业出版社 2016 年版，第 89 页。
② 赵雷：《行政立法评估之成本收益分析——美国经验与中国实践》，载《环球法律评论》2013 年第 6 期。

采用低保兜底的扶贫方式；对于启动资金的问题，个人实际能力较强的扶贫对象可以进行小额贷款、扶贫项目技术指导、教育培训等方式进行差异化扶助，以满足贫困户的最迫切的生活需求以及长远发展需求。

第三，从扶贫整体利益衡量，扶贫行为能否使社会效率最大化。在扶贫工作中，整体利益衡量需针对扶贫工作采取分阶段、分步骤评估，确立行政扶贫领域中社会资源分配的优先顺位，把有限资源投入贫困户可接受的、较小的扶贫项目中，避免混乱，考虑成本分担与收益分配问题，政府要深入探究各种扶贫措施带来的相关效应，涵盖其本身的成本有效性甚至其附带的危害。评估的方式是整体衡量各种利益的冲突，例如，公益的顺利实现与私益受到的侵害，选择通过整体上对社会福利最大的法律规则，这种以法规制定者的直观判断来评估法规和行为的方法即整体利益衡量的方法。在社会正义价值目标的指导下，将政府、市场结合起来的效果和成本进行评估，从中选择最有效的方式。如湖北省罗田县探索建立了"政府＋市场主体＋银行＋保险＋贫困户"的"五位一体"黑山羊产业精准扶贫模式，立足于罗田黑山羊产业的三个优势：优质的生态资源、优良的养殖传统、优秀的市场主体，选准黑山羊产业，出台政策到责任落实，结合罗田实际，考虑到成本与效益，选取的一种有效的扶贫方式，既获得了经济效益，取得了社会效益，也实现了扶贫整体利益和社会效率的最大化。[①]

二、构建激励型反贫困方式

我国进入了全面实施乡村振兴的新阶段，激励型反贫困行政行为呈现以下特点。

第一，主体上赋权。现代行政行为方式已转变"命令服从"模式，更多地吸纳扶贫对象的意见和建议。激励型扶贫方式可以从以下两个方面进行把握。一方面为保障权利而限制权力，扶贫行政机关行使公共行政权力必须遵循依法行政原则，不得超越其职权范围而滥用权力，同时还必须完成应尽的扶贫职能，以确保扶贫对象权利的实现；另一方面在扶贫领域，

---

① 湖北省罗田县政府：《罗田黑山羊：从"五位一体"到"羊羊得益"》，载《中国农民合作社》2017 年第 8 期。

精准扶贫需要拓展灵活多元的扶贫方式，用柔性扶贫方式细化经济赋权、政治赋权、社会赋权，提供人全面发展的社会条件，以激励型扶贫方式激发贫困户脱贫动力。

第二，程序上激励。为实现扶贫目标，通过程序上激励，既要平衡扶贫行政主体所考虑的重要价值，又要规范扶贫行政主体自由裁量权，避免扶贫公共行政权力被滥用。具体来说，扶贫行政法保障方式应当在激励性、灵活性、合作性原则的指引下，健全和完善信息公开程序、听证程序、教示程序、民主科学决策程序。信息公开程序保证决策的公开性，听证程序保证扶贫决定的民主性，教示程序保证扶贫决定的可接受性，科学民主程序确保扶贫决定的科学性、民主性。

第三，扶贫物资上保障。一是行政法需要对扶贫中的行政主体在取得、运用、储备、补充、更新等物质保障要素的各个环节都作出规定。比如，根据关于印发《中央财政专项扶贫资金管理办法》的通知第 17 条规定，各地应当加强资金和项目管理，做到资金、管理、核算、责任到项目，并落实绩效管理各项要求。二是强化对扶贫中的行政主体运用物质保障要素的监督和制约。行政法需要规定多种监督和制约机制，如审计机关的审计监督、上级行政机关的临时抽查性监督、行政监察机关的监督等。针对当前扶贫领域中的物质保障要素滥用现象集中在县、乡镇和村级，省市级人民政府可以派出监察和审计工作人员进驻县和乡镇，进行日常监督。

三、完善既有反贫困方式

奥托·迈耶指出，行政行为在具体情况中决定臣民的权利义务。[1] 因此，有必要梳理现有的具体扶贫方式，控制、规范扶贫主体的公共行政权力，更好地保障扶贫对象的权益。反贫困的行政法保障包括类型化行政行为的行政法保障，也包括非类型化的行政行为的保障，即前者不完全是行政行为，扶贫行政虽然属于一种行政活动或者任务，但却是难以或者无法类型化为某种行政行为的活动或者任务。因此，在本章主要讨论常用的几种类型化的行政行为。

---

[1] ［德］奥托·迈耶：《德国行政法》，刘飞译，商务印书馆 2002 年版，第 97 页。

（一）规范扶贫行政指导

所谓扶贫行政指导，是指扶贫行政机关在其职责范围内，为实现脱贫目标遵循法律精神、原则、规则或扶贫政策，作出对贫困户脱贫起到辅助、服务、引导作用的劝告、建议等行为。扶贫行政指导由于不具有直接的强制性，因此不直接产生法律效果。

1. 扶贫领域行政指导的具体体现

第一，扶贫行政机关在组织建设方面的指导。行政主体通过精神层面的辅导，在农村或贫困地区建立基层组织、专业服务性组织等，并开展大量的宣传活动，通过宣讲的方式唤起广大人民群众的法律意识，从内而外提高自身的管理和发展能力。第二，在行政规划上的指导。为了满足广大农民群众的愿望，改善农村地区的生活环境和质量，《中共中央国务院关于推进社会主义新农村建设的若干意见》（2005 年 12 月 31 日）中提出，农村的行政规划可以根据地域的特殊性和当地风俗人情等的不同，作出相应的政策调整，对符合扶持条件的地区给予一定的财力物力上的支持，在执法过程中要做到一切从实际出发。第三，经济建设上的诱导，即主要通过贷款上的帮助来实现。例如《湖南省人民政府关于加快农业五大产业链建设　推进农业产业化经营的意见》（2005 年）强调，要采取贷款贴息、以奖代补，投资参股等多种方式，为新农村建设提供智力支持。第四，农业技术上的援助。《关于推进农业科技入户工作的意见》中提出，要重点扶持和培育一批科技示范户。第五，公益性基础设施建设方面的引导，并通过财政拨款的方式实现。《湖南省农村可再生能源条例》（2005 年）中第 2 章第 7 条规定，各级地方政府应该在上级法的有关规定下，积极引导、鼓励动员农村地区、贫困山区等建立本地区的沼气利用工程，并给予一定的技术指导和财政支持。

2. 扶贫领域行政指导存在的不足

其一，扶贫程序缺失容易导致行政指导监管缺位。目前，扶贫的一系列法规和政策，有关行政指导的规定，一般是进行原则性的规定，而缺少具体的实施程序。这样的情形导致行政主体拥有的自由裁量权过大、政府权力滥用的机会增多。由于行政指导总是伴随着诱导利益，使得指导方与行政相对人的利益关系十分密切，而如何设置这些诱导利益，如何平衡这些诱导利益，如何来兑现这些诱导利益，目前缺乏相应的科学决策依据。在这种情况下，行政指导的原则性规定容易受到指导者（比如扶贫工作队成员、帮扶单位等）个人意志的左右，而且多数行政指导通常以口头方式实施，不甚明确的地方很多。若缺乏相应的程序制度制约，就无法保证指导者考虑相关因素或考虑了不相关因素，从而为权力寻租、滋生腐败提供条件。比如，在脱贫攻坚的冲刺阶段，为应付省市县的不同标准的考核，搞"表格"式扶贫，① 此种行政指导没有考虑到扶贫工作的核心要素。其二，过分追求行政效率而忽视行政指导的合理性与可行性。我国法学界认为关于行政合理性原则的内容主要有三项：正当性、平衡性以及必须合乎情理。行政指导行为是一种目的性很强的扶贫方式，自由裁量权很大。扶贫行政主体为了尽快地达到行政目的，往往会更加注重行政效率，而容易忽略指导过程的正当性，不仅有可能牺牲相对人的利益，也可能歪曲国家政策的本意。比如，有些扶贫行政指导的内容不科学，成了形象工程。另外，一些行政指导的目的不正确，比如，上级部门考核扶贫的成效主要看经济指标，看数字的变化，扶贫工作陷入"材料出政绩"的形式主义的怪圈。②

3. 规范扶贫行政指导的具体路径

域外国家通过健全行政程序约束机制来提高行政指导行为的法治化水平，这表明了新时期行政程序立法方向，我国也可以学习和借鉴。比如，日本针对行政指导就颁布了一部专门性的法律，即《日本行政程序法》。我国的《中华人民共和国行政程序法（试拟稿）》第87~91条中针对行政指导等作出了具体规定，虽然规定内容不多，但这是立法程序是一个好的走向。行政立法程序的新走向就要求立法者应该就行政指导的方式、依据、救济途径等基本内容作出必要的规定，为执法部门、行政主体的日常职业工作提供指导。

第一，建立依靠专家学者的扶贫决策咨询机制。扶贫行政指导在扶贫工作中运用非常广泛，涉及最多的有修路、引水、种养殖、发展清洁能源以及技能培训等，如果仅仅靠行政主体自身的力量或者决策者个人的智慧，是远

---

① 李志明：《莫让频繁填表耽误了扶贫的"正事"》，载《新京报》2017年9月2日，A02版。
② 崔璨：《扶贫考核岂能脱实向虚》，载《人民日报》2017年12月18日，第1版。

远不够的。所以，行政主体要发挥在调控各种资源方面的优势，集中组织各方力量，特别是要善于和敢于借用民间智慧，发挥好专家学者在行政指导过程中的作用，把法律专业知识积极运用到行政指导实践中去，积极维护行政指导的中立、公正与科学，沟通协调扶贫行政法律关系中双方当事人之间的冲突，充分带动各个部门的力量，以促进公共行政目标的达成。目前，我国有些法律已经有了这方面的规定，积累了一些经验。例如《科学技术进步法》第7条就确定了专家论证制度。第二，诱导利益要适中、合理。扶贫行政主体通过提供经济补助、优惠贷款等激励引导行政相对人的行为选择，充分发挥激励因素的作用，更好地辅助扶贫行政指导制度建设。第三，对扶贫行政指导效果必须有一个科学的评价体系。一般情况下，扶贫行政指导行为是能给当事人带来"好处"，是授益性行政行为，但如何评价这些"好处"，由哪些人来评价这些"好处"，怎样评价这些"好处"，从而检验行政指导行为是否正当。因此，在扶贫行政指导中应纳入更多扶贫主体，构建一个多元主体参与的扶贫评价体系，提高扶贫行政指导的民主性与科学性。

（二）优化扶贫行政资助

所谓行政资助，是指为实现公共目的，行政主体或第三人对私人无偿提供金钱或其他财产利益，诱导其发展，促进其事业成功的活动。[①] 考察各国对行政资助的定义，结合我国扶贫实践，可以分析出我国扶贫行政资助的特征：一是为了公共利益；[②] 二是提供物质或其他帮助（包括物质性资助和非物质性资助）；三是由行政主体或其他主体实施的行政行为。

1. 扶贫领域行政资助存在问题

第一，扶贫行政资助行为法律政策依据不规范、不统一。我国行政资助的领域非常广泛，散见于众多法律或政策文件。然而，有关资助行政之体系与内涵，法律条文颇为简略，无总则性或基准性规定，表现为对受资助对象界定不清，受资助范围不明。比如，《重庆农村扶贫条例》第21条第2款、《关于集中力量开展扶贫攻坚的意见》提出对贫困村基础设施和扶贫产业项目给予补助；根据《关于集中力量开展扶贫攻坚的意见》提出对大学生志愿

---

① 参见王贵松：《行政资助裁量的正当化规制》，载《学习与探索》2008 年第 6 期。
② 参见尤乐：《论行政资助的概念、主体和目的》，载《天津行政学院学报》2010 年第 5 期。

者扶贫接力行动给予专项补助，对农村扶贫对象参加商业意外保险给予补助；《重庆市农村扶贫条例》第22条、第36条提出支付扶贫人力资源开发培训费用；《国务院扶贫开发领导小组办公室关于深化扶贫贴息贷款管理体制改革的通知》提出对扶贫贷款给予贴息补助；《重庆市农村扶贫条例》第28条、第29条，《重庆市财政专项扶贫资金管理实施办法》第16条提出对扶贫特色产业项目及科技扶贫项目给予补助；《江苏省农村扶贫开发条例》第19条鼓励金融机构向低收入农户发放扶贫小额贷款等。第二，扶贫行政资助程序法规范缺失。行政资助法律规范散布于各个法律规范体系中，表明现行的行政资助程序规范不完备，即使目前有一些关于程序的字眼，也是比较笼统、模糊，或仅仅是操作上的技术性和流程性的规定，这也成为需要对行政资助制度进行规范的缘由。第三，行政资助监督检查机制尚未构建。当前我国实施扶贫行政资助的主要依据仍是扶贫政策，欠缺代表行政助多元扶贫主体利益的程序性法律规范，致使实践中扶贫行政资助常态机制和长效监督检查机制缺失。

2. 优化扶贫行政资助的具体路径

第一，通过统一的法律法规，为行政主体实施扶贫行政资助行为提供法定的依据和标准。一方面，规范或限缩扶贫行政主体过于宽泛的自由裁量权，坚持将扶贫资金直接支付给贫困户，尽量避免扶贫物资被"截留"，切实维护贫困户的合法权益，真正实现依法行政。另一方面，扩大行政资助的范围和内容，使行政诉讼所指向的标的突破传统的人身权、财产权等自然权利，扩充到发展权、安全权、就业权等权利。行政资助行为可以借鉴德国行政法通过设立经济资助扶持再就业制度。通过设立各项资助，扶持就业者获得新的就业机会，鼓励雇主雇佣更多失业者和年轻人。这些资助包括搬家津贴、年轻工人组合津贴、迁移补助金以及给予地方政府的建设资助等。第二，建立扶贫行政资助行为的程序制约制度。扶贫行政主体在实施行政资助行为时，享有宽泛的自由裁量权，对其若不进行有效的规范和限制，扶贫行政主体容易发生一些失职失责行为。比如若对发放救灾物资行为不加以规范，容易发生侵占、挪用救助物资的行政行为，造成侵害公民的生命权、财产权的事件。扶贫领域违规违纪曝光平台报道的扶贫资金滞留、违规领取危

房改造补助资金、使重点人员未能立即享受到住院减免优惠政策等行为,[1]
不利于扶贫行政资助的最终目标的完成,法律程序是对行政资助裁量权进行
控制最有效的方式。第三,加强行政资助行为的监督。对行政资助的法律保
障,主要是在行政领域内进行的,即属于一种内部控制,但它也只是必要的,
而非充分的。[2]

(三)完备扶贫行政奖励

行政奖励行为可以从我国现行政策法规中体现。国务院办公厅对 2016 年
落实有关重大政策措施真抓实干、成效明显地方予以表扬激励,对受表扬地
方相应部署实施 24 条激励措施,对土地集约节约利用成效较好、闲置土地较
少的每个市(盟)奖励用地计划指标高达 5000 亩。[3] 2016 年 11 月 14 日,中
组部、人力资源和社会保障部印发《关于进一步做好艰苦边远地区县乡事业
单位公开招聘工作的通知》,适当提高艰苦边远地区县乡事业单位中、高级
专业技术岗位设置比例,落实乡镇工作补贴、艰苦边远地区津贴、高海拔地
区折算工龄补贴、带薪年休假制度等政策,放宽县乡事业单位工作人员职业
发展空间,注重选拔优秀乡镇站所负责人进入乡镇领导班子等。例如,《湖
北省农村扶贫条例》第 16 条规定,对在农村扶贫工作中有突出成绩的单位和
个人予以表彰和奖励。

1. 扶贫领域行政奖励存在问题

第一,扶贫奖励内容不规范。奖励方式有通报表扬、工作补贴、津贴、
工龄补贴、带薪年休假、放宽职业发展空间、提供晋升空间、奖励用地计划、
提高岗位比例,行政奖励内容多样,但职务不应当作为奖励的方式,因为职
务的晋升必须有公务员法等相关的法律规定,扶贫条例和相关的扶贫政策,
不能有直接设置职务晋升的规定。可以借鉴《美国法典》中对各州子女抚养
和亲子关系建立奖励拨款的做法:(1)明确规定奖励金额、奖金池、州奖励
份额、奖励基数、最高奖励基数等内容;(2)明确规定奖励款;(3)适时州

---

① 参见扶贫领域违规违纪曝光平台:http://www.cpad.gov.cn/col/col2082/index.html,2017 年
7 月 1 日最后访问。

② 参见蒋炜、武亭廷:《论我国行政资助制度之完善》,载《河北法学》2011 年第 5 期。

③ 参见《国务院办公厅关于对 2016 年落实有关重大政策措施真抓实干成效明显地方予以表扬
激励的通报》。

际家庭调查①奖励拨款。

第二，扶贫奖励程序机制不完善。扶贫奖励的具体落实程序没有专门明确规定，现行扶贫法规中关于奖励的规定比较笼统，奖励程序保障机制缺失，扶贫奖励标准和数额没有相关规范予以保障。特别是对欺诈或虚假脱贫信息获得奖励行为的责任追究机制仍处于空白。

2. 完善行政奖励制度具体措施

第一，通过法律法规来明确扶贫行政奖励行为，为行政主体实施扶贫行政奖励行为提供必要的依据和标准，对规范扶贫行政主体享有的自由裁量权，维护扶贫相对人的合法权益具有现实意义。扶贫行政奖励标准应遵循奖励与贡献相适宜原则。

第二，完善扶贫行政奖励程序制约制度。在扶贫领域，不仅周期性的、常态化的一般行政奖励应遵循程序规范，"特事特奖"的行政奖励也要遵循程序规范，后者比前者更为简捷、方便、统一和高效。而且评审程序的单个和整个流程都应关注行政奖励的科学性和规范性，有相应的规章制度规范以及提案、审议、批准、审核等步骤，同时做好各个环节之间的统筹与衔接。②比如，根据《湖北省农村扶贫条例》第16条规定，县级以上人民政府对在农村扶贫工作中做出突出成绩的单位和个人，予以表彰和奖励。

第三，确保科学评估脱贫效益。扶贫效益评估是行政奖励评审中的一个关键环节，主要是对获奖者已有贡献的评估，如对获奖者光荣脱贫、减贫带贫等事迹的评估和肯定；而扶贫行政奖励授予后的效益评估，主要是对获奖者的长远贡献，特别是授奖行政行为本身的社会效益评价。比如，2018年10月17日全国脱贫攻坚奖表彰大会，对139个先进个人和先进单位进行了表彰，有助于激励贫困地区广大干部群众，彰显榜样力量，引领社会风尚。③

---

① "适时州际调查"是指州在接到其他州的申请要求后的30天之内，可以提供对州际家庭调查结果的报告，但不可解释为要求州在30天之内完成包括对潜在寄养或收养父母教育和培训家庭的调查。见《美国法典》第42编第673c条（g）款（3）项。

② 参见潘墨涛：《行政奖励科学化：原则、机制和保障》，载《理论探索》2012年第2期。

③ 文静、董峻：《2018年全国脱贫攻坚奖公布》，载中国人民政府网：http://www.gov.cn/xinwen/2018-10/17/content_5331768.htm，2021年7月1日最后访问。

第五节　运用法治优化反贫困程序

习近平同志在 2020 年召开的决战决胜脱贫攻坚座谈会上指出，要接续推进全面脱贫与乡村振兴有效衔接，建立长短结合、标本兼治的体制机制。对穷人的赋权意味着对现有不公平权力关系的清醒认识。不平等的权力关系使得穷人无法脱贫并且长期处在决策权的外围。基于当前扶贫行政具有极强的政策性和灵活性，地方扶贫行政主体在实施这些基本的程序制度时，行政法需要在如何确保脱贫目标实现的同时，防止扶贫行政主体因拥有过于宽泛的裁量权而滥用，或者简单"套用"程序制度，出现不接地气的情况。那么，每一类扶贫行政行为是否都需要遵循这些基本的正当程序制度，如何从程序上保障扶贫制度的实施呢？笔者认为，进入全面实施乡村振兴的新阶段，应通过反贫困行政法保障程序实现，具体来说，信息公开程序保证决策的公开性，听证程序保证扶贫决定的民主性与公平性，教示程序保证扶贫决定的可接受性，民主科学程序确保扶贫决定的科学性、民主性。

一、健全反贫困信息公开程序

"唯有政务信息公开，才有可能有效实现公共监督；唯有信息对称，才有可能稳定实现权力平衡。"[1] 网络时代对行政程序提出新的挑战，对扶贫领域信息公开提出新的要求，有助于监督扶贫行政机关履行扶贫职责。

（一）明确扶贫信息公开的法理基础：贫困户的知情权

在行政法框架下，信息公开是行政公开原则的具体体现，信息公开有保障公民知情权的功能，是服务于公共利益的。[2] 扶贫是公共领域的重大改革，切实落实信息公开制度，及时披露、公开扶贫相关信息，有助于对贫困户知情权的实现，亦有助于保障宪法和法律赋予贫困户的其他权利的实现，是贫

---

① 张国庆、杨建成：《信息公开与权力平衡：新时期中国政府有效监督的现实路径》，载《天津社会科学》2009 年第 3 期。

② 参见王贵松：《信息公开行政诉讼的诉的利益》，载《比较法研究》2017 年第 2 期。

困户其他权利实现的基础。

确保贫困户知情权。公民不能因为知识、帮助或者经验的缺乏导致权利的丧失。贫困者往往在政治和政策目标中话语权有限，在政府决策中处于不利地位。扶贫信息公开的对象主要是贫困户，因为贫困户是扶贫的最终受益者，也是扶贫过程中有最密切联系的一方主体。通过各种途径知晓有关扶贫的各种信息，是贫困户知情权的应有之义。保障扶贫户的知情权对于帮助贫困户理性选择扶贫项目、引导企业发展扶贫产业有重大意义。

我国法律也十分重视对贫困户知情权的保护，扶贫行政机关、法律法规授权企业都有向贫困户提供扶贫信息的义务。根据《政府信息公开条例》（2019年修订）第19条，对涉及公众利益调整、需要公众广泛知晓或者需要公众参与决策的政府信息，行政机关应当主动公开。并且，该条例第20条详细列明了政府主动公开信息的范围。一些规章和规范性文件也专门针对扶贫信息公布作出规定。例如，《四川省农村扶贫开发条例》第38条规定，农村扶贫开发项目实施单位应当在项目开工建设后20日内建立公示牌，公开项目负责人、建设内容、主管单位及负责人、投诉联系方式等情况；《四川省农村扶贫开发条例》第51条规定，农村扶贫开发项目资金实行省、市、县、乡、村五级公告公示制度。

合作扶贫的关键内容之一就是贫困户要积极参与扶贫过程，贫困户只有在获得充分信息的基础之上，才能有效参与，与扶贫行政机关、法律法规授权组织和企业共同努力，巩固脱贫成果，形成全社会参与乡村振兴的合力。相对于扶贫行政机关、扶贫企业等扶贫信息公开主体，贫困户处于弱势地位，若没有规范的扶贫信息公开制度，那么他们只能盲目地听从帮扶单位、扶贫干部的建议开展扶贫产业、扶贫项目，这可能产生严重的选择错误，进而可能挫伤贫困户脱贫积极性。

此外，确保贫困户知情权有助于现代社会中公民参与国家和社会事务管理，确保公民的参与权。贫困户及时了解扶贫政策法规等基本信息，对于积极配合扶贫行政机关的扶贫行动，提高扶贫对象对扶贫工作的认同感，激发其内生动力，降低扶贫信息成本等具有重要作用。另外，贫困户扶贫知情权、参与权的行使，有助于监督扶贫行政机关合法、正当地行使职权，防止暗箱操作、减少腐败，确保公民的监督权。例如，构建扶贫资金预防监督机制，广西恭城县检察机关整合全县各惠农扶贫部门资金发放数据，通过互联网搭建惠农扶贫数据信息平台，方便群众查阅了解扶贫信息和进行监督。①

（二）确定扶贫行政机关公开扶贫信息制度

1. 明晰扶贫行政机关公开扶贫信息的要求

扶贫行政机关公开扶贫信息应满足以下条件：第一，确保扶贫信息的科学性。扶贫行政机关发布的扶贫政策、计划、指南、措施等信息，应以科学权威为基础，不得将没有经过评估的原始材料公开。扶贫行政机关必须对信息进行风险监测、研判，在得到足够证据印证的情况下，才能公布相关的扶贫信息。扶贫行政机关应避免发布不科学的扶贫信息，以免误导贫困户。第二，扶贫信息应具有真实性。扶贫行政机关应将制定的扶贫政策信息及时准确地传达到下级扶贫行政机关，相关部门有义务及时准确地将信息告知贫困户和扶贫企业。尤其是我国这样的农业大国，对扶贫产业的信息的发布应该尽可能符合当地的实际情况，不能仅仅为了满足考核要求而夸大扶贫效果。第三，扶贫信息体现全面性。扶贫信息的范围广泛，既包括扶贫政策的宣传、精准扶贫对象的识别、扶贫措施的实施，也包括扶贫对象的考核和退出等全面信息。笔者考察了扶贫办（乡村振兴局）的官方网站信息公开栏目，一些扶贫办只公开扶贫政策、扶贫奖励等信息，对于具体扶贫对象姓名、具体扶贫措施、扶贫产业在各个阶段的相关环节的跟踪信息较少，有的处于空白状态。有的扶贫行政机关只关注本单位范畴的扶贫做法，对于脱贫攻坚任务完成较好的省、市、县或其他单位的经验信息关注较少。

2. 拓展扶贫行政机关公开扶贫信息的渠道

《关于完善扶贫资金项目公告公示制度的指导意见》鼓励通过老百姓喜闻乐见的形式，防止"一贴了之"，确保群众对公告公示看得到、看得懂、能监督，增强公开实效。因此，扶贫行政机关应该以简明、快捷的方式公开扶贫信息。这样不仅有助于避免乡村精英利用掌握的扶贫信息"寻租"，更有助于贫困户、扶贫企业、社会组织了解扶贫信息，进行相应的扶贫措施的

---

① 詹奕嘉、黄浩铭、陈菲：《扶贫"最后一公里"为何成为"贪腐重灾区"》，载新华网：http://www.xinhuanet.com//politics/2017-05/28/c_1121052819.htm，2021年7月1日最后访问。

调整。比如，根据国务院扶贫办《关于进一步做好 12317 扶贫监督举报电话工作的通知》，扩容 12317 电话线路，提高扶贫政务信息公开工作水平。

笔者认为，目前，为便利贫困户获取扶贫信息，需整合发挥县电视台、QQ、微信微博、贴吧论坛等媒体资源作用，征订图书和杂志，灵活采取发放张贴明白纸、村喇叭广播、挂横幅、流动车宣传、讲座等方式，驻村工作队、第一支部书记、帮扶单位直接深入到街头巷尾、田间地头，以谈心谈话、问卷调查等方式，召开民主评议会、听证会、座谈会等方式公开扶贫信息。为防止扶贫产品滞销等问题，扶贫行政机关应通过多种途径邀请不同专业的专家宣讲扶贫知识，让贫困户及时了解市场信息，解读扶贫法规政策，生产适销对路的农产品。

（三）健全法律规范授权企业强制性公开扶贫信息制度

扶贫行政机关当然有公开扶贫信息的职责，因为国家赋予其公共行政权力，使其具备搜集、公开扶贫信息的资源和手段。《指导意见》规定，强化扶贫信息的精准和共享，激励各类企业扶贫，鼓励合作建设承接产业转移的基地，引导企业精准结对帮扶，深入推进"万企帮万村"扶贫行动。但是，扶贫行政机关公开扶贫信息也会产生失灵，扶贫行政机关和扶贫企业的结合并不能从根本上改变扶贫信息不对称的弊端。以信息化推动扶贫开发工作科学化、规范化、精细化，共享企业扶贫信息资源，降低扶贫成本。充分利用国家电子政务网络、国家基础信息资源库、国家网络与信息安全基础设施等公共资源，发挥企业作用，采用政府购买公共服务的方式，构建扶贫开发信息系统运行环境，提高信息化建设工作效率，降低信息化平台建设和维护成本。通过实时数据交换，实现不同开发渠道、不同扶贫企业之间的业务协同，为构建政府、市场、社会共同参与的"大扶贫"格局奠定基础。

二、合理适用反贫困听证程序

（一）理清扶贫听证程序的基本原理

"行政听证制度是由行政机关告知决定理由和听证权利，行政相对人与利害关系人陈述意见、提供证据以及行政机关听取意见、接纳证据并作出相应决定等程序所构成的一种法律制度。"① 听证制度是公民参与行政程序的重要形式。

从国外立法现状来看，同类法规有《美国联邦行政程序》第 3 条，该条对听证形式进行了比较科学的设计；还有德国《联邦行政程序法》第 28 条第 1 款，该款内容充分尊重了当事人表达意见的权利。我国现行《行政许可法》在第 47 条第 1 款中明确规定了行政许可领域的听证制度。此外，《行政处罚法》《民政部听证办法》等法律、法规中也有关于听证程序的规定。比较而言，我国法律明文规定的听证范围过于狭窄。我国《社会救助暂行办法》中规定了一系列政府的职责，包括进行扶贫项目与资金管理。现在的问题是，扶贫能否适用听证制度，扶贫的哪些环节可以适用听证制度？适用哪种意义上的听证制度？在听证理论和实定法上，关于听证程序的规定是否适用于扶贫领域中对扶贫对象或相关利害关系人的权利限制或剥夺的具体行政行为？目前我国扶贫法律法规中没有明确规定，也没有规定行政机关在实施扶贫措施时负有听证的义务。

实践中，通过听证决定低保对象的确定和待遇发放，社区、村委会在采取扶贫相应的措施时，有进行听证的实际案例。如 2016 年 2 月 1 日诸城市枳沟镇后寨社区关于残疾人补贴申请问题召开决策听证会，枳沟镇乔庄社区王村就到期承包地继续对外承包的费用问题召开听证会，诸城市每个社区平均每年召开社区决策听证会的次数达到 5～10 次，听证会主要涉及聚集融合区建设、拆迁补偿、民生保障等与百姓生活息息相关的事项。②

以上分析表明，将扶贫行为纳入听证范围不仅是必要的，也是可能的。而且从扶贫对象的识别阶段就纳入听证程序。简言之，即听证程序也可以适用于扶贫领域，这一点值得立法者的重视。目前的听证在表现形式上同样存在差异，需要将听证理论本土化③和差异化。

（二）明确扶贫听证程序的效用

判断一种制度的价值之有无以及价值大小，是看这种制度到底能解决什

① 章剑生：《行政程序法基本理论》，法律出版社 2003 年版，第 101 页。
② 王晓丽、李芳：《诸城"辩论式听证会"让民主走进百姓心中》，载《潍坊日报》2016 年 2 月 1 日，第 2 版。
③ 余凌云：《听证理论的本土化实践》，载《清华法学》2010 年第 1 期。

么现实问题，扶贫听证可发挥哪些功效。

第一，为对扶贫决定有利害关系的行政相对人和社会公众更加规范化、制度化地参与听证提供制度保障和机制保障，增强扶贫参与的有效性。"一个行政机关，在适当情况下，必须给予受到他们决定影响的人一个申诉机会……在没有听到他要说的话之前就剥夺他的权利是不公正的。"① 听证可以为扶贫机关与申请人提供沟通与交流的机会，行政机关在作出扶贫决定之前详尽调查和听证，是行政机关的义务，目的是查明事实真相，作出公正的裁决。听证会的表决形式是帮助决定机关对申请扶贫对象的个人情况有较为全面的了解。

第二，保障扶贫政策和决定充分考虑行政相对人和社会公众的意见，增强扶贫决策和决定的正当性。通过扶贫听证，可以避免一部分人对扶贫信息的垄断。通过表达意见，体现贫困对象的主体性。听证制度集中体现了行政程序公正的价值取向。扶贫听证要求行政权机关把拟作出的内容事先通知行政相对人和公众，介绍案件的基本情况，陈述自己的意见并提交证据，允许贫困户与调查人员对质和辩论。在听证程序中，相对人可以利用程序性权利指控非法行政行为，由听证委员会对可能产生的利益链条进行充分的评估和分析，依据听证内容作出决定。

第三，有利于发现事实，避免行政偏见，确保扶贫行政行为的公正性。公正这一概念应该是对话式的，而不是独白式的。② 在扶贫决定中引入听证，扶贫行政机关有机会直接倾听申请人对案件事实的陈述，掌握申请人的真实情况。通过质证、辩论程序，可以帮助申请人理解拟作出行政决定的意义，也可以使其与相对人形成信任与合作的关系，使申请人更容易接受不利的决定结果，并且减少事后发生争议的概率，客观上有利于扶贫行政效率的提高以及行政机关权威的树立。简言之，通过增加扶贫主体之间的对话和沟通，增强扶贫行政行为的可接受性，可以减少和防止因沟通交流不够和信息不对称而导致的纠纷、争议。

---

① ［英］丹宁：《法律的训诫》，杨百揆、刘庸安等译，群众出版社 1985 年版，第 82 页。
② ［南非］毛利西奥·帕瑟林·登特里维斯主编：《作为公共协商的民主：新视角》，王英津等译，中央编译出版社 2006 年版，第 83 页。

（三）明确扶贫听证的范围

通过公正、公开、民主的听证方式可达到行政目的。[1] 由于我国目前行政听证制度整体设计过于原则与空泛，传统的听证类型很多，有立法听证、公开决策听证，也有行政行为的听证。[2] 因此，扩大听证程序适用范围是我国听证制度发展的必然趋势，要充分发挥听证程序提供意见表达与利益交涉平台的功能，还应当明确扶贫听证的范围，细化制度设计。

扶贫中一般只对扶贫重大事项进行听证，对于重大事项的界定由每个村根据习惯和传统自行规定。梳理扶贫政策和各省的扶贫条例，扶贫对象的识别是扶贫程序的首要环节，扶贫项目和扶贫资金直接涉及扶贫对象的自身权益。因此，笔者主要探讨扶贫对象的确定、扶贫项目选择、扶贫资金的使用中的听证程序。

1. 扶贫政策的制定需要听证

我国在行政领域如行政许可、行政处罚、行政复议中引入了听证制度；扶贫政策的制定应当体现人民的意志，而扶贫政策的制定是公民参与立法的重要途径，是保障公民知情权、申请权、评论权、获得通知权与监督权的有效方式，在扶贫政策的制定中引入听证制度为广大公民参与政策制定、管理国家事务提供了重要的途径。

2. 实行重大扶贫事项决策听证制度

第一，对扶贫对象的确定进行听证。浙江省《低保、困难家庭救助申请听证办法》规定通过听证决定低保户的确定和待遇发放。因此在识别中，对于扶贫对象的确定可以适用听证程序，以保障贫困户的个人意见的表达，有利于宣传和了解扶贫政策和法规，也有利于避免扶贫干部的偏私，保障扶贫程序的公平性。

第二，对扶贫项目的选择、扶贫资金的使用管理进行听证。《湖南省农村扶贫开发条例》第27条第3款规定，任何单位和个人不得截留、挪用或者侵占财政专项扶贫资金。《湖北省农村扶贫条例》第45条规定，贫困村村民会议、村民代表会议和村民有权对本村扶贫资金使用情况及资金使用效益进

---

[1] 参见马怀德：《论听证程序的适用范围》，载《中外法学》1998年第2期。

[2] 余凌云：《听证理论的本土化实践》，载《清华法学》2010年第1期。

行民主决策。扶贫项目的选择、扶贫资金的使用管理的听证程序的适用，对扶贫机关、帮扶单位等行为起到监督作用。比如，重大行政许可听证、重大基础设施建设的听证。

第三，其他需要听证的事项。我国扶贫听证制度的改进，应当以"正当程序"为理念，借鉴外国在相同领域的先进做法，对信息充分及时准确告知。在举行听证之前，主办方应当对听证代表、申请人等信息进行充分告知，包括相关法规、政策、文件，以及其他应当知晓的信息。

（四）完善扶贫听证程序的具体路径

扶贫听证程序区别于一般听证程序，下面笔者就听证在扶贫领域的完善做具体分析。

1. 确定灵活的扶贫听证形式

传统狭义上听证的概念一般是正式的，本章所称听证采用广义上的概念，可以是正式的听证会，也可以是论证会或座谈会的形式。[①] 扶贫领域的听证制度，包括行政相对人和其他利害关系人，并基于成本和效率的考虑，此外，为节约基层扶贫听证的成本和时间，可以在村委会、村民大会、村民代表大会等开会当天，根据听证会所讨论问题的具体情况分阶段进行，会前由村委会等通知，会中由专人将不同的会议内容分开记录，并可利用大数据归档，方便公众查询，以提高听证会质量，尽量不再另外择时另行召开。比如，2018 年 7 月 31 日，安徽省合肥市庐阳区三十岗乡汪堰村举行低保阳光听证，低保申请人陈述申请理由，听证会上乡驻村干部、人大代表、党员代表、村民组长、群众代表等 11 人组成的阳光评议小组对低保申请人进行评议，并当场公开低保评议结果。[②] 此外，笔者强调须重大事项才召开扶贫听证会，避免凡事必开听证会的情况。

2. 扩大扶贫听证参与人

传统听证程序适用范围限定在对个人"有利害关系"。扶贫听证适用范围，应为有可能严重侵害个人合法权益和合法期待的"不利行政行为"，除

---

① 石佑启、曾鹏：《公共事业民营化的行政法规制》，载《武汉大学学报（哲学社会科学版）》2012 年第 5 期。

② 佚名：《合肥：实行低保阳光听证 精准扶贫不落一户》，载《人民日报》2018 年 8 月 15 日，第 18 版。

了扶贫对象以外，权利和利益受到间接影响的第三人，都应该可以参加听证。① 此外，为便于弄清听证事件具体情况和专业问题，扶贫听证会需要邀请纪检监察机关、县政府各部门、驻村第一支部书记、扶贫工作队成员、专家、党员代表、群众代表等参与听证。

3. 扩大扶贫听证适用范围

传统听证程序适用范围限定在对个人"有利害关系"的情况。扶贫听证适用范围呈扩大趋势，对可能严重侵害个人合法权益和合法期待的"不利行政行为"、权利和利益间接受到影响等情况，都可以要求进行听证程序。

4. 明确扶贫听证主持人

一般听证程序，主持人应遵循我国《行政处罚法》第43条、《行政许可法》第48条第1款第3项规定，在听证会内容与当事人有利害关系时要回避。扶贫听证由扶贫行政机关（一般是乡镇政府、县政府或县政府的工作部门）主持，为保证听证程序的独立、中立和结果的公正，村委会成员不能担任主持人，调查人员在调查中也不能担任听证主持人。

5. 确定扶贫当事人代表

传统听证程序中如果利害关系人过多，理应广泛听取贫困户的意见和建议，但如果组织公开听证会不方便，比如在扶贫对象的识别、扶贫项目的选择、扶贫资金的分配和使用等情形中，对于涉及贫困户的切身利益，由于客观条件等原因的限制，听取每一个贫困户的意见和建议又不现实的，经过贫困户本人同意，原则上可采取当事人代表制的方式来实现。② 就各地的低保听证实践来看，有些地区建立了社区居委会评议听证人员库，由社区居民、民主议事会推选产生听证代表，分别为辖区内居住的市、区、镇三级人大代表、政协委员、低保户代表、楼长、党员代表等。关于扶贫听证代表的选拔，应公开扶贫听证代表名单，加强代表与被代表者的交流，此外，在平衡个人利益与公共利益上，遵循听证成本不大于听证效益的原则。

6. 明确扶贫听证程序规则

由于听证类型的不同，听证的具体程序规则不一。以低保程序为例，在

---

① 何海波：《英国行政法上的听证》，载《中国法学》2006年第4期。
② 马怀德：《论听证程序的适用范围》，载《中外法学》1998年第2期。

低保初选中，建立入户调查情况、低保申请人自述、评议代表提问、现场评议和无记名投票等 8 个相对完整执行步骤和方法体系。村监委全程监督，党员代表、群众代表全程参与，评议结果由评议代表签字确认，并对评审全过程进行记录。对每位低保申请人严格执行三榜公示制度，即听证会前公示、听证会后初选公示、审批结果公示，每次公示时间不少于 7 天，同时公布纪检监察机关、民政部门举报电话，接受群众监督。对评议出列和没有评上的农户进行回访，解疑释惑。

7. 扶贫听证结果的处理

传统听证会以听证会参与人员进行投票表决为结果，但在各地的低保听证实践中，大多采取民主表决的形式决定是否给予申请人低保资格，比如，"杨改兰事件"中以表决结果作为扶贫决定的结果。

在扶贫领域，听证会应给予公众参与公共决策的机会，扶贫行政主体应当根据听证笔录，在全面考虑各方披露的信息后，依据法律作出决定。笔者强调，会上须明确听证代表意见回应机制，当场能解决的问题立即予以回复，不能当场解决的，提出合理化建议，会后整改或抓落实。相关扶贫行政主体工作人员对村民代表的质询，现场解答说清，村民代表可在会场当场对质询听证认可度进行测评，当场打分并公布测评结果，这样既可以起到监督的作用也提高了听证会质量。此外，笔者建议要加大听证会成员对会后扶贫决议的监督。

三、优化反贫困教示程序

（一）厘清引入反贫困教示程序的合理性基础

教示制度，是指行政主体在作出对行政相对人合法权益产生不利影响的行政行为时，除法律有特别规定外，必须向其说明作出该行政决定的事实和法律依据，并告诉其在何时、以何种方式、向谁请求救济的制度。[①] 教示制度具有明显的控权功能。[②] 教示赋权行政参与人可主动向行政机关索要"程

[①] 参见戚建刚、杨小敏：《行政紧急权力的制约机制研究》，华中科技大学出版社 2010 年版，第 205 页。

[②] 参见戚建刚、杨小敏：《行政紧急权力的制约机制研究》，华中科技大学出版社 2010 年版，第 211~212 页。

序辅导"服务，以增强行政参与人的主体参与能力。[①] 可见，教示程序有助于保障贫困户的知情权，是政府必须履行的义务。

关于教示程序，我国《行政处罚法》（2021）第 52 条第 2 款规定，行政处罚决定书应当载明当事人的违法行为，行政处罚的种类和依据、罚款数额、时间、地点，申请行政复议、提起行政诉讼的途径和期限以及行政机关名称，并由执法人员签名或者盖章。《社会救助暂行条例》第 11 条第 3 款规定，经县级人民政府民政部门审查，对不符合条件的申请不予批准，并书面向申请人说明理由。根据《贵州大扶贫条例》第 11 条规定，各级人民政府应组织扶贫政策、法律法规的宣讲和解读等活动。其他各省市扶贫条例也有类似的规定。可见，目前我国扶贫规范对教示程序的规定比较粗略、笼统、模糊，多数是以"说明理由"的情况出现，法律保障依据明显不足。

（二）明确反贫困教示程序的功能

第一，扶贫行政主体与贫困户间的沟通得到了制度支持。程序中的教示与其他一些制度若能适时出现，有加强扶贫行政主体与贫困户间的联系，促进沟通渠道顺畅之功效。

第二，教示程序为扶贫行政主体提供了反思机会。行政程序具有反思性整合的特征。扶贫行政主体要反思、进行自我纠正，扶贫相对人同样需要具备这种意识，这也是贫困户主体意识的重要内容。若有利益冲突情况的发生，教示过程也能为最终双方妥协创造条件。它的作用在于帮助行政行为双方当事人明确并预测各种程序行为最终有可能走向哪一步，从而更为明智地达成妥协结果，同时在扶贫对象识别、扶贫管理、扶贫帮扶、扶贫监督以及扶贫考核阶段都能够做到信息对称。

第三，教示程序有助于提高扶贫行政主体行政效能。一方面，教示能促使贫困户了解扶贫程序，理解扶贫行政主体的行为，增强各方主体之间的沟通协作，主动配合扶贫行政主体完成扶贫任务，避免不必要的内耗；另一方面，在教示中，扶贫相对人可获得一个良好的心理适用过程，增强对扶贫行政结果的可预知性，从内心接受国家扶贫制度，提高对最后决定的可接受性。"合法地行使法定权力最终取决于被管理者的同意……对于行政程序的评估，

[①] 参见方洁：《论行政程序中的教示制度》，载《浙江社会科学》2000 年第 6 期。

不仅应该根据它们的实际作用，还应该根据受到影响的利益集团所理解的方式来进行。"① 可见，扶贫教示制度的形成，使扶贫程序法制建设更趋民主、合理、科学，有助于提高扶贫效率。

第四，教示程序有助于消除扶贫行政主体与贫困户之间的对话障碍。行政相对人知情权、参与权的实现，要求行政主体在行政程序中积极履行教示义务，就行政事项和行政行为对其进行教示。② 此外，扶贫教示可以随机灵活运用，由于它更简捷、易于操作，更符合民众的行为心理，有助于激发贫困户的内生动力，有助于消除扶贫行政主体与贫困户之间的对话障碍。

（三）廓清反贫困教示范围

第一，扶贫行政主体在作出行政决定时，要有明显的事实和法律依据。比如，县政府在作出移民搬迁决定时要有地质情况等事实的考察依据，有明确的风险评估、专家论证等材料，还要根据《决定》等政策性规定按照程序进行移民安置。

第二，扶贫行政主体告知相对人救济途径。这一制度的主要内容包括两个方面。其一，对影响扶贫户权益的扶贫行为的教示。这种教示既包括事实依据，也包括法律依据。事实依据是案件发生后在客观世界中留下的各种痕迹以及行政机关通过法定程序收集的证据，例如村委会关于确定扶贫对象的民主评议会议记录。法律依据是行政机关作出该行为时所依据的规范性文件。③ 例如，《国务院扶贫办关于进一步克服形式主义减轻基层负担的通知》提出，国务院扶贫办进一步完善建档立卡信息系统和统计报表制度，精简检查考评、会议、文件等规定，对防止和克服地方形式主义、官僚主义，切实减轻基层负担，将起到很好的宣示教育和指导作用。其二，对贫困户扶贫救济途径的教示。其内容又可细分为贫困户不服行政决定时，提请申请救济的时间期限，贫困户以何种方式申请救济，贫困户向谁提出救济。

---

① ［美］欧内斯特·盖尔霍恩、罗纳德·M. 利文：《行政法和行政程序概要》，黄列译，中国社会科学出版社1996年版，第4页。

② 参见潘海：《论行政程序法中的教示制度》，载《新余学院学报》2009年第3期。

③ 戚建刚、杨小敏：《行政紧急权力的制约机制研究》，华中科技大学出版社2010年版，第211页。

（四）优化扶贫教示程序的具体路径

第一，拟制扶贫教示事项的依据和内容。扶贫行政主体的教示义务更大程度上是告知义务。比如，就贫困户评定标准、评定方法、扶贫的规划编制、项目安排、资金使用、监督管理等方面对民众进行宣讲。此外，尽管行政机关可自由裁量是否教示与如何教示，但原则上应对行政参与人提出的教示请求给予必要的回应。①

第二，告知扶贫行政救济的途径和期限。《行政处罚法》规定，行政处罚决定书应当载明不服行政处罚决定、申请行政复议或者提起行政诉讼的途径和期限，以及告知行政相对人提起行政救济的时间、方式和向何种机关请求救济等义务。比如，对于没有被确定为扶贫对象、取消低保户资格等行政相对人，被退出帮扶范围但实际上不愿意退出的扶贫对象，有必要告知行政相对人扶贫救济的途径、时间、方式等具体内容，而且必须以行政相对人理解的方式告知。

第三，对影响贫困户权益的行政行为进行教示，保护扶贫相对人权益及公共秩序。教示的内容包括扶贫行政行为可能产生的后续结果、直接后果、间接结果。行政扶贫主体也应当就该项内容对扶贫相对人进行教示，以促使扶贫相对人积极行使权利和履行义务。② 扶贫相对人要求告知扶贫政策、信息或被取消低保资格等的理由与法律依据的，扶贫行政主体不得拒绝。扶贫行政主体掌握着行政活动的各种信息，处于事实上的优势法律地位，决定着行政程序如何进行。因此，为保证扶贫相对人有效地参与行政程序，扶贫行政主体必须就行政行为的事项对行政相对人进行教示。③ 在精准帮扶阶段，扶贫行政主体要进行行政指引，扶贫行政主体应当根据扶贫户的申请或主动对扶贫措施、方案的选择等进行指引和辅导，提供信息、技术、智力乃至财力、物力等方面的支持帮助，进行成本效益分析，选择合适的扶贫方式和措施，使扶贫工具与扶贫目标匹配。从贫困户的角度来看，这也是其在行政程序中享有知情权的最基本体现。以重庆本土人才回引工程为例，重庆市针对

① 方洁：《论行政程序中的教示制度》，载《浙江社会科学》2000 年第 6 期。
② 参见孟昭阳、赵锋：《论行政告知制度》，载《中国人民公安大学学报（社会科学版）》2004 年第 1 期。
③ 参见潘海：《论行政程序法中的教示制度》，载《新余学院学报》2009 年第 3 期。

农村特别是贫困村"两委"班子普遍老化弱化、驻村工作队难以长留的状况，及时出台人才回引政策，对本乡本土大中专毕业生、外出成功人士进行调查摸底，由乡镇、村两级党组织采取电话联络、座谈联谊、主动登门拜访等方式，进行"点对点"动员，做到"三给"政策：给待遇、给政策扶持、给晋升通道，并进行专业培训。据统计，截至2017年2月，全市已回引10237名本土人才回村挂职或创业，累计领办创办合作经济组织1062个、小微企业1852个，直接带动3万多贫困户增收。① 重庆市政府本土人才回引工程中的"点对点"动员、"三给"政策，促使行政相对人了解扶贫政策，有助于实现个人权益，并积极支持家乡脱贫事业。这则扶贫典型案例对各地做好乡村振兴中相关群体的救助工作具有良好的借鉴作用。

四、规范反贫困民主科学决策程序

所谓民主科学决策程序，是指扶贫行政主体在扶贫政策的决定过程中，坚持公众参与、专家论证和政府决定相结合，遵循科学决策和民主决策，作出处理扶贫公共事务的决定的程序。在扶贫领域，主要针对扶贫项目的选择、扶贫资金的使用，扶贫产业环境影响等进行民主决策，该程序并不适用于每一个阶段的扶贫行政行为。

行政决策传统上属于政治学、行政管理学研究的范围。《国务院关于印发"十三五"脱贫攻坚规划的通知》强调，深入组织开展院士专家咨询服务活动。《全面推进依法行政实施纲要》强调，必须建立健全公众参与、专家论证和政府决定相结合的行政决策机制。《甘肃省农村扶贫开发条例》第33条规定，农村扶贫开发项目的实施应遵循民主科学决策程序，具体包括听取群众意见、组织论证和公开公示程序。《贵州省大扶贫条例》第13条规定，扶贫对象的精准识别和脱贫认定等都应遵循程序规范、民主评议、严格评估等原则。

（一）引入扶贫民主科学决策程序的功能

进入全面实施乡村振兴的新阶段，扶贫的民主科学决策程序推动扶贫决

---

① 国务院扶贫办：《国务院扶贫办精选12则精准扶贫典型案例》，载《中国扶贫》2017年第5期。

策科学化、民主化进程等功能主要体现为以下三方面。

第一，有助于提高扶贫决策的民主性。扶贫决策程序中的少数服从多数、民主评议、公众参与、专家论证、说明理由等规则及原则，可在很大程度上控制扶贫决策中的恣意，从而避免将个人意志凌驾于集体和群众意见之上，作出一些脱离实际、违背规律、不符合群众利益要求的错误决策。

第二，有助于提高扶贫决策科学性。程序不一定能够保证按照该程序作出的决策一定是科学的，但它能够较大程度上避免错误决策的作出。① 扶贫民主科学决策程序可以克服信息不对称，提高决策科学化程度。比如，通过专家论证、成本效益评估、召开听证会、公众参与、集体审议等一系列程序架构，有助于广泛吸收、筛选各种扶贫信息，克服扶贫决策中的信息不对称。

第三，有助于增强扶贫措施的可接受性。环境影响分析程序、成本效益分析、听证等程序使得扶贫政策在特定时限内能够在利益主体之间获得再次博弈机会。对于扶贫对象而言，程序机制的设计是扶贫政策理解和接受的过程，其有助于消除扶贫机关之间的对立情绪，从而增强扶贫决策的可接受性，降低决策在实施过程中的执行成本。

（二）健全扶贫民主科学决策程序具体路径

我国学者认为决策程序中最基本的程序要素包括听取公众和专家意见、决策信息的充分获取、成本效益和风险评估、决策信息的适度公开、审议中的少数服从多数、不同意见的免责等。② 目前，我国有些法律已经有了这方面的规定，积累了一些经验。例如，《贵州省大扶贫条例》第71条规定，建立健全扶贫开发工作重大决策机制；《广州市重大行政决策程序规定》第11条规定，决策起草部门应当组织专家咨询会。但是，这些规定尚不够细致和全面，为构建乡村振兴新格局，需要明确哪些决策需要经过专家论证、公众参与，如何规范科学民主决策的范围、具体事项和保障程序。

1. 明确社会公众有效参与民主科学决策事项

第一，扶贫对象的识别适用科学民主评议。村民民主评议形成初审名单

---

① 参见朱新力：《科学民主决策：程序是基础》，载《行政管理改革》2011 年第 3 期。

② 朱新力：《科学民主决策：程序是基础》，载《行政管理改革》2011 年第 3 期。

时就启用民主决策，此阶段主要是小组评议、村委会评议，涉及村委会、社区委员会内部事务，对于是否成为扶贫对象要召开民主评议。从实践来看，此阶段的民主评议直接涉及能否进入下一阶段，笔者建议邀请乡镇政府、民政部等人员参加，不仅有利于扶贫政策的宣传，扶贫信息的公开，让乡镇政府、县政府提前实质性地了解情况，起到有效监督作用。比如，广西河池市元力村贫困户精准识别工作流程由村民小组评议，并填写《村民小组精准识别入户评分评议表》，再由行政村评议填写《行政村精准识别入户评分评议表》。

第二，扶贫项目的选择、扶贫资金的使用需要进行民主评议。有助于保障贫困户对评议的重大事项的通知权、知情权、申请权、评论权，有助于提升其对扶贫行政认同感；提高扶贫的"精准性"；有助于预防和纠正扶贫行政权力的违法和滥用，有助于保障扶贫政策的制定过程科学与民主。

2. 确保行政决策过程中专家论证意见的科学性

专家咨询报告是公众参与决策的重要依据，为了使公众参与更具建设性，事先公开权威性的论证意见，公众会比较理智地表达意见，积极配合政府的决策。其中，政府是决策的主体，专家咨询只是决策的参考。

第一，决策承办单位拟订决策草案。在草案公布前，应当组织专家论证。明确论证目的、内容和对象，制定论证步骤和标准，明确论证方式。政府应建立决策咨询专家库，决策承办单位应当从与重大行政决策相关的专家中随机确定或者选定参加论证的专家，同时建立起专家资格审查制度、专家任期制度、专家回避制度。

第二，专家不仅要有本领域的专业知识，也要与决策事项没有利益关系，以确保专家咨询意见的客观性。经过专家陈述后，直接进入自由辩论环节。专家可根据上一环节的陈述，自由进行辩论。持不同意见的专家应以个人身份客观真实地表述事实和观点。

第三，专家参与决策论证，应当对决策的科学性负责，专家论证具有法律约束力。明晰专家的权利和义务有助于规范专家的行为，有助于法律责任的认定。笔者认为，专家参与决策论证需遵循以下事项：专家或者专业研究机构论证后，应当出具有签名或者盖章的书面论证意见；专家应对意见的客观性、公正性、科学性负责；专家对论证的事项存在利害关系的，应当回避；

专家的意见必须得到尊重，决策应全面、真实、客观、准确地反映专家意见；决策承办单位应当对专家论证意见归类整理，并予以采取，不予采用的予以说明；专家论证意见应当作为决策说明的组成部分向社会公布；重大行政决策没有经过专家论证，不能作出决策。

3. 通过适当方式保证公众有效参与扶贫民主决策

第一，全面向社会公开征求意见。动员多元利益主体参与扶贫政策制定，有助于增加扶贫政策制定的民主性。比如，《湖南省行政程序规定》规定，决策承办单位公布重大行政决策方案草案征求公众意见的时间不得少于 20 日。

第二，征求部分或代表的意见，也就是向利益相关人征求意见。有研究表明，在绝大部分决策中，只有那些与利益存在着最紧密关联的人，才愿意付出时间和金钱去理解并影响决策。比如，只有潜在的会成为扶贫对象的贫困户（或者处于贫困线边界的贫困户）是真正的受影响者，行政决策尤其需要听取权利可能受到影响的人的意见。

第三，鼓励独立利益代表团体参与扶贫决策程序。贫困户参与行政决策应保留个体参与方式，鼓励和引导由个体参与方式向团体参与方式演变。比如，帮扶企业、社会组织，慈善机构等参与扶贫民主科学决策程序，可以提高决策的科学性、民主性。

第四，区分民主决策与民主表决。有学者认为，在研究行政决策民主化的具体实现途径上，不能盲目地搞行政决策的"大民主化"，即群众路线不能被片面理解，[①] 不能违背科学民主程序设置的目的。因为程序法的任务在于使各方面的意见能得到充分的表达，特别是利害关系人的利益得到充分考虑，公众的意见能够在决策中得到尊重和体现，但决策的关键还是由政府最终综合决定，政府才是决策的主体，不能把民主评议搞成民主表决，政府享有最终选择权和定夺权。

4. 积极引导扶贫决策过程中的社会监督

第一，扶贫决策信息的适度公开。《国务院关于印发全面推进依法行政实施纲要的通知》要求，涉及面广、与人民群众利益密切相关的决策事项，

---

① 于立深：《论我国行政决策民主机制的法治化》，载《国家行政学院学报》2010 年第 1 期。

应当向社会公布。比如,《湖南省行政程序规定》提出了除依法不得公开的事项外,决策承办单位应当向社会公布重大行政决策方案草案,征求公众意见。

第二,让公众参与扶贫决策具体事项。比如,修建乡村公路、农村垃圾处理场所、农村公共图书馆、公共活动广场等事项涉及面广,而且与大家生活密切相关的事项,应当依法公开决策事项,鼓励贫困户参与讨论,积极听取贫困户的需求和建议。作为提交贫困户参与讨论的方案,政府应提前准备几种备选的方案,以及几种方案应准备采取什么方式调控、各个方案的利弊等基本情况,这样公众参与讨论才有焦点,讨论的针对性才强,也容易形成决策讨论结果。决策方案公布后,建议采取临时性的行政措施,中止原规定的执行,按照程序公布新的扶贫规定后,执行新的规定。

5. 依法追究扶贫决策违法的集体责任与个人责任

按照《全面推进依法行政实施纲要》"谁决策、谁负责"的原则,落实扶贫决策权,建立健全扶贫决策责任追究制度。同时,明确责任有助于提高政策制定者的综合素质,专业知识背景、性格、能力、兴趣倾向等在一定程度上也会影响扶贫政策和决策的有效性。

参 考 文 献

［1］2016 扶贫蓝皮书发布［EB/OL］. http：//cn. chinadaily. com. cn/2016 -
12/27/content_27789479. htm.

［2］［印］阿比吉特·班纳吉，［法］埃斯特·迪弗洛［M］. 景芳，译.
北京：中信出版社，2018.

［3］［印］阿玛蒂亚·森. 贫困与饥荒——论权利与剥夺［M］. 王宇等，
译. 北京：中国商务出版社，2004：12，40.

［4］［印］阿玛蒂亚·森. 以自由看待发展［M］. 任赜，于真，译. 北
京：中国人民大学出版社，2002：161 - 187.

［5］［德］奥托·迈耶. 德国行政法［M］. 刘飞，译. 北京：商务印书
馆，2002：97.

［6］保育钧. 政商关系重构严重滞后［J］. 北大商业评论，2015（6）：
118.

［7］［美］贝克. 风险社会［M］. 何博闻，译. 南京：译林出版社，
2003：9 - 10.

［8］［英］庇古. 福利经济学［M］. 金镝，译. 北京：华夏出版社，
2007：1.

［9］蔡定剑. 中国公众参与的问题与前景［J］. 民主与科学，2010
（5）：26 - 29.

［10］蔡科云. 论政府与社会组织的合作扶贫及法律治理［J］. 国家行政
学院学报，2013（2）：33 - 37.

［11］蔡志海. 精准扶贫：迈向治贫理性化和现代化［EB/OL］. http：//
china. huanqiu. com/hot/2017 - 02/10168872. html.

［12］曹建萍. 从社会管理到社会治理：理念与实践［J］. 特区实践与理
论，2013（1）：43 - 45.

［13］曹清华. 英国现代社会救助制度反贫困效应研究［J］. 河南师范大
学学报（哲学社会科学版），2010（5）：85 - 88.

［14］曾金华，董碧娟. 多部门推动扶贫资金预算编制、执行、决算实

施全过程绩效管理 [N]. 经济日报, 2018 - 06 - 03 (4).

[15] 陈成文, 王祖霖. "碎片化" 困境与社会力量扶贫的机制创新 [J]. 中州学刊, 2017 (4): 81 - 86.

[16] 陈成文, 于瑞淼. 扶贫资源配置的 "内卷化" 问题研究: 回顾、评价与展望 [J]. 社会建设, 2017 (6): 39 - 46.

[17] 陈发明. 扶贫要用好激励约束机制 [EB/OL]. http: //www. qstheory. cn/zhuanqu/bkjx/2016 - 05/24/c_1118920729. htm.

[18] 陈和. 我国扶贫开发工作方略探析 [J]. 温州大学学报 (社会科学版), 2017 (3): 38 - 45.

[19] 陈晋胜. 公共利益及其行政法规制 [J]. 理论探索, 2008 (1): 141 - 142.

[20] 陈静. 英国的社会救助体系及对我国的启示 [J]. 新西部旬刊 [J]. 2011 (4): 265 - 265.

[21] 陈军. 《四川省农村扶贫开发条例》立法听证会在旺苍成功召开 [EB/OL]. http: //www. scfz. gov. cn/2014/04/11168. html.

[22] 陈荣. 山西省百企千村扶贫工作中的政府行为分析——以临汾市古县为例 [J]. 时代金融, 2015 (27): 213, 223.

[23] 陈瑞华. 司法权的性质 [J]. 法学研究, 2000 (5): 30 - 58.

[24] 陈思洁. 浅议行政权力滥用及其治理——由 "坑爹扶贫" 引发的思考 [J]. 法制与社会, 2013 (3): 164 - 165.

[25] 陈武. 程泓淼. 破解脱贫攻坚信访问题难题的探析——以丹江口市 "1 + 3" 工作法破解信访问题难题为例 [EB/OL]. http: //www. hbfp. gov. cn/zwdt/dcxj/39569. htm.

[26] 陈锡文. 走中国特色社会主义乡村振兴道路 [M]. 北京: 中国社会科学出版社, 2019.

[27] 陈新民. 行政法学总论 [M]. 台北: 三民书局, 1990: 7, 84.

[28] 程雁雷. 服务型政府的法治基础 [J]. 上海政法学院学报, 2008 (6): 10 - 14.

[29] 崔璨. 扶贫考核岂能脱实向虚 [N]. 人民日报, 2017 - 12 - 18 (001).

[30] [日] 大桥洋一. 行政法学的结构性变革 [M]. 吕艳滨, 译, 北京: 中国人民大学出版社, 2008: 173 - 174.

[31] 代正光. 国内外扶贫研究现状及其对精准扶贫的启示 [J]. 甘肃理论学刊, 2016 (4): 143 - 147.

［32］戴安娜·M.迪尼托.社会福利：政治与公共政策［M］.何敬，葛其伟，译，北京：中国人民大学出版社，2007：308.

［33］戴晨飞.教示制度与建设服务型政府［J］.唯实：现代管理，2013（2）：58－60.

［34］［英］丹宁.法律的训诫［M］.杨百揆，刘庸安等，译.北京：群众出版社，1985：82.

［35］邓大松，仙蜜花.美国反贫困政策及对中国扶贫工作的借鉴和启示——基于美国福利政策的分析［J］.江淮论坛，2017（4）：124－128.

［36］邓维杰.精准扶贫的难点、对策与路径选择［J］.农村经济，2014（6）：78－81.

［37］丁建定.英国社会保障制度史［M］.北京：人民出版社，2015：180－186，374－378，383，387－390.

［38］董棣.提高扶贫资源配置效果的途径——花邑一社扶贫资源传递试验研究［J］.中国农村经济，1999（7）：71－74.

［39］段哲哲，周义程，黄昊.协同建模：复杂科学典范下公众参与决策的新路径［J］.理论与改革，2017（5）：149－157.

［40］段忠贤.社会扶贫"碎片化"如何治理［N］.光明日报，2016－05－30.

［41］范和生，唐惠敏.农村贫困治理与精准扶贫的政策改进［J］.中国特色社会主义研究，2017（1）：45－52.

［42］范愉.纠纷解决的理论与实践［M］.北京：清华大学出版社，2007：270.

［43］范愉.行政调解问题刍议［J］.广东社会科学，2008（6）：174－184.

［44］方辉振.农村公共品供给：市场失灵与政府责任［J］.理论视野，2007（8）：52－54.

［45］方洁.论行政程序中的教示制度［J］.浙江社会科学，2000（6）：55－59.

［46］方世荣，石佑启.行政法与行政诉讼法［M］.北京：北京大学出版社，2011.

［47］方世荣.关于行政法对社会关系调整"度"的思考［J］.法学评论，1996（5）：23－28.

［48］方世荣.论行政相对人［M］.北京：中国政法大学出版社，2000.

［49］方世荣.行政法与行政诉讼法学（第4版）［M］.北京：中国政法

大学出版社，2010.

　　［50］丰霏．法律治理中的激励模式［J］.法制与社会发展，2012（2）：151－160.

　　［51］凤凰国际智库课题组．宣战 2020——中国扶贫报告［EB/OL］.http：//www.360doc.com/content/17/0216/23/7449569_629584833.shtml.

　　［52］扶贫"最后一公里"为何成为"贪腐重灾区"？［EB/OL］.http：//fanfu.people.com.cn/n1/2017the Public－Private State/0528/c64371－29305866.html.

　　［53］扶贫工作岂能陷入形式主义怪圈［J］.新城乡，2017（8）：8.

　　［54］付子堂．法律功能论［M］.中国政法大学出版社，1999：68－69.

　　［55］［美］盖尔霍恩，罗纳德，利文．行政法和行政程序概要［M］.黄列，译．北京：中国社会科学出版社，1996：4.

　　［56］甘肃回应"投资16亿扶贫路刷涂料算整改"：6人停职［EB/OL］.http：//www.xinhuanet.com/yuqing/2018－04/02/c_129842122.htm.

　　［57］高秦伟．政策实现与行政法［C］//中国法学会行政法学研究会，2006：185－194.

　　［58］葛传红．阳光听证精准扶贫［EB/OL］.http：//news.163.com/16/0930/11/C277BLAH00014 SEH.html.

　　［59］葛志军，邢成举．精准扶贫：内涵、实践困境及其原因阐释——基于宁夏银川两个村庄的调查［J］.2015（5）：157－163.

　　［60］缑建芳，栾奕，王猛，等．精准扶贫理论的内涵及其策略［J］.农业图书情报学刊，2017（5）：9－11.

　　［61］顾东辉．精准扶贫内涵与实务：社会工作视角的初步解读［J］.社会工作，2016（5）：3－14.

　　［62］广汉市金鱼镇：着力推进"输血式"扶贫向"造血式"扶贫转变［EB/OL］.http：//www.scfpym.gov.cn/show.aspx？id＝51626.

　　［63］贵州省扶贫办 2017 年政府信息公开工作年度报告［EB/OL］.http：//www.gzfp.gov.cn/xxgk/xxgknb/201803/t20180329_2338119.html.

　　［64］郭锦辉．完善制度构建确保精准扶贫——访中国农业大学人文与社会发展学院院长李小云［EB/OL］.http：//news.cau.edu.cn/art/2014/7/1/art_8779_283164.html.

　　［65］郭润生，张小平．论给付行政法［J］.行政法学研究，1994（3）：16－23.

　　［66］国务院办公厅．国办印发通报对 2016 年落实重大政策措施成效明

显地方予以表扬激励［EB/OL］. http：//www. xzjw. gov. cn/Item/62930. aspx.

［67］国务院扶贫办精选 12 则精准扶贫典型案例［J］. 中国扶贫，2017 (5).

［68］国务院扶贫开发领导小组办公室. 2017 年国务院扶贫办官网工作年度报表和监管年度报表［EB/OL］. http：//www. cpad. gov. cn/art/2018/1/31/art_343_841. html.

［69］［德］哈特穆特·毛雷尔. 行政法学总论［M］. 高家伟，译. 北京，法律出版社，2000：21，70，453，467 – 469，471 – 472.

［70］韩俊. 中国特色扶贫开发理论的解释模式［J］. 中国扶贫，2016 (22)：8 – 11.

［71］韩克庆. 中美社会福利比较［M］. 济南：山东人民出版社，2012：104，105，107，109，110，113.

［72］韩亚栋. 云南一县扶贫攻坚出闹剧：50 元 1 头租牛充数忽悠检查［EB/OL］. http：//www. xinhuanet. com/yuqing/2018 – 07/20/c _ 129917264. htm.

［73］汉欧力. 联邦德国社会保障体系概览［J］. 德国研究，1996 (3)：57 – 60.

［74］何海波. 英国行政法上的听证［J］. 中国法学，2006 (4)：137 – 157.

［75］何浩民. "逼捐" 扶贫不如多些 "授渔" 行动［EB/OL］. http：//cpc. people. com. cn/pinglun/n/2015/1019/c241220 – 27715050. html.

［76］何玲. 中国政府与国际社会在扶贫开发领域合作问题研究［D］. 长春：吉林大学，2015.

［77］何平. 我国精准扶贫战略实施的法治保障研究［J］. 法学杂志，2017 (1)：50 – 58.

［78］何峥嵘. 给付行政的发展与行政法理论、制度的回应［J］. 学术论坛，2007 (11)：161 – 166.

［79］何植民，陈齐铭. 精准扶贫的 "碎片化" 及其整合：整体性治理的视角［J］. 中国行政管理，2017 (10)：87 – 91.

［80］贺大新. 莫搞 "被脱贫"［J］. 中国老区建设，2017 (12)：19.

［81］贺雪峰. 大国之基［M］. 北京：东方出版社，2019.

［82］贺雪峰. 监督下乡——中国乡村治理现代化研究［M］. 江西：江西教育出版社，2021.

［83］贺雪峰. 新乡土中国［M］. 北京：北京大学出版社，2013.

171

［84］贺雪峰. 中国农村反贫困战略中的扶贫政策与社会保障政策［J］. 2018（5）：147－153.

［85］胡鞍钢. 用"精准激励"激发"我要脱贫"［EB/OL］. http：// theory. people. com. cn/n1/2017/0829/c40531－29500347. html.

［86］胡敏洁. 给付行政范畴的中国生成［J］. 中国法学，2013（2）：34－42.

［87］湖北省扶贫开发办公室. 2017年度政府信息公开工作年度报告［EB/OL］. http：//www. hubei. gov. cn/xxgk/zfxxgknb/bmnb/sfpb/201803/t20180322_1265552. shtml.

［88］湖北省罗田县政府. 罗田黑山羊：从"五位一体"到"羊羊得益"［J］. 中国农民合作社，2017（8）：25－26.

［89］湖北省乡村振兴研究院. 乡村振兴之路［M］. 武汉：湖北科学技术出版社，2018.

［90］湖北省乡村振兴研究院. 新时代"三农"工作总抓手——实施乡村振兴战略答疑解惑 乡村振兴"三农"［M］. 武汉：湖北科学技术出版社，2019.

［91］扈双龙. 以巴西为鉴：加强和改进扶贫开发工作考察报告［EB/OL］. http：//www. guolv. com/nanmeizhou/zixun/172665. html.

［92］黄爱军，朱奎. 美国扶贫减困的主要特点及启示［J］. 江苏农村经济，2010（8）：68－70.

［93］黄承伟，覃志敏. 我国农村贫困治理体系演进与精准扶贫［J］. 开发研究，2015（2）：56－59.

［94］黄凤兰. 美国社区听证的衰落与重振［J］. 比较法研究，2016（1）：189－200.

［95］姜明安. 新世纪行政法发展的走向［J］. 中国法学，2002（1）：61－72.

［96］黄建. 论精准扶贫中的社会组织参与［J］. 学术界，2017（8）：7－8.

［97］黄开腾. 由"普惠式扶持"到"分类扶持"：扶贫方式的转型［J］. 理论导刊，2017（8）：72－76.

［98］黄妮，刘定平. 论精准扶贫中行政责任机制的构建［J］. 宁夏党校学报，2016（2）：47－50.

［99］黄学贤，吴菲. 服务型政府背景下新型行政行为的主要特征探析［J］. 江苏行政学院学报，2012（6）：114－121.

［100］黄正柏．联邦德国1960—80年代的学生运动和"公民行动"［J］．温州大学学报（社会科学版），2013（6）：55-61．

［101］［美］吉尔伯特，特雷尔．社会福利政策导论［M］．黄晨熹等，译．上海：华东理工大学出版社，2003：172．

［102］季卫东．法律程序的意义：对中国法制建设的另一种思考［M］．北京：中国法制出版社，2004：11．

［103］季卫东．法治秩序的建构［M］．北京：中国政法大学出版社，1999：23．

［104］贾世伟，李婉莹，李凯．农业供给侧改革背景下的文化精准扶贫内涵浅析［J］．资本论研究，2017（1）：119-123．

［105］［美］简·米勒．解析社会保障［M］．郑飞北，杨慧，译．上海：上海人民出版社，2012：79，80，126，130，132，168．

［106］石佑启，杨治坤，黄新波．论行政体制改革与行政法治［M］．北京：北京大学出版社，2009：199．

［107］［美］简·米勒．解析社会保障［M］．郑飞北，杨惠，译．上海：格致出版社，2012：80．

［108］江必新．论行政规制基本理论问题［J］．法学，2012（12）：17-29．

［109］江国华．从行政行为到行政方式：中国行政法学立论中心的挪移［J］．当代法学，2015（4）：3-12．

［110］姜明安，皮纯协．行政法学［M］．北京：中共中央党校出版社，2000：2．

［111］姜明安．法治思维与新行政法［M］．北京大学出版社，2013：120．

［112］姜明安．法治政府必须认真对待公民权利——评《国有土地上房屋征收与补偿条例》［J］．苏州大学学报（哲学社会科学版），2011（1）：6-7．

［113］姜明安．建设服务型政府应正确处理的若干关系［J］．北京大学学报（哲学社会科学版），2010（6）：110-119．

［114］姜明安．社会主义市场经济体制下行政法的特征［J］．行政法学研究，1994（1）：1-2．

［115］姜明安．行政的"疆域"与政府职能定位［C］．中欧政府管理高层论坛，2006：569-574．

［116］姜明安．行政法与行政诉讼［M］．北京：北京大学出版社，高等

教育出版社，2015：27，31－32，76，328－336，388.

[117] 姜明安. 行政法与行政诉讼法 [M]. 北京：法律出版社，2003：69.

[118] 姜明安. 正当法律程序：扼制腐败的屏障 [J]. 人民检察，2008 (3)：37－47.

[119] 蒋建湘. 企业社会责任的法律化 [J]. 中国法学，2010 (5)：123－132.

[120] 蒋炜，武亭廷. 论我国行政资助制度之完善 [J]. 河北法学，2011 (5)：198－200.

[121] 蒋悟真. 政府主导精准脱贫责任的法律解释 [J]. 政治与法律，2017 (7)：72－83.

[122] 金国坤. 论科学决策、民主决策的法治化——基于北京市交通治堵方案征求民意的考量 [J]. 法学杂志，2011 (7)：37－41.

[123] 金艳. 行政调解的制度设计 [J]. 行政法学研究，2005 (2)：78－84.

[124] 警惕扶贫工作中的"形式主义" [EB/OL]. http：//f. china. com. cn/2017－12/21/content_50117983. htm.

[125] ［日］菊池馨实，社会保障法制的将来构想 [M]，韩君玲，译，商务印书馆，2018：30－31.

[126] ［英］卡尔·波兰尼. 大转型：我们时代的政治和经济起源 [M]. 刘阳，冯钢，译，浙江：浙江人民出版，2009：43－50.

[127] 孔令兵，王海立. 政府购买社会服务的行政法规制 [J]. 广东行政学院学报，2015 (4)：55－60.

[128] 匡贤明. 从"祝贺贫困"反思传统扶贫方式 [EB/OL]. http：//news. 163. com/12/0202/07/7P88ERRV00014AED. html.

[129] ［法］莱昂·狄骥. 宪法学教程 [M]. 郑戈，冷静，译，沈阳：辽海出版社、春风文化出版社，1999：242.

[130] ［美］莱斯利·雅各布. 民主视野 [M]. 北京：中国广播电视出版社，2000：93.

[131] ［美］兰迪·T. 西蒙斯. 政府为什么会失败 [M]. 张媛，译. 北京：新华出版社，2017：16.

[132] 蓝宇. 民生法治视阈下的弱势群体民生权利保障 [J]. 求索，2009 (5)：150－152.

[133] 老人宁住小黑屋不去安置房：干农活回去得走 10 公里 [EB/OL].

https：//3w. huanqiu. com/a/0c789f/7DR7EXBz9za？agt =8.

［134］［荷］勒内·J. G. H. 西尔登，弗里茨·斯特罗因克. 欧美比较行政法［M］. 伏创宇，刘国乾，李国兴，译. 北京：中国人民大学出版社，2013：103.

［135］黎帼华. 美国福利［M］. 合肥：中国科技大学出版社，2002：95 –99.

［136］李秉勤. 欧美福利制度：挑战改革与约束［M］. 北京：中国社会出版社，2011：223 –225，238，241，269，275.

［137］李洪雷. 论互联网的规制体制——在政府规制与自我规制之间［J］. 环球法律评论，2014（1）：118 –133.

［138］李洪雷. 迈向合作规制：英国法律服务规制体制改革及其启示［J］. 华东政法大学学报，2014（2）：55 –66.

［139］李洪雷. 行政法释义学：行政法学理的更新［M］. 北京：中国人民大学出版社，2014：106，108 –109，403，406.

［140］李华. 国际社会保障动态反贫困模式与管理［M］. 上海：上海人民出版社，2015：85，88 –90，92 –93，105 –106.

［141］李鹍，叶兴建. 农村精准扶贫：理论基础与实践情势探析——兼论复合型扶贫治理体系的建构［J］. 福建行政学院学报，2015（2）：26 –33.

［142］李璐等. 社会组织参与社会管理研究［M］. 北京：中国计划出版社，2015：171.

［143］李青. 中外合作办学监管立法之教育公益性原则［J］. 山东社会科学，2015（S2）.

［144］李群峰. 权力结构视域下村庄层面精准扶贫瞄准偏离机制研究［J］. 河南师范大学学报（哲学社会科学版），2016（2）：73 –76.

［145］李实. 2020 年之后会是一个没有"贫困"的时代？［EB/OL］. http：//www. sohu. com/a/158578808_481285？_f = index_societynews_3.

［146］李小安. 甘肃省农村地区的贫困原因与扶贫路径选择——兼论政策性扶贫走向法制化扶贫的必然性［J］. 生产力研究，2015（3）：42 –45.

［147］李小云，唐丽霞，许汉泽. 论我国的扶贫治理：基于扶贫资源瞄准和传递的分析［J］. 吉林大学社会科学学报，2015（4）：90 –98.

［148］李小云. 构建新制度提高扶贫成效［J］. 中国老区建设，2014（9）：16 –16.

［149］李幸祥. 行政给付受益权的司法保护研究［M］. 上海：上海人民出版社，2017：147.

175

［150］李耀锋．连片特困地区的"项目进村"碎片化与精准扶贫：研究进展及理论构想［J］．学术论坛，2016（11）：111－116.

［151］李毅．精准扶贫研究综述［J］．昆明理工大学学报（社会科学版），2016（4）：68－77.

［152］李懿．赣州精准扶贫网站建设问题研究［J］．商业经济，2016（8）：106－107.

［153］李英锋．确定扶贫项目不妨开个听证会［J］．江淮法治，2016（19）：53－53.

［154］李永宁．美国社会保障体系的探索及分析［J］．国外社会科学，1999（5）：66－74.

［155］李志明．德国的社会保障制度［J］．党政干部学刊，1993（5）：25－26.

［156］林鸿潮．我国非常规突发事件国家救助标准制度之完善——以美国"9·11事件"的救助经验为借鉴［J］．法商研究，2015（2）：24－34.

［157］林莉红．论信访的制度定位——从纠纷解决机制系统化角度的思考［J］．学习与探索，2006（1）：90.

［158］林水波，李长晏．跨域治理［M］．台北：五南图书出版公司，2005：75.

［159］林万龙，钟玲，陆汉文．合作型反贫困理论与仪陇的实践［J］．农业经济问题，2008（11）：59－65.

［160］林亦辰．勿让"精准填表"侵蚀扶贫成果［N］．中国纪检监察报，2017－06－04（2）.

［161］刘波．当代英国社会保障制度的系统分析与理论思考析［D］．上海：华东师范大学，2005.

［162］刘芳．赖峨州．《政府信息公开条例》的修改及完善——以政府信息公开程序为视角［J］．人民论坛·学术前沿，2018（9）：118－121.

［163］刘辉武．精准扶贫实施中的问题、经验与策略选择——基于贵州省铜仁市的调查［J］．农村经济，2016（5）：112－117.

［164］刘磊．基层社会政策执行偏离的机制及其解释——以农村低保政策执行为例［J］．湖北社会科学，2016（8）：31－37.

［165］刘磊．精准扶贫的运行过程与"内卷化"困境——以湖北省W村的扶贫工作为例［J］．云南行政学院学报，2016（4）：5－12.

［166］刘琳．行政法视野下的社会救助［D］．北京：中国政法大学，2009：131.

［167］刘茂林，王广辉．社会公正与法治国家［M］．武汉：武汉大学出版社，2008．

［168］刘茂林．中国宪法导论［M］．北京：北京大学出版社，2009．

［169］刘旻，陈杰．甘肃定西一扶贫搬迁村现危房 用木棒撑墙防倒塌［EB/OL］．http：//www. xinhuanet. com/2018－08/10/c_1123251872. htm．

［170］刘苏荣．1979年以来英国社会救助制度的频繁变革及原因［J］．黑龙江史志，2015（13）：44－46．

［171］刘涛．德国社会救助制度改革对我国低保制度的启示［J］．社会保障研究（北京），2011（2）：158－170．

［172］刘伟，向志强，夏军．扶贫项目被指搞啥亏啥：政府投钱不少农民越扶越亏［EB/OL］．http：//legal. people. com. cn/n/2015/0617/c188502－27167850. html．

［173］刘伟，张锦国．海南省召开首例扶贫领域信访举报公开听证会［EB/OL］．http：//www. chinanews. com/sh/2016/10－26/8044565. shtml．

［174］刘卫红．法治视野下信访制度的完善［J］．河北法学，2010（10）：166．

［175］刘为勇．从政策到程序：论实现我国农村精准扶贫的行政程序法治之路［J］．公民与法：法学版，2016（12）：2－8．

［176］刘效仁．小康县"成功返贫"拷问输血式扶贫［J］．农村工作通讯，2013（4）：43．

［177］刘旭东．我国社会救助制度的历史演进及其社会意义［J］．社会主义研究，2007（5）：99－102．

［178］刘艺．给付行政的法律特质——以《社会救助法》（草案）为示例［J］．河北法学，2010（11）：85－94．

［179］刘雨函．基层政府在精准扶贫中怎样发挥作用［J］．魅力中国，2016（39）：79－80．

［180］刘占勇．精准扶贫思想内涵特征及对扶贫实践的启示［J］．江汉学术，2016（4）：5－11．

［181］卢代富．乡村振兴法治保障研究［M］．北京：法律出版社，2020．

［182］卢现祥．新制度经济学［M］．武汉：武汉大学出版社，2011：18．

［183］陆益龙．制度、市场与中国农村发展［M］．北京：中国人民大学出版社，2013：46，47．

［184］罗英．福利行政的正当程序研究［D］．长沙：中南大学，2012：

114 – 122.

[185] 罗颖旭. 美国如何反贫困 [J]. 当代贵州, 2016 (6): 38 – 39.

[186] 吕学静, 王争亚. 日本社会救助制度的最新改革动向及对中国的启示 [J]. 北京劳动保障职业学院学报, 2014 (2): 3 – 7.

[187] 吕学静. 日本社会救助制度的最新改革及对中国的启示 [J]. 苏州大学学报 (哲学社会科学版), 2016 (3): 23 – 23.

[188] [美] 马丁·洛克林. 公法与政治理论 [M]. 郑戈, 译. 上海: 商务印书馆, 2013: 125.

[189] [英] 马尔萨斯. 人口原理 [M]. 朱泱等, 译. 北京: 商务印书馆, 1992: 6 – 17.

[190] 马洪雨. 我国扶贫开发国家立法具体化研究 [J]. 甘肃社会科学, 2012 (4): 163 – 166.

[191] 马怀德. 论听证程序的适用范围 [J]. 中外法学, 1998 (2): 9 – 17.

[192] 马怀德. 完善《行政诉讼法》与行政诉讼类型化 [J]. 江苏社会科学, 2010 (5): 110 – 116.

[193] 马怀德. 行政程序法的价值及立法意义 [J]. 政法论坛, 2004 (9): 5.

[194] 马洁华. 农村贫困转型与精准扶贫实践路径探索 [J]. 西南大学学报 (社会科学版), 2017 (5): 46 – 52.

[195] [英] 马克·尼奥克里尔斯. 管理市民社会 [M]. 北京: 商务印书馆, 2008: 204.

[196] [德] 马克斯·韦伯. 支配社会学 [M]. 康乐, 简惠美, 译. 桂林: 广西师范大学出版社, 2016: 44 – 47.

[197] [美] 马萧. 官僚的正义——以社会保障中残疾人权利主张的处理为例 [M]. 何伟文, 毕竞悦, 译. 北京: 北京大学出版社, 2005: 51.

[198] [新西兰] 迈克尔·塔格特. 行政法的范围 [M]. 金自宁, 译. 北京: 中国人民大学出版社, 2006: 1 – 26, 138.

[199] 毛可儒. 市信访局大力推进扶贫领域信访问题化解 [EB/OL]. http://www.hanzhong.gov.cn/xwzx/bmdt/201803/t20180313_500089.html.

[200] [南非] 毛利西奥·帕瑟林·登特里维斯. 作为公共协商的民主: 新视角 [M]. 王英津等, 译. 北京: 中央编译出版社, 2006: 83.

[201] 美国社会保障法 (上) [M]. 中国社会保险学会, 中国社会科学院世界社保研究中心, 中国证券投资基金协会, 译. 北京: 中国社会科学

出版社，2017：80 – 81，326 – 327，485 – 487，647 – 648，694，587 – 566，589 – 590，710 – 701.

［202］［法］孟德斯鸠. 论法的精神（下册）［M］. 张雁深，译. 北京：商务印书馆，1982：154.

［203］孟昭阳，赵锋. 论行政告知制度［J］. 中国人民公安大学学报（社会科学版），2004（1）：10 – 18.

［204］莫光辉，陈正文. 脱贫攻坚中的政府角色定位及转型路径——精准扶贫绩效提升机制系列研究之一［J］. 浙江学刊，2017（1）；156 – 163.

［205］莫于川. 全民法治实践的参与权利与责任［J］. 河南省政法管理干部学院学报，2003（5）：24.

［206］莫于川. 我国行政调解程序法律制度发展路径选择［J］. 南都学坛，2014（2）：70 – 77.

［207］［英］内维尔·哈里斯. 社会保障法［M］. 李西霞，李凌，译. 北京：北京大学出版社，2006：346.

［208］倪伟. 国务院扶贫办：2020 年中国消除绝对贫困，相对贫困还会长期存在［EB/OL］. http：//www. sohu. com/a/225052123_114988.

［209］［美］诺内特·塞尔兹尼克. 转变中的法律与社会：迈向回应型法［M］. 季卫东，张志铭，译. 北京：中国政法大学出版社，1994：16.

［210］欧美社会保障法律［M］. 中国社会保险学会，中国社会科学院世界社保研究中心，中国证券投资基金协会，译. 北京：中国社会科学出版社，2017：11，18，75.

［211］潘昌锋. 试论我国行政判决形式的局限性及其完善［J］. 人民司法，1997（10）：12 – 14.

［212］潘海. 论行政程序法中的教示制度［J］. 新余学院学报，2009（3）：40 – 43.

［213］潘墨涛. 行政奖励科学化：原则、机制和保障［J］. 理论探索，2012（2）：111 – 115.

［214］［美］庞德. 通过法律的社会控制［M］. 沈宗灵，译. 北京：商务印书馆，1984：44.

［215］裴文婷. 精准扶贫视野下精准贫困分类及其创新方法研究［J］. 改革与开放，2017（21）：97 – 99.

［216］［法］皮埃尔·萨内. 贫困：人权斗争的新领域［J］. 刘亚秋，译. 新华文摘，2005（18）：85 – 89.

［217］戚建刚，唐梅玲. 精准扶贫对象的程序权利之行政法建构［J］.

行政法学研究，2017（6）：95－103.

［218］戚建刚，唐梅玲. 论精准扶贫的行政法规制［J］. 江汉论坛，2017（9）：131－138.

［219］戚建刚，杨小敏. 行政紧急权力的制约机制研究［M］. 武汉：华中科技大学出版社，2010：205，211－212.

［220］戚建刚，易君. 群体性事件治理中公众有序参与的行政法制度研究［M］. 武汉：华中科技大学出版社，2014：142.

［221］戚建刚，易君. 灾害性风险行政法规制的基本原理［M］. 北京：法律出版社，2015：54－55.

［222］戚建刚. 共治型食品安全风险规制研究［M］. 北京：法律出版社，2017：101.

［223］戚建刚. 我国食品安全风险规制模式之转型［J］. 法学研究，2011（1）：33－49.

［224］祁雪瑞. 涉诉信访的困境与出路探析［J］. 中州学刊，2008（6）：106－108.

［225］秦建军. 通渭县扶贫办"四个突出"着力解决扶贫信访问题 深入推进脱贫攻坚工作［EB/OL］. http：//www. fupin. gov. cn/citywork/viewcity-work－12430. html.

［226］全省三千余民企帮扶带动36.9万贫困群众［EB/OL］. http：//www. hbfp. gov. cn/shfp/qyfp/37253. htm.

［227］全县扶贫工作先进单位和先进个人表彰奖励［EB/OL］. http：//www. zhushan. gov. cn/qzqd/xfpb/xzjl_22900/201610/t20161013_680321. htm.

［228］［印］让·德雷兹，阿玛蒂亚·森. 饥饿与公共行为［M］. 苏雷，译. 北京：社会科学文献出版社，2006：112－118.

［229］任进. 以权力清单推进行政组织法［N］. 法制日报，2015－06－09（007）.

［230］芮国强. 科际整合方法在行政学研究中的运用：机制、路径及限度［J］. 江海学刊，2012（1）：131－136.

［231］［日］桑原洋子. 日本社会福利法制概论［M］. 韩君玲，邹文星，译. 北京：商务印书馆，2010：前言，36－37，47－49，79，87－88，94－101，114，124－125.

［232］沈红. 穷人主体建构与社区性制度创新［J］. 社会学研究，2002（1）：40－54.

［233］沈茂英. 四川藏区精准扶贫面临的多维约束与化解策略［J］. 农

村经济，2015（6）：62－66.

［234］沈政雄. 社会保障给付之行政法学分析［M］. 台北：元照出版社，2011：280－281.

［235］省扶贫办2016年度政府信息公开报告［EB/OL］. http：//www. hbfp. gov. cn/xxgk/xxgknb/31680. htm.

［236］施建辉. 行政救济中的和解与调解［J］. 法学论坛，2008（3）：51－55.

［237］施密特·阿斯曼. 秩序理念下的行政法体系建构［M］. 林明锵等，译. 北京：北京大学出版社，2012：158，334.

［238］石佑启，杨治坤，黄新波. 论行政体制改革与行政法治［M］. 北京大学出版社，2009：161.

［239］司雪侠. 资源配置视角下的行政给付法治化研究［J］. 理论探讨，2012（4）：168－170.

［240］宋华琳. 论政府规制中的合作治理［J］. 政治与法律，2016（8）：14－23.

［241］宋晓东. 脱贫不容造假！为应付考核，有干部竟到贫困户家"装儿子"［EB/OL］. http：//news. ifeng. com/a/20170522/51139085_0. shtml.

［242］宋艳慧. 公法视野下的社会保障权研究［M］. 北京：中国民主法制出版社，2015：204.

［243］宋艳慧. 社会保障权的公法保障［D］. 武汉：武汉大学，2014：79.

［244］苏苗罕. 联邦咨询委员会法［J］. 行政法学研究，2006（4）：131－136.

［245］孙大雄. 信访制度功能的扭曲与理性回归［J］. 法商研究，2011（4）：52.

［246］孙丽岩. 授益行政行为性质辨析［J］. 当代法学，2005（1）：93－98.

［247］台湾社会法与社会政策学会. 社会法［M］. 台北：元照出版公司，2016：38.

［248］覃星星. 一些地方强迫贫困户参与扶贫：只能往东不能往西［EB/OL］. http：//www. chinanews. com/gn/2016/05－03/7856395. shtml.

［249］谭剑. 给付行政下的政府不作为责任［J］. 学术论坛，2010（5）：137－141.

［250］谭诗斌. 现代贫困学导论［M］. 武汉：湖北人民出版社，2012：

274，275.

［251］谭贤楚．"输血"与"造血"的协同———中国农村扶贫模式的演进趋势［J］．甘肃社会科学，2011（3）：226 - 228.

［252］谭元斌．宜昌十个县市区立下精准扶贫军令状［EB/OL］．http：//www. hb. xinhuanet. com/2015 - 08/12/c_1116234305. htm.

［253］唐梅玲．从国家义务到公民权利：精准扶贫对象民生权虚置化的成因与出路［J］．湖北大学学报（哲学社会科学版），2018（1）：143 - 144.

［254］唐梅玲．精准扶贫主体制度的反思与重构［J］．法制与经济，2017（10）：131 - 138.

［255］唐任伍．习近平精准扶贫思想阐释［J］．人民论坛，2015（10）：28 - 30.

［256］唐睿，肖唐镖．农村扶贫中的政府行为分析［J］．中国行政管理，2009（3）：115 - 121.

［257］滕嘉娣．黑龙江治理"不作为、乱作为"：歪嘴和尚念歪经，要真抓真管［EB/OL］．https：//www. thepaper. cn/newsDetail_forward_2159227.

［258］藤荣刚，周若云，张瑜．日本农业协同组织的发展新动向与面临的挑战——日本案例和对中国农民专业合作社的启示［J］．农业经济问题，2009（2）：103 - 109.

［259］童翎，洪业应．从"碎片化"困境看农村医疗救助扶贫的政策调整［J］．山东社会科学，2017（9）：89 - 94.

［260］童星，庞绍堂．社会保障经典名著导读［M］．北京：北京大学出版社，2016：101.

［261］童之伟．信访体制在中国宪法框架中的合理定位［J］．现代法学，2011（1）：15.

［262］万石．脱贫攻坚不容"水分"［J］．共产党员月刊，2017（4）：44.

［263］汪力斌，周源熙．参与式扶贫干预下的瞄准与偏离［J］．农村经济，2010（7）：3 - 7.

［264］汪全胜．论政府信息公开的实现机制［J］．软科学，2004（5）：69 - 70.

［265］汪三贵，曾小溪，殷浩栋．中国扶贫开发绩效第三方评估简论——基于中国人民大学反贫困问题研究中心的实践［J］．湖南农业大学学报（社会科学版），2016（3）：1 - 5.

［266］汪三贵，郭子豪．论中国的精准扶贫［J］．贵州社会科学，2015（5）：147 - 150.

［267］汪霞萍，桂林镇.村民代表质询听证会，议村事、评干部、联民心［EB/OL］. http：//www. ahshx. gov. cn/DocHtml/1/2016/10/27/7500714996446. html.

［268］王成栋.论行政法的效率原则［J］.行政法学研究，2006（2）：24－28.

［269］王更新，迟凤玲，信丽媛.美国食物与营养计划发展简介及启示［J］.中国食物与营养，2007（6）：54－56.

［270］王贵松.信息公开行政诉讼的诉的利益［J］.比较法研究，2017（2）：19－30.

［271］王贵松.行政资助裁量的正当化规制［J］.学习与探索，2008（6）：128.

［272］王国勇，邢溦.我国精准扶贫工作机制问题探析［J］.农村经济，2015（9）：46－50.

［273］王浩.论合作监管体系之构建——以石油天然气行业政府监管为例［J］.中国行政管理，2018（3）：43－48.

［274］王健任.扶志，从"墙根儿"开始——河北省交管局驻阳原县榆林关村第一书记刘景业驻村帮扶侧记［EB/OL］. http：//f. china. com. cn/2018－08/10/content_58357933. htm.

［275］王军."政府信息"的司法认定——基于86件判决的分析［J］.华东政法大学学报，2014（1）：72－83.

［276］王军伟，朱丽莉."让我养牛脱贫，你得给我工钱"脱贫到底是谁的事？［J］.半月谈，2017（13）：37－42.

［277］王俊.民政部：整改强制摊派社会组织参与脱贫攻坚［EB/OL］. http：//www. bjnews. com. cn/news/2017/12/22/469735. html.

［278］王俊文.国外反贫困经验对我国反贫困的当代启示——以西方发达国家美国为例［J］.社会科学家，2008（3）：104－107.

［279］王克稳.略论行政听证［J］.中国法学，1996（5）：26－32.

［280］王蕾，章剑生.立法听证：对公民权利的尊重［J］.浙江人大，2005（11）：20－21.

［281］王麟.利益关系的行政法意义［J］.法学，2004（10）：13－16.

［282］王庆安.美国政府反贫困和社会保障制度建设的理念及其政策变迁——从约翰逊到克林顿政府［J］.湘潭大学学报（哲学社会科学版），2014（2）：140－144.

［283］王瑞雪.论行政法上的治理责任［J］.现代法学，2017（4）：11.

［284］王三秀，李冠阳，王昶.中国政府反贫困规范重构［M］.中国社

会科学出版社，2013：90.

［285］王三秀. 农村贫困治理模式创新与贫困农民主体性构造［J］. 毛泽东邓小平理论研究，2012（8）：51－56.

［286］王三秀. 英国促进贫困人群可持续就业政策及其借鉴［J］. 中国行政管理，2011（2）：90.

［287］王绍光. 中国公共政策议程设置的模式［J］. 开放时代，2008（2）：86－99.

［288］王姝. 全国人大常委会委员呼吁：扶贫攻坚要提防"政策性返贫"［N］. 新京报，2017－08－31（12）.

［289］王松. 扶贫开发中统计数字腐败的法律规制［J］. 中国经贸导刊，2015（10）：77－79.

［290］王巍. 浅析乡村扶贫物质资源供给负溢出效应［J］. 中国经贸导刊，2017（29）：23－24.

［291］王晓毅. 社会组织如何更好地参与扶贫［EB/OL］. http：//www. xinhuanet. com/comments/2017－12/17/c_1122122500. htm.

［292］王鑫，李俊杰. 精准扶贫：内涵、挑战及其实现路径——基于湖北武陵山片区的调查［J］. 中南民族大学学报（人文社会科学版），2016（5）：74－77.

［293］王雨磊. 数字下乡：农村精准扶贫中的技术治理［J］. 社会学研究，2016（6）：119－142.

［294］王旭生."低保"引发上访不断应重视［EB/OL］. http：//www. xzdjw. gov. cn/viewnews－13374. html.

［295］王艳明，黄文新. 网曝甘肃陇西"坑爹扶贫"低保户被强行摊派买"天价"羊［EB/OL］. http：//finance. huanqiu. com/roll/2012－04/2628910. html.

［296］王艳明. 强卖牛羊的"扶贫"［J］. 共产党员，2012（11）：54－54.

［297］王亦君. 全国人大常委委员：希望尽快制定社会救助法［N］. 中国青年报，2012（2）.

［298］王章陵. 德国RCH合作社的管理及对中国扶贫互助协会的借鉴［J］. 世界农业，2011（11）：67－70.

［299］王志章，何静. 英美两国扶贫开发模式及其启示［J］. 开发研究，2015（6）：50－54.

［300］王周户，柯阳友. 行政听证制度的功能探析［J］. 甘肃政法学院学报，1997（2）：48－53.

［301］［英］韦德．行政法［M］.徐炳等，译，中国大百科全书出版社，1997：620－621.

［302］魏健馨，李晓栓．评论：中国扶贫——看得见的法治进步［EB/OL］. http：//www. xinhuanet. com/politics/2016－10/17/c_1119734558. htm.

［303］魏永刚．精准扶贫不是"精准填表"［J］.公民与法治，2017（2）：19.

［304］翁岳生．行政法［M］.北京：中国法制出版社，2002：83.

［305］吴从周．概念法学、利益法学与价值法学：探索一部民法方法论的演变史［M］.北京：中国法制出版社，2011：111.

［306］吴德勤．经济哲学——历史与现实［M］.上海：上海大学出版社，2002：232.

［307］吴汉东．国家治理能力现代化与法治化问题研究［J］.法学评论，2015（5）：1－9.

［308］夏梦凡．精准扶贫：现状、问题与路径选择——基于黄冈大别山革命老区案例分析［J］.经济研究导刊，2016（3）：3－4.

［309］夏雨．以现代行政法任务之实现为基点［J］.行政法学研究，2010（3）：140－144.

［310］夏征农，陈至立．辞海［Z］.上海：上海辞书出版，2009：573，785.

［311］项向荣．警惕"扶贫形式主义"［EB/OL］. http：//news. xinhuanet. com/comments/2017－12/19/c_1122132093. htm.

［312］肖洪飞．关于增强行政复议公正性的若干思考［J］.四川行政学院学报，2008（2）：8－60.

［313］肖金明，李卫华．行政程序性权利研究［J］.政法论丛，2007（6）：5－12.

［314］肖秀洁．精准扶贫机制实施的政策和实践困境［J］.改革与开放，2016（5）：151－156.

［315］谢晓琳．越位与缺位：社会保障法律制度中政府的责任主体定位［J］.兰州学刊，2008（10）：125－128.

［316］徐继敏．地方行政体制变革与服务型政府建设［J］.中共浙江省委党校学报，2009（2）：56－60.

［317］徐继敏．国家治理体系现代化与行政法的回应［J］.法学论坛，2014（3）：24－31.

［318］徐继敏．行政信访的功能分析［J］.河南财经政法大学学报，

2013（5）：135 – 141.

［319］徐健．行政任务的多元化与行政法的结构性变革［J］．现代法学，2009（3）：22 – 33.

［320］徐彤武．联邦政府与美国志愿服务的兴盛［J］．美国研究，2009（3）：25 – 45.

［321］徐伟新．新社会动力观［M］．北京：经济科学出版社，1996：364.

［322］徐显明，胡秋江．法理学教程［M］．北京：中国政法大学出版社，1994：344 – 346.

［323］许兵．政府与社会保障：基于给付行政角度的分析［M］．北京：国家行政学院出版社，2013：自序13，69 – 70，72 – 73，109.

［324］许军涛，霍黎明．构建政府与市场协同发力的大扶贫格局［EB/OL］．http：//theory. people. com. cn/n1/2017/0619/c40531 – 29346981. html.

［325］许源源，彭馨瑶．基于系统思维的精准脱贫实施机制：一个分析框架［J］．行政论坛，2016（3）：14 – 18.

［326］许源源．中国农村扶贫：对象、过程与变革［M］．长沙：中南大学出版社，2007：118.

［327］薛刚凌．公共行政转型与行政组织法律制度建设［C］．中国法学会行政法学研究会，2010：7.

［328］薛刚凌．行政主体之再思考［J］．中国法学，2001（2）：31 – 41.

［329］［美］雅斯培．关于我的哲学//考夫曼．存在主义［M］．陈鼓应等，译．北京：商务印书馆，1987：150.

［330］［希］亚里士多德．政治学［M］．吴寿彭，译．北京：商务印书馆，1965：132.

［331］［日］盐野宏．行政法［M］．杨建顺，译．北京：法律出版社，1999：35 – 38.

［332］［日］盐野宏．行政组织法［M］．杨建顺，译．北京：北京大学出版社，2008：14，329.

［333］杨成铭．人权法学［M］．北京：中国方正出版社，2004：280.

［334］杨国英．IPO 扶贫须谨防套利冲动［EB/OL］．http：//www. bjnews. com. cn/finance/2016/09/12/416585. html.

［335］杨海坤，李兵．建立健全科学民主行政决策的法律机制［J］．政治与法律，2006（3）：20 – 27.

［336］杨红燕．中央与地方政府间社会救助支出责任划分——理论基

础、国际经验与改革思路［J］. 中国软科学，2011（1））：25-33.

［337］杨鸿生. 建议制定《中华人民共和国扶贫法》［EB/OL］. http：//www. ngd. org. cn/jczt/jj2017qglk/2017lkcy/45667. htm.

［338］杨建顺. 比较行政法：给付行政的法原理及实证性研究［M］. 北京：中国人民大学出版社，2008：53.

［339］杨建顺. 日本行政法通论［M］. 北京：中国法制出版社，1998：329.

［340］杨立昕. 扶贫信访既要"反躬自省"，又要"火眼金睛"［EB/OL］. http：//www. bznews. org/news/xw/201709/256742. html.

［341］杨立雄. 贫困理论范式的转向与美国福利制度改革［J］. 美国研究，2006（2）：121-136.

［342］杨琴. 图书馆立法研究［J］. 贵州社会科学，2006（4）：94-98.

［343］杨文军. 跨行政区划政府协同扶贫如何实现创新［N］. 中国民族报，2014-3-28（6）.

［344］杨文忠. 德国的失业保险和促进就业［J］. 中国劳动保障，2009（4）：61-62.

［345］杨小军. 信访法治化改革与完善研究［J］. 中国法学，2013（5）：22-33.

［346］杨秀丽. 精准扶贫的困境及法制化研究［J］. 学习与探索，2016（1）：108-110.

［347］杨英杰. "精准扶贫、精准脱贫"重要思想是打赢脱贫攻坚战的根本指针［J］. 前线，2017（12）：11-15.

［348］杨英杰. 巩固党执政基础的重要理念基石——学习习近平总书记"精准扶贫"思想［J］. 中国经贸导刊：理论版，2017（14）：18-19.

［349］杨英杰. 脱贫攻坚的"一二三四五六七"——学习习近平总书记关于精准扶贫精准脱贫思想［J］. 中国扶贫，2017（21）：42-45.

［350］姚玲珍. 德国社会保障制度［M］. 上海：上海人民出版社，2011：18-21，241，272-273，278-280.

［351］姚鹏宇. 精准扶贫模式及其法律保障探析［J］. 四川行政学院学报，2016（1）：43-46.

［352］姚茜. 行政给付基本原则研究［J］. 法制与社会，2006（10）：245-246.

［353］叶必丰. 区域合作协议的法律效力［J］. 法学家，2014（6）：1-11.

［354］叶必丰. 区域经济一体化的法律治理［J］. 中国社会科学，2012

（8）：107 - 130.

[355] 叶必丰. 行政程序中的听证制度 [J]. 法学研究，1989（2）：60 - 63.

[356] 叶必丰. 行政行为原理 [M]. 北京：商务印书馆，2014：16.

[357] 叶普万. 贫困问题的国家阐释 [J]. 延安大学学报（社会科学版），2003（1）：68 - 72.

[358] 叶竹盛. 涉法涉诉信访，找律师就对了 [EB/OL]. http：//www. bjnews. com. cn/opinion/2015/11/12/383918. html.

[359] [英] 伊斯特. 社会保障法 [M]. 周长征等，译. 北京：中国劳动和社会保障出版社，2003：29.

[360] 易利. 别让"填表"成为扶贫"负担" [EB/OL]. http：//www. scdjzs. com/html/wpry/2017/06 - 03/35109. html.

[361] 应松年，薛刚凌. 行政组织法研究 [M]. 北京：法律出版社，2002：72.

[362] 应松年. 中国走向行政法治探索 [M]. 北京：中国方正出版社，1998：49 - 50.

[363] 英国2004年《养老金法》第12条第1款，《社会保障管理法》（1992），《国民保健与社会关怀法》（1990），《政府与志愿及社区组织合作框架协议》（1998）.

[364] 尤乐. 论行政资助的概念、主体和目的 [J]. 天津行政学院学报，2010（5）：70 - 74.

[365] 于安. 论德国行政程序法 [J]. 行政法学研究，1996（3）：58.

[366] 于安. 论协调发展导向型行政法 [J]. 国家行政学院学报，2010（1）：70 - 74.

[367] 于立深. 论我国行政决策民主机制的法治化 [J]. 国家行政学院学报，2010，12（1）：79 - 82.

[368] 余凌云. 听证理论的本土化实践 [J]. 清华法学，2010（1）：128 - 138.

[369] 俞思念. "五大发展理念"与"精准扶贫" [EB/OL]. http：//marx. cssn. cn/dzyx/dzyx_llsj/201610/t20161024_3246293. shtml.

[370] 郁建兴，高翔. 农业农村发展中的政府与市场、社会：一个分析框架 [J]. 中国社会科学，2009（6）：89 - 103.

[371] 喻少龙. 行政给付制度研究 [M]. 北京：人民出版社，2011：241.

［372］喻少如．论社会救助制度中的行政给付程序［J］．法学评论，
2011（4）：21－28．

［373］喻文光．德国社会救助法律制度及其启示——兼论我国行政法学
研究领域的拓展［J］．行政法学研究，2013（1）：113－121．

［374］袁锋．扶贫资金可别"睡大觉"［N］．海南日报，2016－04－05
（A03）．

［375］袁立超，王三秀．美国贫困救助精细化管理的检视与镜鉴［J］．
理论探索，2016（6）：34－35．

［376］［美］约翰·多纳休，理查德·泽克豪泽．合作：激变时代的合
作治理［M］．徐维，译．北京：中国政法大学出版社，2015：71－173．

［377］詹奕嘉，黄浩铭，陈菲．扶贫"最后一公里"为何成为"贪腐重
灾区"［EB/OL］．http://news. xinhuanet. com/2017－05/28/c_1121052819. htm.

［378］张璁．去年全国信访总量同比下降1.2%　网上信访同比上升1
倍［N］．人民日报，2017－01－16（11）．

［379］张国庆，杨建成．信息公开与权力平衡：新时期中国政府有效监
督的现实路径［J］．天津社会科学，2009（3）：52－58．

［380］张国庆．公共行政学（第三版）［M］．北京：北京大学出版社，
2013：445，446，447，448．

［381］张康之．论参与治理、社会自治与合作治理［J］．行政论坛，
2008（6）：1－6．

［382］张琦，黄承伟．完善扶贫脱贫机制研究［M］．北京：经济科学出
版社，2015：82－83，170．

［383］张千帆．"公共利益"的构成——对行政法的目标以及"平衡"
的意义之探讨［J］．比较法研究，2005（5）：1－14．

［384］张守文．政府与市场关系的法律调整［J］．中国法学，2014
（5）：60－74．

［385］张素红，孔繁斌．新常态下政府职能改革再思考［J］．江苏行政
学院学报，2017（4）：114－126．

［386］张涛，姚达伟．重庆黔江优先处置扶贫领域信访问题［N］．2018－
04－18（6）．

［387］张文显．法理学［M］．北京：高等教育出版社，北京大学出版
社，2011：136，269．

［388］张雯．近亿扶贫资金"悄悄冬眠"　个别基层政府越位主导反致
款项沉睡［N］．每日经济新闻，2016－08－04（4）．

［389］张星. 搭建精准扶贫的法治屏障［J］. 人民论坛，2016（29）：44－45.

［390］张旭勇. 村民民主决策权的司法救济制度研究［M］. 北京：中国法制出版社，2012：120.

［391］张永伟. 行政观念更新与行政法范式的转变［J］. 法律科学，2001（2）：35－40.

［392］张友琴. 人力资本投资的反贫困机理与途径［J］. 中共福建省委党校学报，2008（11）：46－50.

［393］张玉. 在社会治理中实现精准扶贫［N］. 光明日报，2016－05－08（6）.

［394］章志远，胡磊等. 公私协力的兴起与行政行为理论的变迁［J］. 山东警察学院学报，2010（6）：39－43.

［395］张占江. 政府与市场和谐互动关系之经济法构建研究［J］. 法律科学，200725（3）：87－96.

［396］章剑生. 现代行政法基本理论［M］. 北京：法律出版社，2008：5.

［397］章剑生. 行政程序法基本理论［M］. 北京：法律出版社，2003：101.

［398］章志远，刘利鹏. 我国行政调解制度的运作现状与发展课题［J］. 求是学刊，2013（5）：80－86.

［399］长安剑. 甘肃16亿问题扶贫路，只看到作风问题太浅了［EB/OL］. http：//news. ifeng. com/a/20180404/57326824_0. shtml.

［400］赵雷. 行政立法评估之成本收益分析——美国经验与中国实践［J］. 环球法律评论，2013（6）：132－145.

［401］赵振宇. 别让好政策"卡"在半路［EB/OL］. http：//www. ccdi. gov. cn/yaowen/201806/t20180618_173993. html.

［402］郑秉文. 当代东亚国家、地区社会保障制度［M］. 北京：法律出版社，2002：147.

［403］郑成功. 社会保障学：理念、制度、实践与思辨［M］. 北京：商务印书馆，2000：281.

［404］郑功成. 扶贫要建立多管齐下的机制［J］. 今日中国论坛，2007（5）：77.

［405］郑功成. 我国新时期的反贫困战略［J］. 决策探索，2014（12）：10－11.

［406］郑天皓. 国务院扶贫办：各省已拨付提前下达2018年中央财政专

项扶贫资金指标的 91.7% ［EB/OL］. https：//www. sohu. com/a/228772433_
115239.

［407］中共中央马克思恩格斯列宁斯大林著作编译局. 马克思恩格斯选
集：第三卷 ［M］. 北京：人民出版社，2012：17.

［408］中华人民共和国国务院，民政部. 社会组织参与脱贫攻坚工作
［EB/OL］. http：//www. mca. gov. cn/article/hd/zxft/201801/20180115007238.
shtml.

［409］钟丽娟. 自然权利的性质探析 ［J］. 东岳论丛，2009 （9）：148 –
152.

［410］周汉华.《政府信息公开条例》实施的问题与对策探讨 ［J］. 中
国行政管理，2009 （7）：11 – 14.

［411］周汉华. 准确界定行政机关法定义务的边界 ［J］. 中国法律评论，
2016 （4）：159 – 161.

［412］周航. 文溪社区举办产业扶贫听证会及中药材种植技术培训会
［EB/OL］. http：//www. anhua. gov. cn/ahmh/16/17/20/content_94466. html.

［413］周沛，李静，梁德友. 现代社会福利 ［M］. 北京：中国劳动社会
保障出版社，2014：117.

［414］周青山. 精准扶贫，法律人有责任有担当 ［N］. 法制周报，2016 –
03 – 08 （002）.

［415］周嵘. 产业扶贫不能"拍脑袋决策" ［J］. 农村经营管理，2017
（1）：46.

［416］周贤奇. 德国的社会保障制度与社会法院 ［J］. 人民司法，1998
（7） 47 – 49.

［417］周佑勇. 法治视野下政府与市场、社会的关系定位——以"市场
在资源配置中起决定性作用"为中心的考察 ［J］. 吉林大学社会科学学报，
2016 （2）：27 – 34.

［418］朱基钗. 中纪委曝光七起扶贫领域形式主义官僚主义典型案例
［N］. 新华每日电讯，2018 – 08 – 24 （2）.

［419］朱丽莎. 我国社会保障权行政救济探析 ［D］. 武汉：武汉科技大
学，2012.

［420］朱玲. 工业化城市化进程中的乡村减贫 40 年 ［J］. 劳动经济研
究，2018 （4）.

［421］朱芒. 开放型政府的法律理念和实践（上）——日本信息公开制
度 ［J］. 环球法律评论，2002 （3）：288 – 296.

［422］朱新力. 科学民主决策：程序是基础［J］. 行政管理改革，2011（3）：24 - 25.

［423］朱永华. 扶贫，地方政府不要角色错位［EB/OL］. http：//www. zgxcfx. com/sannonglunjian/201509/73618. html.

［424］祝慧，陈正文. 社会组织参与扶贫开发的研究现状及展望——基于 2006～2015 年研究文献的分析［J］. 学会，2016（6）：25 - 36.

［425］祝秀英与汉源县扶贫和移民工作局信访处理案，四川省雅安市雨城区人民法院（2017）川 1802 行初 110 号行政裁定书.

［426］邹太平. 巡视利剑刺破贫困县的"阔面子"［N］. 湖南日报，2018 - 08 - 05（01）.

［427］左常生. 国际减贫理论与前沿问题［M］. 北京：中国农业出版社，2016：78 - 79，89，92 - 94.

［428］Alexander L T. The promise and perils of new regionalist approaches to sustainable communities［J］. Fordham Urb. LJ，2010，38：629.

［429］Alkire S，Foster J. Counting and multidimensional poverty measurement［J］. Journal of public economics，2011，95（7）：476 - 487.

［430］Allard S W. Work over welfare：The inside story of the 1996 welfare reform law［J］. Brookings Institutio，2008，31（3）：31 - 32.

［431］Angang H，Chunbo L. New Poverty during the new century：Knowledge poverty［J］. Social Sciences In China，2001，3：7.

［432］Baer M H. Governing corporate compliance［J］. BCL Rev. ，2009（50）：949.

［433］Blackman J，Shapiro I. Keeping pandora's box sealed：Privileges or immunities，the constitution in 2020，and properly extending the right to keep and bear arms to the States［J］. Geo. JL & Pub. Pol'y，2010（8）：1.

［434］Blank R M. Selecting among anti-poverty policies：Can an economist be both critical and caring？［J］. Review of Social Economy，2003，61（4）：447 - 469.

［435］Bond P. Global governance campaigning and MDGs：From top-down to bottom-up anti-poverty work［J］. Third World Quarterly，2006，27（2）：339 - 354.

［436］Charles A. REICH：Social welfare in the public-private state［J］. University of Pennsylvania Law Review，1966（4）：487 - 493.

［437］Chunn D E，Gavigan S A. Welfare law，welfare fraud，and the moral regulation of the "never deserving" poor [J]. Social & Legal Studies, 2004, 13 (2): 219 – 243.

[438] Collins D, Blomley N. Politics, poverty, and anti-panhandling by-laws in Canadian Cities [J]. New perspectives on the public-private divide, 2003: 40.

[439] Curie I. At the front lines of the welfare system: A perspective on the decline in welfare caseloads [M]. Rockefeller Institute Press, 2006.

[440] Dakyes S P, Mundi R. Impact of government anti-poverty programme on development of Rural Areas of Nigeria [J]. Ethiopian Journal of Environmental Studies & Management, 2013, 6 (1): 12 – 20.

[441] De Búrca G. New governance and experimentalism: An introduction [J]. Wis. L. Rev. , 2010: 227.

[442] Dowler E A, O Connor D. Rights-based approaches to addressing food poverty and food insecurity in Ireland and UK [J]. Social science & medicine, 2012, 74 (1): 44 – 51.

[443] Eißel D, Rokicka E, Leaman J. Welfare state at risk [M]. Springer International Publishing, 2014: 51 – 79.

[444] Franklin D L. Ensuring inequality: The Structural transformation of the African American family [M]. Oxford University Press, 2015: 280.

[445] Gao Q, Garfinkel I, Zhai F. Anti-poverty effectiveness of the minimum living standard assistance policy in urban China [J]. Review of Income and Wealth, 2009, 55 (S1): 630 – 655.

[446] Gao Q, Yang S, Li S. Welfare, targeting, and anti-poverty effectiveness: The case of urban China [J]. The Quarterly Review of Economics and Finance, 2015 (56): 30 – 42.

[447] Gerken H K. Federalism as the new nationalism: An overview [J]. Yale L J, 2013 (123): 1889.

[448] Gillette M L. Launching the war on poverty: An oral history [M]. Oxford University Press, 2010.

[449] Gilman M E. Legal accountability in an era of privatized welfare [J]. California Law Review, 2001: 569 – 642.

[450] Gilman M E. The Poverty Defense [J]. U. Rich. L. Rev, 2012 (47): 495.

[451] Glicksman R L. Climate change adaptation: A collective action per-

spective on federalism considerations [J]. Envtl. L. , 2010 (40): 1159.

[452] Gluck A R. Federalism from federal statutes: Health reform, medicaid, and the old-fashioned federalists' gamble [J] . Fordham L. Rev. , 2012 (81): 1749.

[453] Gluck A R. Our National Federalism [J]. Yale L J, 2013 (123): 1996.

[454] Hahn R W. State and federal regulatory reform: A comparative analysis [J]. The Journal of Legal Studies, 2000, 29 (S2): 873 – 912.

[455] Haveman R H. A decade of federal antipoverty programs: Achievements, failures, and lessons [M]. Elsevier, 2016.

[456] Herschkoff H, Loffredo S. State courts and constitutional socio-economic rights: Exploring the underutilization thesis [J]. Penn St. L. Rev. , 2010 (115): 923.

[457] Hershkoff H. Positive rights and state constitutions: The limits of federal rationality review [J]. Harvard Law Review, 1999: 1131 – 1196.

[458] Huberfeld N. Federalizing Medicaid [J] . U. Pa. J. Const. L. , 2011 (14): 431.

[459] Johnson O C. The local turn; innovation and diffusion in civil rights law [J]. Law & Contemporary Problems, 2016, 79 (3): 14 – 53.

[460] Kaleem A, Ahmed S. The quran and poverty alleviation: a theoretical model for charity-based islamic microfinance institutions (MFIs) [J]. Nonprofit and Voluntary Sector Quarterly, 2010, 39 (3): 409 – 428.

[461] Kröger S. The effectiveness of soft governance in the field of European anti-poverty policy: Operationalization and empirical evidence [J] . Journal of Comparative Policy Analysis, 2009, 11 (2): 197 – 211.

[462] Lavinas L. Latin America: Anti-poverty schemes instead of social protection [J]. Contemporary Readings in Law & Social Justice, 2015, 7 (1): 112 – 171.

[463] Lavinas L. Latin America: Anti-poverty schemes instead of social protection [J]. Contemp. Readings L. & Soc. Just. , 2015 (7): 112.

[464] Lee J. Poverty, dignity, and public housin [J] . Columbia Human Rights Law Review, 2015, 47 (2): 97 – 157.

[465] Leonard E W. State constitutionalism and the right to health care [J]. U. Pa. J. Const. L. , 2009 (12): 1325.

［466］ Lobel O. Renew Deal: The fall of regulation and the rise of governance in contemporary leal thought ［J］. Minnesota Law Review, 2004, 89 (2): 342 – 470.

［467］ Mahon R, Macdonald L. Anti-poverty politics in Toronto and Mexico City ［J］. Geoforum, 2010, 41 (2): 209 – 217.

［468］ McGuire M. Intergovernmental management: A view from the bottom ［J］. Public Administration Review, 2006, 66 (5): 9 – 10, 677 – 679.

［469］ McLeod A M. Decarceration courts: Possibilities and perils of a shifting criminal law ［J］. Geo. LJ, 2011 (100): 1587.

［470］ Mead L M. Beyond entitlement ［M］. Simon and Schuster, 2008.

［471］ Mead L M. Citizenship and social policy: The marshall and poverty ［J］. Social Philosophy and Policy, 1997, 14 (2): 197 – 230.

［472］ Melish T J. Maximum feasible participation of the poor: New governance, new accountability, and a 21st century war on the sources of poverty ［J］. Yale Hum. Rts. & Dev. L J, 2010 (13): 1.

［473］ Michael D Bayles. Principles of law: A normative analysis, reidel publishing company, 1987, 31.

［474］ Michele E. Gilman. The poverty defense ［J］. U. Rich. L. Rev. , 2013, 47 (1): 495 – 553.

［475］ Mosley P. Attacking poverty and the "post – Washington consensus" ［J］. Journal of International Development, 2001, 13 (3): 307 – 313.

［476］ Moss D A. When all else fails: Government as the ultimate risk manager ［M］. Harvard University Press, 2004: 470.

［477］ Musgrave F W. Government as Anti – Poverty Facilitator in the USA: Static inequality gap ［J］. Journal of Education Finance, 2009, 34 (4): 402 – 425.

［478］ Newell P, Frynas J G. Beyond CSR? Business, poverty and social justice: An introduction ［J］. Third world quarterly, 2007, 28 (4): 669 – 681.

［479］ Osuji O K. Obibuaku U L. Rights and Corporate Social Responsibility: Competing or Complementary Approaches to Poverty Reduction and Socioeconomic Rights? ［J］. Journal of Business Ethics, 2016, 136 (2): 329 – 347.

［480］ P. Corrigan Joyce. Five arguments for deliberative democracy ［J］. Political Studies, 1997: 947 – 969.

［481］ Potter J C. Adjudication by social security appeal tribunals: A research study [J]. Anglo – American Law Review, 1992 (21): 345.

[482] Rosser E. Poverty offsetting [J]. Social Science Electronic Publishing, 2012 (6): 179 – 199.

[483] Section 3 – Supplemental Security Income (SSI), http: //waysand-means. house. gov/media/pdf/greenbook2003/section3. pdf, 2009 – 06 – 06: 25.

[484] Seerden R, F A M Stroink. Administrative law of the European Union, its member States and the United States [M]. Intl Specialized Book Service, 2012.

[485] Super D A. Laboratories of destitution: Democratic experimentalism and the failure of antipoverty law [J]. University of Pennsylvania Law Review, 2008, 157 (2): 541 –616.

[486] Tani K M. Administrative equal protection: Federalism, the fourteenth amendment and the rights of the poor [J]. Cornell Law Review, 2015, 100 (4): 825 –899.

[487] Torres G. The new property [J]. Stanford Law Review, 2003, 56 (3): 741 –754.

[488] U. S. Department of commerce, statistical abstract of United State [M]. Washington: US Government Printing office, 1995, 436.

后　　记

　　摆脱贫困的办法是努力变优秀。通过精神脱贫摆脱物质贫困，是我读书的最初动力。我出生于农村，父母小学均未毕业，上初中时，哥哥正好上大学，家中因学致贫，姐姐初二时因贫辍学。扶贫必扶智（志），物质的贫困，是因为思想意识的贫困、知识的贫困、格局的贫困。扶贫政策最好的效果来自对贫困人口的教育，这类政策不仅能教会他们如何成为一个优秀的学生，而且还能引导他们将来如何走向成功。因此，了解基层群众的一些想法和困苦，如何给予贫困者一定的资助和帮扶，如何让贫困者摆脱物质贫困、精神贫困是我写作的最初目的，恰逢国家实施脱贫攻坚战略，在行政法视阈下，如何将公共行政权力与保护贫困者的公民权利相结合，与建设法治国家、法治政府、法治社会密切相关，此博士论文的选题比较符合我的研究志趣。

　　以博士期间的成果为基础，本书的面世首先要感谢恩师戚建刚教授的精准帮扶。感谢戚老师对学生"扶志"又"扶智"。一方面，扶志。戚老师引导学生形成"独立之思想，自由之意志"。老师多次强调毕业进入社会就要独立，成为一位优秀的女性学者将付出更大的代价，要做到工作与学习、事业与家庭的平衡。告诫学生要开阔思维，看到问题的本质，并且有意识地培养研究思维和方法，养成"自律"和"自治"的习惯，学好安身立命的本领……让我深受感动又心生惭愧。另一方面，扶智。首先，戚老师引导学生确定了研究领域。戚老师因材施教，在入学的第一天，引导我向给付行政法方向努力（同门多数研究规制行政法），运用给付行政理论研究养老、医疗、留守儿童、农村妇女、农民工、国际难民等社会问题，安排学生负责完成财政部委托的课题，列出需要阅读的专业书籍，赠予学生相关书籍，时常询问阅读的状况、交流阅读心得等，为博士论文的完成打下了基础。其次，戚老师严谨且勤勉的作风、机智且敏捷的思维时刻激励着学生。老师高度自律，开车的路上坚持听英文，立志用10年学好德语，每个星期至少阅读一本专业书籍，零碎的时间也会拿上一本书翻上几页，而且阅读以后做上手抄笔记，时常在微信群分享行政法方面的外文期刊，老师高效率的利用时间以及对学术研究的那份专注和热忱时刻激励着学生。最后，戚老师抽出了大量宝贵时间对整篇博士论文进行了指导，开题报告指导调整了5次，第三章电子档批注达220处，第三章纸质文档手写批注达121处，整篇博士论文电子档和纸质版修改数次。尽管学生深知学识和阅历尚浅，但仍然要谢谢您将我带入学术的殿堂，从论文的选题直至完成的整个过程，感谢戚老师细心和耐心的指导。

感谢硕导周伟教授的精准帮扶。把我引入公法大门的是四川大学的周伟教授。他经历丰富、思想敏锐，善于前瞻性、多角度地观察思考社会问题。周老师精力充沛、为人和善、关心学生，富有社会责任感，敢于并善于建言献策。他在学术界有很强的影响力和亲和力，尤其能和年轻学人、少数民族学者融洽相处。读研期间，我经常到他家里蹭饭，和师母聊家常，不谈专业却远胜专业，可谓海阔天空，无拘无束，特别惬意，至今难忘。周老师年届六旬，但与时俱进，既有原则又不保守，仍活跃在学术前沿发挥着独特的引领作用，实为对我们中青年学人的不断鞭策。

感谢15级宪法与行政法专业的每一位博导的精准指导。方世荣老师的论文写作课对我的学术论文写作有很大的启蒙效应，方老师的课堂常常爆满，他讲述的写作规范细致透彻，促使我从博一开始每一篇课程论文都严格地按照规范认真撰写。刘茂林老师思维特别活跃，博士论文开题和预答辩都给予了宝贵的修改建议，还分享了高校精准扶贫的做法和经验，进一步引发我对扶贫主体的扶贫职责（或义务）的思考。对胡弘弘老师印象最深的是胡老师主持的学术会议，胡老师思维清晰、逻辑严密、妙语连珠，堪称我们女性学者中的典范，节假日经常看到胡老师在办公室学习或指导学生的身影。石佑启老师严谨儒雅的治学态度也让我深深的折服，石老师的《论行政体制改革与行政法治》是我们研究行政体制的入门辅导书，石老师在博士生预答辩时的一些精彩点评让我颇受启发。王广辉老师，治学严谨、平易近人，对学生特别仗义，有谦谦君子的风范，是我非常敬佩的一位老师。此外，中南老师们的课堂内容丰富、氛围活跃，使我掌握了一定的公法专业知识，也开阔了视野，提高了分析问题和处理问题的能力。衷心感谢中南为我们提供了良好的学习氛围，使我的论文得以完善。感谢各位老师对我的辛勤栽培与殷切关怀，他们虚怀若谷、奖掖后进的作风，与他们渊博的学识一样，都让学生高山仰止，景行行止。

感谢华中科技大学曹海晶教授作为我博士论文答辩委员会主席，曹老师提出了很多宝贵的建议，毕业后仍然给予指导和无私帮助。感谢四川大学李旭锋副校长、徐继敏老师、谢维燕老师、李成老师、陈永革老师、江华老师、邵艳老师、卓敏老师。感谢南开大学宋华琳老师、中南财经政法大学秦小建老师、武汉理工大学李牧老师、华中科技大学尹建国老师、武汉工程大学刘飞平老师、广东财经大学邓立军老师、《湖北大学学报》马建强编辑、《学习与实践》曹晅编辑、四川师范大学宇龙老师、湖北经济学院黄美珠等各位老师对我的指导、帮助，你们的恩情永不敢忘。

感谢湖北民族大学司马俊莲老师、汪艳老师、杨艺老师、覃红斌老师、李文革老师、郑州蓉老师、邓浩老师、曾祥华老师、谭志喜老师，在本科毕业离校后对学生一如既往的关怀与帮助，让我在求学的道路上不断前行，时刻感受到家一样温暖的陪伴。

感谢同门师兄弟姐妹：易君博士、郭永良博士、刘菲博士、郑理博士、张哲飞博士、杨方能博士、余海洋博士、乌兰博士、兰皓翔博士、孙思雨博士、张文静、张结民、汪雨晗、申可佳等给予我的指导、帮助与鼓励。

感谢2015级法学专业的同窗：谭家超博士、张婷博士、李巍博士、李光恩博士、王秀才博士、朱茂磊博士、王孟嘉博士、朱汉卿博士、郭雨洒博士、李胤博士、沈成燕博士、温青美博士、谭冬丽博士、古戴博士，感谢他们对我的激励与鞭策，感谢他们与我共同分享学习的快乐和收获。

感谢我的挚友：王浩、覃冠文、何春明、李江、胡晓静、张力、李伟佼、周璐、王霞、刘浩然、谢扬州、田忠钰、屈寒、马捷，他们的支持、帮助和鼓励给了我无穷的力量和坚韧的信心，去战胜学习和工作中遇到的各种困难和挑战。

感谢法商学院金明浩院长、付书科副院长、杨克平书记、张燕副院长、杨宏兰主任、代江龙主任、罗嘉航主任、严敏书记在工作中给予的教诲和照顾。还有我们106办公室的王国飞老师、张晓萌老师、蒋艳萍老师、吴贤荣老师、关纯维老师、冯铁捡老师，谢谢你们的指导、支持与鼓励。感谢许承光老师、钱澄老师、周子凡老师、刘芬老师、张洪武老师、叶芳老师、雷琼芳等老师的关心和照顾，让我感受到"大家庭"般的温暖。

感谢含辛茹苦的父母、公公、姐姐一家、哥哥一家、大姑姐一家对我学业和工作的大力支持与无私奉献。他们是我学习奋斗的不竭动力和坚实后盾。

感谢胡峰先生，我能顺利完成学业无不凝聚着他的理解与支持。在此，感谢他一如既往的支持与守候，唯愿牵手余生，共抵浮华。感谢女儿胡相成对我百分百的信任和爱，愿她健康快乐成长。

本书的出版，还要感谢经济科学出版社各位编辑的辛苦付出，新冠肺炎疫情期间，他们一直坚守在工作岗位，认真、细致、负责的工作作风令人钦佩。

在本书写作过程中，参考了国内外学者们的许多优秀科研成果，其中绝大部分已在文章明确标注，但仍然可能存在疏漏之处。在这里，就疏忽之处向前辈们表示深深歉意。也祝愿我们在学术道路上，秉持赤子之心，如切如磋，如琢如磨，始终如一地探索理论真谛。

唐梅玲

2021 年 12 月